Die »Liebe« meiner Väter

»Nahaufnahmen«

FSC
www.fsc.org
MIX
Papier aus verantwortungsvollen Quellen
Paper from responsible sources
FSC® C105338

Micha Herzog

Die »Liebe« meiner Väter

Aus Gründen der Persönlichkeitsrechte
wurde der Name der Autorin sowie
die Personennamen und Handlungsorte geändert.
Übereinstimmungen mit lebenden Personen wären
rein zufälliger Natur und sind nicht beabsichtigt.
Für traumatisierte Menschen können Schilderungen
in diesem Buch eventuell triggernd wirken.

Die Deutsche Bibliothek verzeichnet diese Publikation
in der Deutschen Nationalbibliografie.
Detaillierte bibliografische Daten sind im Internet abrufbar unter
http://dnb.d-nb.de

1. Auflage November 2014

www.marta-press.de

Printed in Germany.
ISBN 978-3-944442-16-7

Für Gisela Johanna Bock
in Dankbarkeit und liebevoller Erinnerung

Inhalt

Teil I

Teil II

Teil I

Die Luft wird knapp

Zuerst lernt der Mensch
gehen und sprechen,
später still sitzen und den Mund halten.

Marcel Pagnol

Der Traum der letzten Nacht lässt Anna nicht los; er umhüllt sie wie ein unsichtbarer Kokon, aus dem sie sich nicht befreien kann. Die Luft wird knapp, besonders das Ausatmen fällt schwer. „Bloß jetzt kein Asthmaanfall", fleht sie innerlich. „Bitte nicht innerhalb der nächsten Stunde. Sie soll mich so nicht sehen, nein, jetzt nicht - niemals - vielleicht - später." Noch kann Anna sich nicht fallen lassen. Sie hat bereits eine Menge von sich preisgegeben, von manchem In-ihr-tot-Geglaubtem und In-ihr-Lebendigem. Dann sieht sie die Wärme und das Verstehen in den Augen ihrer Therapeutin. Frau Siegel begleitet Anna auf dem Weg zu ihren Gefühlen. Noch kann Anna sich ihnen nur nähern – und manchmal verziehen sich die grauen Schatten über ihrer Seele und Anna spürt ganz leise Zuversicht.

Heute kann Anna nicht reden, nicht über sich. Sie kann erzählen, ablenken; Geschichten, die sie nicht berührt haben. Frau Siegel weiß das, sie spürt es. „Widerstand" heißt das in der Fachsprache.

Frau Siegel ist eine gute Therapeutin. Behandlung ohne Skalpell, ohne Injektionen, ohne Instrumentarium; nur Reden – Stammeln - Schweigen – Weinen. Es tut weh, mehr als alles andere. Es schmerzt, sich längst verdrängten und vergessen geglaubten Gefühlen zu stellen, die Distanz zu sich selber abzubauen. Bilder der Vergangenheit blenden sich oft ein. Anna will sie nicht sehen, sie will nicht beteiligt gewesen sein. Doch Anna kann diesen Bildern nicht entfliehen, sie halten sie fest. Sie sind quälend. Anna bekommt Atemnot, wird überwältigt von dem Gefühl der Angst und Ohnmacht. Sie hat den Eindruck, dass sich ihre Lunge verkleinert.

Seit Februar 2004 ist Anna in psychotherapeutischer Behandlung wegen ihrer Angstzustände, die sich zu Panikattacken steigern.

Frau Siegel lässt Anna berichten, und sie lässt Anna schweigen. Sie zwingt sie nicht, sich zu öffnen und empfängt Anna trotzdem offen. Annas Angst, verletzt oder abgewiesen zu werden, wird geringer als das Bedürfnis sich einzulassen. Sie spürt keinen Druck, keinen Zwang, und dann nach langem Schweigen sprudeln die Worte aus ihr heraus und sie erzählt ihren immer wiederkehrenden Traum, schnell, hastig, als habe sie Angst, dass die Zeit nicht reichen könne:

„Ich gehe durch einen stockfinsteren, einer Höhle ähnlichen Gang, ohne zu wissen, was mich am Ende erwartet. Ich weiß auch nicht, wie ich dort hineingekommen bin. Es ist kalt, feucht, monotone Tropfgeräusche sind zu hören. Dann Atmen, Keuchen - hinter mir. Ich renne, stolpere, falle, stehe auf und laufe weiter. Meine Lunge krampft sich zusammen, ich bekomme kaum noch Luft, habe Todesangst. Die Kraft verlässt mich, ich gebe auf, kann nicht mehr laufen. Es soll ein Ende haben, und sei es mein Tod. Nicht das Sterben ist es, nach dem ich mich sehne; ich will es nur nicht wieder erleben. Da spüre ich eine Hand, die mein Handgelenk umfasst und mich mit sich zieht. Ich schreie, schreie - und wache auf."

Anna verstummt. Sie zittert und spürt, wie sich ihre Kehle zuschnürt, die Angst wieder hoch steigt. Frau Siegel würde diesen Traum gern mit Anna gemeinsam interpretieren, doch sie erkennt, es ist heute zu viel für Anna, zu früh für Deutungen. Anna ist noch in einem Stadium, in dem sie Lösungen erwartet. Sie wird erst lernen müssen, Veränderungen mit Hilfe der Therapie selbst zu erarbeiten.

Im Laufe der Stunde gelingt es Anna, sich zu beruhigen, sodass sie sich ein wenig leichter, durchlässiger, nicht mehr so kompakt, so starr fühlt. Ihr ist, als hätte sie von einer schweren Last einen Teil abgeben dürfen.

In der ersten Zeit während der Therapie konnte Anna sich noch gar nicht öffnen. Oft saß sie schweigend und ängstlich auf der vorderen Kante des Sessels. Mit jeder Stunde empfindet Anna ein unwahrscheinlich wachsendes Gefühl des Vertrauens, das ihr Mut gibt, diesen Weg weiter zu gehen. Sie glaubt, dass Frau Siegel ihr dabei hilft, nicht feige zu werden, etwas zu verschweigen oder sich besser zu machen als sie ist. Der Kristallpanzer, den Anna um ihr Herz gebaut hat, zersplittert allmählich. Oft hat Anna das Gefühl, dass Frau Siegel ihr den Weg zu ihren eigenen Gedanken erklärt, so dass sie sie in ihrem Körper frei fließen lassen kann.

„Wovor haben Sie Angst?", fragt die Therapeutin

„Vor dem Atmen", antwortet Anna.

„Atmen ist doch an sich nichts Beängstigendes; es bedeutet Leben."

„Aber es ist doch niemand da. Nur das Atmen.“
„Atmen oder Keuchen?“
„Beides.“
„Wann?“
„Immer, wenn ich allein zu Hause war.“

Sie hatten gekeucht. Beide. Ihr großer und ihr kleiner Cousin. Anna war knapp vier, die Jungs waren vierzehn und fünfzehn Jahre alt. „Mach den Mund auf“, forderten sie, „sonst machen wir dir Pipi in die Haare.“

Sie nannten sie „Engelchen“ wegen ihrer blonden Locken. Sie schliefen gleich neben dem Zimmer, in dem Anna mit ihren Großeltern mütterlicherseits schlief. Es war Krieg, der Zweite Weltkrieg. Anna, die im August 1939 – sechs Wochen vor Kriegsausbruch – geboren worden war, war zu der Zeit knapp drei Jahre alt. Annas Großeltern wohnten nach einem schweren Bombenangriff mit Anna einige Monate lang bei der Schwester von Annas Großmutter. Die eigene Wohnung war von den Bomben zerstört worden. Außer ihnen lebte noch die Tochter von Annas Großtante mit ihren drei Söhnen dort. Wenn niemand zu Hause war, sollten die beiden großen Jungen auf Anna aufpassen. Beim ersten Mal hatte Anna den „Vorfall“ trotz der Drohungen ihrer Cousins „Deine Oma fällt dann tot um!“ ihrer Oma erzählt. Die Oma rüttelte Anna, wurde ärgerlich und verbot ihr, solche „Schweinereien“ zu erzählen. Sie käme in die Hölle. Annas Mutter konnte der völlig verstörten Anna nicht helfen, sie war zu diesem Zeitpunkt noch „verschollen“. Annas Vater war als Soldat an der Front.

Hans und Georg spielten ihre „Spiele“, wie sie es nannten, weiter mit Anna. Niemand merkte etwas, obwohl Anna abends das Essen verweigerte und über ihrem Teller, den sie leer essen musste, würgte. Ausziehen wollte sie sich auch nicht mehr. Die beiden Jungen schoben ihr ihre „Pipimänner“, wie sie ihren Penis nannten, in den Mund und Anna musste wie an einem Schnuller daran saugen, bis die „Milch“ kam. Sie zogen sie immer nackt aus, untersuchten sie. Sie taten ihr weh. Georg, der größere der Jungs, versuchte einmal, in Anna einzudringen. Anna schrie verzweifelt. Der Junge ließ von seinem Vorhaben ab. Hans hielt Anna den Mund zu und drohte mit allem, wovor sie Angst hatte. In-den-Keller-eingesperrt-werden war das Schlimmste für Anna. Das erinnerte an die Bombenangriffe. Und es gab so viele Spinnen dort. Anna hat noch heute Angst in der Dunkelheit und auch vor Spinnen.

Stockend erzählt Anna die Begebenheiten ihrer frühen Kindheit. Noch nie hat sie mit jemandem darüber gesprochen. Annas Therapeutin schweigt betroffen. Es scheint, als fühle sie den Schmerz mit ihr. Anna wird ganz klein in ihrem bequemen „Klienten-Sessel" und schweigt ebenfalls bis zum Ende der Stunde. Sie fühlt sich leer und unwirklich. Traurig verabschiedet sie sich von ihrer Therapeutin. Am liebsten wäre sie noch stundenlang in deren Obhut geblieben, vergraben in dem großen, Schutz versprechenden Sessel.

Zu Hause angekommen findet Anna Post vor von einer alten Freundin aus der Schwesternschule, in der Anna ihre Ausbildung zur diplomierten Krankenschwester gemacht hat. Sie ruft Gudrun gleich an, um auf andere Gedanken zu kommen.

Mit Gudrun hatte Anna gemeinsam die Ausbildung zur Krankenschwester gemacht. Gudrun war eine der Unbekümmerten. Ihr Motto war stets: „Es wird nichts so heiß gegessen, wie's gekocht wird." Sie hatte auch keine Angst vor der Prüfung und drohte den Ärzten mit einer „Ehrenrunde", falls sie sie durchfallen lassen würden. Gudruns Mutter, deren Mann verstorben war, wohnte mit den beiden Stiefsöhnen in den Niederlanden. Gudrun nahm Anna früher während ihrer gemeinsamen Zeit in der Schwesternschule oft in den Ferien mit nach Hause. Dort ging es immer recht lustig zu. Freunde gingen ein und aus. Gemeinsam machten sie schöne Radtouren, picknickten unterwegs auf einer Wiese und sangen, während Piet, der jüngere Bruder von Gudrun, dazu Gitarre spielte.

Das Gespräch mit Gudrun baut Anna heute etwas auf. Sie sprechen über die alten Zeiten, die gemeinsamen Streiche mit ihren Freundinnen und Freunden, über die Spickzettel bei der Vorprüfung, die schönen Tanzabende und vieles mehr. Gudrun wohnt jetzt in der Eifel, ist verheiratet und hat zwei Söhne. Sie lädt Anna ein, und Anna nimmt sich vor, ihrer Einladung endlich zu folgen. Mehrmals hatte Gudrun Anna gefragt, warum diese nicht geheiratet habe. Anna konnte sich nicht überwinden, ihr die Wahrheit zu sagen, Gudrun zu „gestehen", dass sie Frauen liebt.

Anna hatte nicht grundsätzlich etwas gegen Männer. Mit zwölf war sie verliebt in Axel, einen zwei Jahre älteren Nachbarjungen. Sie schrieben sich Liebesbriefchen. Axel schickte ihr Gedichte, machte ihr einen Heiratsantrag. Von ihm bekam sie den ersten Kuss. Und dann zog er mit seinen Eltern nach Hamburg. Anna war untröstlich. Sie aß kaum, schlief schlecht, weinte um ihre erste Liebe. Es folgten Heiratsanträge von Mani, Karl-Heinz, Rolf und Bernd. Bernd hielt sogar bei Annas Oma offiziell um Annas Hand an. Er war sechzehn, Anna dreizehn. Mit vierzehn verliebte sich Anna dann in eine Freundin. Sie hieß Wilma und war in Annas Augen das Schönste auf der Welt. Sie hatte dunkelbraune Locken und fast grüne Augen. Die beiden verbrachten viel Zeit miteinander. Eine übernachtete hin und wieder bei der anderen. Dabei kam es zu schüchterner und unbeholfener Zärtlichkeit. Wilma hatte ein wunderbares, intaktes Elternhaus. Anna fühlte sich dort wohl. Sie fühlte sich oft wohl in den Familien ihrer Freundinnen und Freunde und war ein gern gesehener Gast. Anna liebte Kinder und spielte mit den kleineren Geschwistern der Freunde, ging mit ihnen spazieren, malte mit ihnen und sang ihnen Lieder vor. Anna wollte später ganz viele Kinder haben und Kinderärztin werden.

Kriegswirren

Die bange Nacht ist nun herum.

Georg Herwegh

„Können Sie sich noch an den Krieg erinnern?" fragt Frau Siegel während der nächsten Therapiestunde in Annas düsteres Schweigen hinein. Auf dem Weg zu ihr war Anna in ein beginnendes Gewitter geraten und hatte gerade noch, bevor die ersten dicken Tropfen fielen, die Praxis erreicht. Sie machte einen verschreckten Eindruck und sagte zur Begrüßung: „Das ist beinahe wie im Krieg!" Das machte Frau Siegel stutzig. Sollte etwa ein Zusammenhang bestehen zwischen Annas panischer Angst vor Dunkelheit, Lärm, Kellern und den Kriegsereignissen? „Ja, ich erinnere mich noch sehr gut an die Bombenangriffe. Wir sind in den Keller gelaufen, wenn Fliegeralarm war. Manchmal flüchteten wir auch zum Bunker im Stadtwald. Dann mussten wir durch den dunklen Stadtwald. Der Himmel war oft grell erleuchtet, wenn Bomben niedergingen. Einmal kamen wir nicht mehr aus dem Bunker hinaus, weil der Eingang zugeschüttet war in Folge eines Bombeneinschlages in der Nähe des Bunkers. Die Leute haben mit bloßen Händen gegraben und gebuddelt. Irgendwann waren die Kerzen verbraucht; wir hatten nichts mehr zu essen und zu trinken. Viele Frauen weinten laut, andere saßen nur stumm auf ihren Decken. Ich habe dann angefangen, mein ganzes Repertoire von Gebeten, die ich kannte, laut aufzusagen. Die Leute feuerten mich an, ich solle weiter beten. Zwei andere Kinder fielen mit ein. Wir hörten am nächsten Tag Geräusche von außen. Als der Ausgang so groß war, dass wir hindurchkriechen konnten, empfingen uns viele Helfer. Sie gaben uns Brot und Wasser. Der Wald war vermint. Wir mussten auf dem Nachhauseweg auf jeden Schritt achten. Mein Opa trug mich. Ich kann nicht mehr sagen, ob ich mich an die einzelnen Begebenheiten erinnere oder ob mir meine Großeltern, bei denen ich damals lebte, das alles später erzählt haben. Ich sehe es vor mir, als würde ich mich wirklich daran erinnern. Später, als ich bereits zur Schule ging, war der Bunker nicht mehr als solcher erkennbar. Es war im wahrsten Sinne des Wortes Gras darüber gewachsen. Die Region hieß „Dreizehnlinden" und war für uns Kinder ein beliebter Treffpunkt zum Räuber-und-Gendarm-Spielen. Wenn Schnee lag, boten sich uns mehr oder weniger steile Rodelbahnen. Die steilste nannten wir „Todesbahn“. Sie befand sich über dem Eingang des ehemaligen Bunkers. Ich hatte keine Angst und bin dort wie die Jungs immer bäuchlings runter gerast auf meinem Schlitten. Vor den Hängen waren schöne, große Wiesenflächen. Ein rundes Planschbecken, welches stufenlos von der Wiese zum betonierten Bassin überging, zog im Sommer immer viele Familien mit ihren Kleinkindern an. Wenn das Becken leer war, zogen wir mit unseren Fahrrädern am Außenrand waghalsige Runden. Der Stadtwald bot viele Spielmöglichkeiten. Später, als wir älter waren, haben wir Liebespärchen belauscht und „Büdchen“ gebaut, in denen wir „Doktor“ spielten. Doch alleine ging ich nie in den Stadtwald. Ich hatte dort fürchterliche Angst.“

Das Gewitter lässt langsam nach, der Himmel klart auf. Anna schaut nachdenklich zum Fenster und schweigt.

„Waren Sie den ganzen Krieg über hier?“ fragt Frau Siegel. „Nein“, sagt Anna, „Irgendwann sind wir evakuiert worden. Ich glaube, das war zirka ein Jahr vor Ende des Krieges. Wir kamen nach Thüringen in einen kleinen Ort an der Saale. Die Fahrt dorthin war schrecklich. Wir drängten uns auf einem offenen Güterwaggon eng zusammen. Es war kalt und die meiste Zeit fuhren wir in der Nacht. Zwischendurch gab es Fliegeralarm und wir flüchteten in Keller oder Bunker. Es gab viele Mütter mit kleinen Kindern, die noch jünger waren als ich. Sie weinten vor Hunger. Ganz zu Anfang unserer Evakuierung sind war mal nach Schlesien zu der Schwiegertochter meiner Großeltern gefahren. Sie hatte ein kleines Mädchen, Bärbel. Ihr Vater war als Soldat im Krieg. Er hatte seine kleine Tochter lange nicht gesehen. In der Nähe der Wohnung meiner Tante waren Bahnschienen, und es war mir streng verboten, mich ihnen zu nähern. Eines Tages standen dort mehrere Waggons, deren Türen weit geöffnet waren. Oma ging mit mir auf einem Weg spazieren, der parallel zu den Bahnschienen verlief. Wir hörten Männerstimmen und gingen näher. Da sahen wir die Männer, die in den Waggons lagen oder saßen. Verbände – zum Teil blutige – leuchteten aus dem dunklen Inneren des Zuges Es war ein Lazarettzug. Einer der Soldaten lächelte mir freundlich zu und ich fragte ihn, ob er meinen Papa und meinen Onkel Kurt kenne. Er antwortete: „Sicher“ und nach einer kleinen Pause „es geht ihnen gut“. Ich habe es geglaubt und war froh. Ich hatte eine Schürze an. In den Taschen befanden sich ein paar klebrige Bonbons, die meine Tante für mich aus Fett und Zucker in der Pfanne hergestellt hatte. Die schenkte ich dem Soldaten. Er hat mir ganz lange hinterher gewinkt. Am nächsten Tag stand der Zug immer noch da. Viele Leute – auch wir –

brachten den Soldaten Lebensmittel und Getränke. Das erfüllte mich mit einem schönen, warmen Gefühl.

Meine Tante gab mir oft die Reste von Bärbels Baby-Brei, wenn Bärbel satt war. Auch die Milchflasche durfte ich leeren. Das war für mich eine Köstlichkeit. An diese Begebenheiten kann ich mich recht gut erinnern, obwohl ich da noch sehr klein war. Doch vieles aus dieser Zeit weiß ich aus den Erzählungen meiner Oma, zum Beispiel, dass ich auf einem Bahnhof beinahe verloren gegangen wäre, als wir alle eilig den Zug verlassen mussten, weil gerade Fliegeralarm war.

In Thüringen zogen wir in ein Haus zu einer älteren Dame, die uns im oberen Stockwerk zwei Räume überließ. Frau Dörfer war sehr lieb zu uns. Ich durfte auf dem Hof mit ihrer kleinen Katze spielen und diese auch zu uns mit in die Wohnung nehmen. Frau Dörfer steckte mir Leckereien zu und oft gab sie uns Ziegenmilch von ihrer Ziege sowie Obst und Gemüse aus ihrem kleinen Garten. Weihnachten bekam ich von ihr eine Stoffpuppe, die sie selbst gemacht hatte für mich. Ich kann mich noch genau an das Haus und die Umgebung mit den schönen Wäldern erinnern. Im Winter lag sehr viel Schnee dort und wir rodelten von einer abschüssigen Seitenstraße gleich gegenüber von unserem Haus auf die Hauptstraße. Es war kaum Verkehr auf den Straßen und die wenigen Autos mussten wegen der Glätte sowieso langsam fahren. Im Sommer machten wir Ausflüge in die Wälder. Selten gab es auch mal Luftangriffe, so dass wir dann in den nahe gelegenen Bunker flüchteten. Es waren viele Kölner in dem Ort, die oft gemeinsam sangen: 'Ich möch zo Foß no Kölle jonn' (Ich möchte zu Fuß nach Köln gehen).

Vor einigen Jahren habe ich mit meiner damaligen Freundin Julia den kleinen Ort an der Saale besucht. Alles sah anders aus. Viele Häuserblocks im Plattenbaustil sind entstanden. Doch ich fand zu meiner Freude das Haus wieder, in dem wir evakuiert waren. Es war das einzige, das noch stand in der Straße gleich gegenüber der Rodelstraße, verfallen und unbewohnt und es erschien mir jetzt in der Realität viel kleiner als in meiner Erinnerung. Die Saale kam mir nicht mehr so gewaltig vor wie früher. Meinen Kindergarten gab es natürlich nicht mehr. Auch dort standen triste, graue Wohnblocks."

Plötzlich lacht Anna. Frau Siegel, die mitlachen muss, fragt nach dem Grund ihrer Heiterkeit.

„Ja, das erzähle ich Ihnen gern", sagt Anna. „Es gab auch in Thüringen nur begrenzt Lebensmittel. Meine Großeltern hatten auch kaum Geld. Jedenfalls hatte meine Oma einen Kuchen gebacken für den nächsten Tag, einem Sonntag. Ich freute mich sehr auf den kommenden Genuss. Sonntag kurz nach dem Mittagessen klingelte es. Eine andere Flüchtlingsfamilie, mit der meine Großeltern Kontakt hatten, stand mit ihren drei Kindern vor der Tür. Meine Oma schaute immer aus dem Fenster, bevor sie öffnete. Sie kam in die Stube gestürzt, schnappte sich den Kuchen und versteckte ihn im Küchenschrank mit den Worten: 'Den essen wir, wenn die wieder weg sind. Das reicht nicht. Frau Dörfer soll auch ein Stück bekommen.' Die Familie blieb lange bei uns. Fast den ganzen Nachmittag. Wir Kinder spielten miteinander, so dass ich vom Kuchen abgelenkt war. Die Erwachsenen tranken Bohnenkaffee, was schon eine Rarität war, und wir Kinder bekamen Kakao, den Oma lange gehütet und für besondere Zwecke vorgesehen hatte. Als die Frau ihre Familie zum Aufbruch aufforderte, fiel mir der Kuchen ein und ich posaunte lauthals: 'Gott sei Dank, dann können wir endlich unseren Kuchen essen!' Meine Oma hätte sich am liebsten unsichtbar gemacht. Später nach dem Krieg erzählte sie diese Episode unseren Verwandten, die sich köstlich amüsierten."

Nach einer Pause fällt Anna noch etwas Erwähnenswertes ein: „Kurz bevor wir wieder nach Köln zurück konnten, kamen eines Mittags eine Menge Militärwagen unsere Straße entlang. Viele Leute - hauptsächlich Kinder - säumten den Straßenrand und riefen 'cigarettes' und 'chocolate'. Es handelte sich um amerikanische Truppen. Mehrmals warfen sie mir Schokolade zu. Ich hob sie nicht auf, weil ich von Fremden nichts annehmen durfte. Die Kinder merkten das schnell, stellten sich zu mir und stürzten sich auf diese Köstlichkeiten."

Anna schweigt nachdenklich. Dann sagt sie leise: „Eigentlich ging es mir als Kind oft so. Bevor ich zugreifen konnte, war nichts mehr da. In der Schule wurde manchmal der Inhalt von Care-Paketen verteilt. Ich stand immer ganz hinten und wartete ab, ob es reichen würde. Komisch. Meine Schulbrote teilte ich meistens mit den Barackenkindern, die gar kein Schulbrot mit hatten. Ich hatte aber auch eigentlich nie richtig Hunger. Soweit ließ meine Oma es gar nicht kommen."

„Hatten Sie als kleines Mädchen viele Freunde?" fragt Frau Siegel Anna. Anna strahlt. „Ja, das hatte ich. Ich war immer gern draußen und spielte mit den Kindern in meiner Straße und mit meinen Schulfreundinnen, mit denen ich mich oft nach der Schule traf, wenn die Hausaufgaben erledigt waren. Ich machte auch gern Hausaufgaben. Damals machte ich alles gern. Ich liebte auch die Schule. Nach dem Krieg hatten wir keine Spielsachen und erfanden unsere eigenen Spiele. Wir übertraten all die Verbote unserer Erziehungsberechtigten, zum Beispiel In-den-Trümmern-Spielen. Allein hätte ich niemals auch nur ein Trümmergrundstück betreten, doch mit den anderen und vor allem, wenn die Jungs dabei waren, hatte ich keine Angst. Ich fühlte mich von den anderen Kindern angenommen. Das änderte sich allerdings nach einem Vorfall, an dem ich keine Schuld trug. Aber da kann ich jetzt nicht drüber reden."

Annas Strahlen ist bereits von ihrem Gesicht gewichen. Die Stunde ist fast zu Ende, und Anna ist plötzlich froh, nicht weiter reden zu müssen. Noch meidet sie bestimmte Themen…

Nachkriegszeit – Annas Schulzeit

Wir sehnen uns nicht nach bestimmten Dingen zurück,
sondern nach den Gefühlen, die sie in uns auslösen.

Sigmund Graff

1946, kurz nach Kriegsende, wurde Anna eingeschult. Viele Häuser waren zerstört, und auch die Schule war nur teilweise nutzbar. Das abweisende Gebäude war mittels eines Torbogens in zwei Hälften aufgeteilt. Der Torbogen wiederum verband die beiden Schulhöfe, die sich jeweils vor und hinter dem Gebäude befanden. Zu dieser Zeit waren die Schulklassen noch streng nach Mädchen und Jungen und sogar nach Religionszugehörigkeit getrennt.

Die ersten Schreibübungen begannen auf einer Schiefertafel mit einem Kreidestift, der wunderbar quietschte. Anna bekam von ihrem Opa ein schönes, hölzernes Griffelkästchen geschenkt, auf dem ihr Name stand. Oma sorgte für hübsche, saubere Schwämmchen und Läppchen, die sie mit Hilfe einer von ihr selbst gehäkelten Schnur an der Tafel befestigte. Wenn Schwämmchen und Läppchen noch feucht waren, wurden sie seitlich am Tornister heraus gehängt und baumelten dort lustig bei jeder Bewegung. Die Kinder saßen in Zweier- oder Vierer-Sitzbänken mit fest verbundenem schräg gestelltem Schreibpult. Oben im Pult war eine Vertiefung, in die sie später im dritten Schuljahr, wenn sie mit Tinte schrieben, die Tintenfässer stellen konnten. Zum Rechnen wurden sogenannte Rechenmaschinen verwendet. Das war ein Holzgerüst mit Metallstäben und hundert Holzkugeln in zehn Reihen. In jeder Reihe befanden sich fünf rote und fünf blaue Holzkugeln. Im zweiten Schuljahr schrieben die Kinder mit Bleistiften und ab dem dritten Schuljahr mit einer Tintenfeder aus Stahl. Lehrer gab es kaum an der Schule und wenn, dann nur ältere. Der Lehrkörper bestand überwiegend aus Frauen.

In Annas Klasse kam eines Tages eine „Neue", ein jüdisches Mädchen, obwohl es eine Katholikenklasse war. Sie hieß Helga und war ein sehr stilles und scheues Mädchen. Sie saß neben Anna. Anna konnte nie den Tag vergessen, als Helga in Tränen ausbrach und aus der Klasse stürmte. Die Lehrerin hatte kurz die Klasse verlassen müssen. Eines der Mädchen musste Aufsicht führen. Trotzdem nutzten die Kinder die Abwesenheit der Lehrerin zum lautstarken Rumalbern. Als Fräulein Bronner zurückkam, rief sie entsetzt: „Hier geht es ja zu wie in einer Judenschule!“ Das war zu viel für Helga. Sie lief in den Schulflur, Anna hinterher. Anna weinte mit ihr und konnte sie überreden, mit ihr zurück in die Klasse zu kommen. Zu Hause fragte Anna die Oma, was es mit den Juden auf sich hätte. Oma wich ihr aus und erzählte dann, dass Annas Großvater väterlicherseits früher den Juden sehr geholfen habe und sogar eine Familie, deren Hab und Gut man zerschlagen hatte, in seinem Haus versteckt hätte, damit sie nicht ins Konzentrationslager kamen. Von da an sah Anna ihren Großvater mit ganz anderen Augen. Die Oma erzählte Anna auch, dass der Großvater zum Leidwesen seiner Frau im Volksempfänger Feindsender gehört habe. Ihr Mann, Annas Opa, hätte sich das nie getraut. Der Großvater hätte alle auf dem Laufenden gehalten. Anna war stolz auf den Großvater und wollte auch so werden. Anna nannte zur Unterscheidung die Eltern ihrer Mutter „Oma“ und „Opa“ und die Eltern ihres Vaters „Großmutter“ und „Großvater“. Nach der Scheidung der Eltern 1944 - kurz vor ihrer Einschulung - lebte Anna mit ihrer Mutter bei Oma und Opa.

Das, was die Bomben verschont hatten, was noch ein Dach und vier Wände hatte, wurde bewohnt. Anna, Lilli, Helga, Karl-Heinz, Mani und Rolf gingen in dieselbe Schule und waren ein gleicher Klassenjahrgang, wenn auch getrennt. Das war sehr günstig bezüglich der Hausaufgaben, die annähernd die gleichen waren. Alle wohnten in einem Viertel nahe am Stadtwald. Sie spielten zusammen, stritten sich, machten oft gemeinsam ihre Schulaufgaben und wurden dicke Freunde. Man nannte sie einfach nur ‚die Strolche’. Mangels Spielzeug war ihrer Fantasie reichlich Raum gegeben.

Auf dem Grundstück, worauf sich Manis Zuhause befand, stand ein alter PKW mit einem kleinen zweirädrigen Anhänger. Wahrscheinlich war er wohl vor dem Krieg dort abgestellt worden. Alles, was noch brauchbar gewesen war, hatten „Liebhaber“ abmontiert, um ihre eigenen lädierten Autos damit zu bestücken. Ein Wunder, dass die Räder, die mit schlaffen Reifen auf ihren Felgen ruhten, noch da waren. Die beiden Fahrzeuge hatte man ihrer Anhänger-Kupplung beraubt, so dass sie keine sichtbare Verbindung mehr zueinander hatten. Eine Reparatur hätte sich nicht gelohnt. Manis Vater wollte die beiden Wagen nach und nach in Einzelteile zerlegen und zum Schrottplatz bringen. Früher bekam man noch Geld für Metallteile. Doch da hatte er nicht mit den Strolchen gerechnet. Sie inspizierten und konfiszierten die beiden Gefährte und meinten einstimmig, dass daraus noch was zu machen sei, jedenfalls für ihre Zwecke. So manches Werkzeug und Material verschwand aus den Beständen der Väter. Und vor den Nähkästen der Mütter wurde auch nicht Halt gemacht. Es gab kaum etwas, was die Freunde nicht gebrauchen konnten. Die zerrissenen Sitze des Autos wurden liebevoll mit alten, ebenfalls aus den Haushalten entwendeten Decken verschönert. Die Mädchen nähten Bänder, um die Kissen zu befestigen. Dabei halfen sogar deren Mütter und Annas Oma. Die zersplitterten Scheiben wurden entfernt und die Fenster mit gardinenähnlichem Behang geschmückt. Rolfs Vater fertigte für den kleinen Anhänger eine Plane. Der Anhänger wurde als Vorratsraum deklariert für viele „Schätze“ der Strolche. Ein Säckchen mit Tonmurmeln; Glasmurmeln gab es damals kaum. Sie waren heiß begehrt. Springseile, Kordel, Nägel, Werkzeug, aus kleinen mit Gummi bespannten Astgabeln hergestellte „Flitschen“, die als Waffen dienten, eine alte Tabakdose mit Papier-Anziehpüppchen, für die die Mädchen selbst Kleidung malten und ausschnitten, hatten ebenfalls ihren Platz darin.

Zwei Jahre später bekam Lilli von ihrem Onkel einen Wipp-Roller. Das war die Sensation. Abwechselnd benutzten die Strolche ihn und fuhren damit die ruhige, mit Rotdorn gesäumte Straße, auf der sie oftmals „Bäumchen wechsle dich“ gespielt hatten, auf und ab. Karl-Heinz' Vater hatte ein Fahrrad. Wenn Karl-Heinz gute Noten hatte, durfte er es benutzen und ließ seine Freundinnen und Freunde damit fahren. Die Beine der Kinder waren noch zu kurz, so dass sie nicht auf dem Sattel sitzen konnten. So wurde einfach ein Bein unter der Stange durchgestreckt, damit es die Pedale erreichte. Es war gewöhnungsbedürftig, so das Gleichgewicht zu halten, aber es funktionierte.

Ein sehr beliebtes Spiel war „Mäuschen-Klingeln“ und „Leute-Foppen“. Anna bekam von ihrem Großvater, der einen Konditorladen hatte, manchmal aus der Schaufensterdekoration Attrappen von Schokoladetafeln. Die Kinder versahen diese mit dünnen Bindfäden und legten sie gut sichtbar auf den Bürgersteig. Dann gingen sie in Deckung. Sobald ein Passant sich nach der vermeintlichen Schokolade bückte, zogen sie diese blitzschnell fort. Manche Leute lachten, aber viele schimpften auch fürchterlich. Es war die Ära, in der es ab und zu wieder Schokolade gab.

Anna erzählt Frau Siegel in der nächsten Therapiestunde von den Zeiten, an die sie sich noch erinnern kann. „Wenn Besuch von Verwandten oder Bekannten bei uns war, setzte ich mich ruhig in eine Ecke und gab vor, in mein Buch versunken zu sein. Dabei lauschte ich den Gesprächen, in denen noch lange Zeit der Krieg thematisiert wurde. Sie sprachen immer noch von Lebensmittelmarken, Bezugsscheinen und Schwarzmärkten. Oft kam meine Oma nach stundenlangem Anstehen nach Hause und hatte unsere Lebensmittelmarken noch, weil nicht genug Ware in den Geschäften vorhanden war. Diese Marken berechtigten zum Empfang von Lebensmitteln und Bekleidung, aber nur insoweit, dass die begehrten Waren zu Verfügung standen. Und das war nicht immer der Fall. Auf dem Schwarzmarkt hätten wir nichts kaufen können, selbst wenn wir es gewollt hätten. Das war viel zu teuer. Im Übrigen stand es unter Strafe.

Auch Briketts und Kohlen waren rationiert. Ich entsinne mich noch, dass mein Opa, der nie etwas Unrechtes getan hatte, sich an einer Versorgungsaktion beteiligte. Es war in einem bitterkalten Winter. Wir froren in der Wohnung fürchterlich und saßen in Mänteln und Decken dort. Ich bekam einen schlimmen Husten, und da wurde mein Opa tätig. Auf einem längeren Stück im Stadtwald liefen Schienen, auf denen Güterzüge fuhren. Oft trafen sich einige Männer bewaffnet mit Schaufeln und Säcken an den Schienen und warteten auf den Brikett-Transport. Die jüngeren Männer sprangen auf die Waggons und stießen mit ihren Schaufeln die Briketts runter, die dann gleich von den anderen aufgesammelt wurden. Hinterher wurde die Beute geteilt.

Es war ein kalter, sonniger Nachmittag. Ich war nach der Schule noch zum Rodeln gegangen. Oma kam zum Rodelberg und wollte, dass ich mit nach Hause komme, weil meine Mutter, die nach dem Krieg wieder aufgetaucht war, sich angemeldet hatte. Als wir die asphaltierte Straße, die den Stadtwald vom Wohngebiet trennt, überqueren wollten, kam ein großer LKW mit einer Plane, die offen war, vorüber. Wir schauten dem Wagen hinterher und sahen zur gleichen Zeit meinen Opa, der sich mit mehreren Männern auf dem LKW befand. Die Ladeklappe aus Holz war hochgeklappt, so dass die Männer bis zur Hüfthöhe verdeckt waren. Aber wir hatten den Opa sofort erkannt. Er schaute aus wachsbleichem Gesicht mit riesigen Augen zu uns hin. Er winkte uns nicht zu. Wahrscheinlich hatte er Angst, man würde uns auch noch einfangen. Gut, dass meine Mutter, die seit kurzem wieder bei uns lebte, bald kam. Wir gingen alle zusammen zum Polizeirevier in unserem Vorort. Dort befanden sich auch mein Opa und die anderen Männer. Sie waren während des Kohlen-Klaus erwischt worden. Ich weinte bitterlich und klammerte mich an meinen Opa. Aber ein Polizist brachte uns wieder nach draußen und riet uns, nach Hause zu gehen. Zu mir sagte er ganz leise: 'Deinem Opa passiert nichts'.

Die Männer wurden bis zum Abend festgehalten. Als ich Opa dann endlich zu Hause die Treppe heraufkommen hörte, lief ich ihm entgegen und umarmte ihn mit Indianergebrüll, so dass sämtliche Hausbewohner auf den Flur gestürzt kamen. Opa wäre Zeit seines Lebens nicht mehr zu bewegen gewesen, auch nur eine Brotkrume zu entwenden.

Während der ersten Schuljahre gab es in den großen Sommerferien die Stadtranderholung. Da fuhren wir Kinder jeden Tag mit der Straßenbahn hin. Ich habe nur einmal daran teilgenommen. Mit meinen Freunden zusammen schwimmen zu gehen und im Stadtwald zu spielen gefiel mir viel besser.

Später - ich war bereits zwölf Jahre alt - machten wir mit unserer Klasse und einer Zweitklässler-Klasse in der Eifel in einem Landschulheim Ferien. Wir schliefen in großen Zelten auf Pritschen, die furchtbar hart und ungemütlich waren. Man konnte sich kaum drehen, ohne herunter zu fallen. Wir Großen wurden auf die Zelte der Kleinen verteilt und führten dort nachts Aufsicht. Wir mussten die Kleineren zur Toilette begleiten. Diese befand sich ein Stückchen Wald einwärts und hatte eher Ähnlichkeit mit einem Donnerbalken. Man konnte das Ergebnis unten in einer Grube sehen – und riechen. Es versickerte nicht und roch dementsprechend. Nur die Lehrerinnen hatten ein Häuschen mit einer Toilette, unter der eine Sickergrube war, die man von oben nicht sah. Nachts sind wir ab und zu heimlich dorthin gegangen. Sie hatten richtige Betten, wofür wir sie beneideten. Sie nahmen auch nicht an den gemeinsamen Mahlzeiten teil, führten nur Aufsicht und kochten sich in ihrem Haus Essen. Wir Großen halfen im Freien kochen, wenn es nicht regnete. Bei schlechtem Wetter hatten wir zu diesem Zweck ein großes Wirtschafts-Zelt, wie wir es nannten. Zwei Frauen aus dem nahen Ort wiesen uns an. Mein Heimweh wurde von Tag zu Tag größer. Oma hatte das Geld zusammengespart, damit ich mitfahren konnte. Deshalb erzählte ich ihr später, es sei sehr schön gewesen. Aber ich habe niemals mehr an einer Schulfahrt teilgenommen.“

Nietenhosen und Ringelsöckchen

Menschen zu finden, die mit uns fühlen und empfinden,
ist wohl das schönste Glück auf Erden.

Carl Spitteler

Die Zeit verging; die Kinder wurden älter und erfanden neue Spiele. Sie bekamen Rollschuhe, Roller, einige sogar Fahrräder. Ihr Bewegungsradius vergrößerte sich. Der Stadtwald wurde zum Indianerrevier und sie spielten „Räuber und Gendarm". Im Winter war der Weiher oft zugefroren; dann standen Schlittschuhe auf dem Wunschzettel ans Christkind. Im Sommer lockte das Schwimmbad; der Eintritt kostete damals noch 15 Pfennige. Wenn man durch ein Loch im Zaun schlüpfte oder gar über den Zaun kletterte, war der Eintritt frei. Langsam kamen auch wieder gute Kinderbücher auf den Markt und altersgerechtes Spielzeug. Anna erhielt mehrere Bücher. Sie erinnert sich noch an die Bände „Trotzkopf, „Trotzkopf als Braut", "Trotzkopf als Mutter" und "Trotzkopf als Großmutter". Ihr Vater hatte ihr diese Bücher eigentlich wegen des Titels geschenkt. Anna gefiel der Inhalt sehr. Von ihrer Mutter bekam sie zum Geburtstag „Nesthäkchen und ihre Puppen" und „Goldköpfchen". Das begehrteste Geschenk war bei allen ein eigenes Fahrrad. Aber das konnten sich vorerst nur die wenigsten Eltern leisten.

Die Interessen der Mädchen unterschieden sich im Laufe der Zeit immer mehr von denen der Jungs. Es gab nun richtige Puppen und Puppenbabys. Hatten die Jungs bis dahin nachsichtig gelächelt, wenn die Mädchen mit Puppen spielten, so hänselten sie sie jetzt ob ihrer „Mutterrolle". Manches im zarten Kindesalter gegebene Heiratsversprechen wurde zurückgezogen. Der „Strolch-Blitz", wie sie ihr Gespann getauft hatten, diente immer noch als Treffpunkt, wenn es um wichtige Gespräche ging; aber die Abstände wurden größer. Auch die Themen änderten sich. Nun ging es eher um „Wer geht mit wem?" Die Pubertät nahte und machte sich vor allem bei den Mädchen bemerkbar. Kleidung wurde sehr wichtig.

Nach und nach wurden Trümmergrundstücke geräumt; neue Bauten entstanden. Die Besitzer der Häuser, die es noch halbwegs wert waren, restauriert zu werden, wollten diese wieder aufbauen. Die Eltern von Rolf und Mani waren gezwungen, sich neue Wohnungen zu suchen oder drastische Mieterhöhungen und jede Menge Baulärm und Schmutz in Kauf zu nehmen. Karl-Heinz' Vater war Rechtsanwalt und konnte das Haus, in dem er mit seiner Familie wohnte und in das er bereits viel investiert hatte, käuflich erwerben und nach seinen Wünschen herrichten lassen. Lilli zog mit ihrer Familie nach Düsseldorf und verabschiedete sich traurig von ihren Spielgefährten. Helgas Vater war in einem Konzentrationslager ums Leben gekommen. Ihre Mutter war berufstätig und hatte das Glück, über ihren Arbeitgeber eine kleine Wohnung zu bekommen. Diese lag jedoch in einem weit entfernten Ortsteil von Köln auf der anderen Rheinseite, den man nur mit der Straßenbahn erreichen konnte.

Die Strolche hatten eine schöne, wenn auch entbehrungsreiche Zeit zusammen erlebt und merkten jetzt, dass ihnen trotz der unterschiedlichen Interessen, die sich entwickelt hatten, die Trennung sehr schwer fiel. Der Bund der Strolche löste sich trotz allem Kummer zwangsläufig auf. Sie blieben noch eine Weile in postalischer Verbindung; doch nach und nach schlief der Briefwechsel ein. Die drei Jungs gingen weiter in die gleiche Schule, sie trafen sich auch ab und zu noch am „Strolch-Blitz". Karl-Heinz schaffte später den Sprung aufs Gymnasium und Mani auf die Realschule. Rolf tat sich mit dem Lernen etwas schwer und verkündete jedem, der ihn auf die Schule oder seine Leistungen ansprach, dass er so wie so Handwerker werden wolle. Später holte er mächtig auf und absolvierte die Handelsschule. Und noch viel später machte er sich selbständig. Die Jungen besuchten hin und wieder noch ihr geliebtes Gespann. Manchmal kam auch Anna hinzu.

Eines Tages standen die Strolche vor einem leeren Platz. Dort, wo früher ihre Zuflucht gestanden hatte, türmten sich Klinkersteine und an dem Haus war ein reges Treiben im Gange. Auf dem Grundstück entstand ein neues Haus. Die Kinder suchten alle Schrottplätze ab, bis sie ihre einst so liebevoll gestalteten Behausungen fanden. Die beiden Wagen standen nicht weit voneinander entfernt, doch es schien den Kindern, als seien sie sich fremd geworden. Traurig nahmen Anna und die drei Jungen Abschied von ihrem „Glück auf sechs Rädern".

Anna lebte weiterhin bei ihren Großeltern mütterlicherseits und verbrachte als einziges Mädchen der Clique ihre ganze Kindheit in Braunsfeld, einem Vorort von Köln gleich am Stadtwald. Sie wollte aufs Gymnasium und hätte das auch locker geschafft. Annas Vater erlaubte es jedoch nicht. Sein Argument war „Mädchen heiraten doch sowieso." Ein Studium kam somit nicht in Frage. Anna war traurig. Sie lernte gern und wollte Kinderärztin werden.

Anna nimmt den Faden wieder auf, als sie eine Woche später zu Frau Siegel kommt: „Sehr gut in Erinnerung ist mir noch die Zeit, als aus Amerika die Nietenhosen kamen. Am begehrtesten waren die mit dem karierten Aufschlag. Ich habe niemals welche besessen, weil Oma das unmöglich fand. Ohne solche Nietenhosen kam ich mir sehr rückständig vor. Mutti war sicher die Todesstrafe angedroht worden, denn trotz meines heißesten Weihnachtswunsches schenkte sie mir keine. Oma strickte mir ersatzweise bunte Ringelsocken, die auch sehr modern waren. Sie nähte mir auch schöne, weite Röcke und Kleider, unter denen ich einen Petticoat tragen durfte. Das stimmte mich wieder etwas friedlicher. Trotzdem schaute ich jedem Mädchen, das eine Nietenhose trug, sehnsüchtig hinterher.

Die BRAVO konnte ich nur heimlich lesen. Rock'n'Roll hörte ich nur bei meinen Freundinnen und Freunden. Oma drehte den Sender immer gleich weg, wenn diese Musik im Radio gespielt wurde. Zum Geburtstag erhielt ich von Wilma je eine Schallplatte von Elvis Presley und Bill Haley. Ich traute mich gar nicht zu sagen, dass wir zu Hause keinen Plattenspieler hatten. Mutti hatte einen und dort hörte ich meine Schallplatten, die langsam zu einer stattlichen Sammlung anwuchsen, hingebungsvoll. Mein Vater schenkte mir dann Weihnachten einen kleinen Plattenspieler. Der hatte vorn einen Schlitz, wo man die Schallplatte reinschob. Das ging aber nur mit Singles. Ich hatte aber auch Langspielplatten, die Mutti mir geschenkt hatte. Ich habe mich aber trotzdem sehr gefreut, weil er so aufmerksam gewesen war.

Oma hörte mit Begeisterung Freddy Quinn und die damals noch kleine Cornelia Froboess. Das ging so weit, dass sie mir auch so eine Riesenschleife, wie Cornelia sie trug, auf den Kopf zwingen wollte, obwohl ich nicht wie Cornelia die Haare offen trug, sondern strenge Zöpfe hatte. Da bin ich aber wild geworden und stellte Oma vor die Alternative: Haare schneiden oder Locken offen tragen und Schleife oder Zöpfe schmucklos. Leider entschied sie sich für die Zöpfe. Nicht mal einen Pony durfte ich mir schneiden lassen. Den habe ich mir dann irgendwann mal in einem Anflug von Aufsässigkeit selbst geschnitten. Was danach folgte, nahm ich ergeben hin, jedenfalls waren die Haare ab. Und wie. Ich hatte die vorderen gebündelt und alle auf einmal abgeschnitten. Ich sah wirklich seltsam aus. Auf jeden

Fall jagte Oma mich zum Friseur. Zurück kam ich mit einem Kurzhaarschnitt. Auch was danach folgte, habe ich wortlos über mich ergehen lassen."

Frau Siegel muss lachen. „Das war aber mutig", bemerkt sie. Anna nickt und lacht ebenfalls. Sie fährt fort: „Da fällt mir die Zeit ein, als ich gerade eingeschult war. Wir Kinder trugen lange braune Strümpfe, die mittels eines Leibchens an dem Bändern mit Knopflöchern befestigt wurden. Es gab speziell dafür kleine „Nüppchen", wie Oma sie nannte. Aber die waren zu teuer. Also hatte ich Knöpfe. Ich verlor ständig die Knöpfe, weil sie so flutschig waren und zog damit Omas Zorn auf mich. Hab dann kleine, angeraute Steinchen gesammelt. Die taten es auch und waren massenhaft umsonst zu haben. Wir sahen fürchterlich aus mit den Strümpfen. Auch die Jungs mit kurzen Hosen trugen sie. Das tröstete mich etwas, weil die noch lächerlicher aussahen. Bei jeder Bewegung wurde auch ein Stück nacktes Bein sichtbar. Dazu trugen wir braune Schnürschuhe, die bis über die Knöchel gingen. Meine Oma strickte mir einmal eine Jacke aus Kordel. Die war richtig schön, nur etwas hart.

Von Manis Vater bekamen wir ein großes Stück eines alten Autoreifens geschenkt. Opa schnitt daraus Profile und besohlte all unsere Schuhe. Oma änderte im Gegenzug für Manis Familie Kleidung. Alles wurde irgendwie verwertet. Oma nähte aus ihrem alten, zerschlissenen Mantel, den sie wendete, einen neuen für mich. Er war wunderschön. Alte Pullover und Jacken, die untragbar geworden waren, riffelte sie in mühsamer Kleinarbeit auf. Oft half ich dabei. Die Wolle reichte dann immer noch für einen Pullover für mich oder zumindest für Kniestrümpfe. Ich liebte Kniestrümpfe. Immer hatte ich welche in der Schultasche, besonders im Winter. Sobald ich außer Sichtweite war, entledigte ich mich der langen Strümpfe und zog die Kniestrümpfe an. Nach dem Unterricht wechselte ich das ganze wieder kurz vor unserer Haustür. Einmal hatte ich die langen Strümpfe in der Schule gelassen. Da war aber was los zu Hause, als ich mit Kniestrümpfen und bläulich angefrorenen Beinen in die Wohnung kam. Ich wollte noch schnell ins Schlafzimmer huschen, aber Oma war schneller".

Frau Siegel schmunzelt, unterbricht Anna jedoch nicht bei deren Rückblick in die Kindheit. Im Gegenteil, sie schaut sie interessiert an, so dass Anna weiter erzählt.

„Ich bin Anfang August geboren und konnte meine Geburtstage meist im Freien feiern. Unsere Armut hielt meine Oma nicht davon ab, meinen Geburtstag schön zu gestalten. Ich durfte immer ein paar Freunde einladen.

Sehr gut eingeprägt hat sich bei mir ein Geburtstag, der nicht so schön endete wie sonst die Male davor.

Es war auch diesmal ein schöner, sonniger Tag. Ich machte bereits seit Stunden meine Oma närrisch mit meiner Fragerei nach der Uhrzeit. Selber besaß ich noch keine Uhr. Ich erwartete sehnsüchtig meine Geburtstagsgäste. Endlich ertönte die Hausklingel. Als Erste traf meine Freundin Lilli ein. Zu Omas Entsetzen brachte sie ihr Lieblings-Meerschweinchen Susi mit und schenkt es mir zum Geburtstag. Ich wollte und durfte es nicht behalten. Gleich hinter Lilli marschierte Robert, der siebenjährige Nachbarjunge und Held der Straße, ins Haus. Ihm folgte zaghaft seine kleine Schwester Gundi, die vor Verlegenheit an ihrem Daumen lutschte. Und dann ging es zügig so weiter. Gitti, ein kleines blondes schwedisches Mädchen, das kürzlich erst in meine Klasse gekommen war, stand schüchtern im Eingang, bevor sie sich ins Geschehen wagte. Mani und Rolf ließen sich dagegen nicht lange bitten und trabten gleich quer durchs Wohnzimmer zum Kaffeetisch. Auch John, der Sohn einer afrikanisch-deutschen Familie, war meiner Einladung gefolgt. Er kam zusammen mit Karl-Heinz. Als Letzte trafen Helga und Liesel ein und brachten zur Freude aller Liesels Boxer Ramson mit. Bevor die ganze Rasselbande fröhlich über den köstlichen Kuchen herfiel, packte ich meine Geschenke aus. Ein weiteres Tier fand Aufnahme in unserer Familie. Eine Katze – glücklicherweise aus Stoff.

Später im Garten ging es nicht weniger munter zu. Frau Roland aus Parterre hatte uns angeboten, im Garten zu spielen und hatte auch schon einiges vorbereitet. Sie war eine richtig nette, ältere Dame. Sie hatte mir zusätzlich zu Omas Kuchen noch einen ganz tollen Geburtstagskuchen gebacken und kleine Gastgeschenke verpackt. Sie war immer so lieb zu mir. Einmal schenkte sie mir sogar eine Porzellanpuppe, die noch von ihrer Tochter war.

Den größten Spaß hatten wir beim Sackhüpfen. Während wir um die Wette versuchten ans Ziel zu kommen, wurden wir von Ramson verfolgt, der nach den Säcken schnappte und uns am Vorankommen hinderte und zu Fall brachte. An die eher ruhigen Spiele, wie zum Beispiel Seilspringen, war kein Denken.

'Puh', lästerte Robert, 'das sind ja Mädchenspiele'.

Das fröhliche Treiben fand seinen Höhepunkt, als er den Gartenschlauch entdeckte, der an der Hauswand lag. In unmittelbarer Nähe befand sich auch der Wasserhahn. Blitzschnell rollte Robert den Schlauch ein Stück ab, öffnete den Wasserhahn und hielt den Strahl voll auf uns gerichtet. Im Nu waren alle pitschnass.

´Schöne Bescherung´, rief meine Oma, als sie der triefenden Gestalten vom Fenster aus ansichtig wurde. 'Die Eltern werden sich ja freuen. Blöde, dass ich nicht daran gedacht habe, Frau Roland zu warnen und sie zu bitten, den Schlauch im Schuppen zu lagern oder den Wasserhahn abzustellen. Ich kenne ja Robert, dem fallen immer solche Spiele ein'.

Und zur Bestätigung platschte ein dicker, nasser Treffer durchs geöffnete Küchenfenster von Frau Roland.

´Jetzt reicht ’s, ärgerte sich nun auch Frau Roland und eilte in den Garten, drehte den Wasserhahn zu, nahm den Schlauch mit und machte somit dem Spiel ein Ende. Ich entschuldigte mich bei ihr. Auch Oma kam runter. Kurz darauf kamen mein Opa und meine Mutter von der Arbeit und alle gesellten sich zu uns. Sie saßen mit Frau Roland etwas abseits an einem Tischchen und unterhielten sich. Oma hatte den Kuchen in den Garten geholt. Meine Mutter kam, nachdem sie ein Stück Kuchen gegessen hatte, zu unserer Gruppe und kümmerte sich zu meiner Freude um uns.

Viel zu schnell war der Nachmittag vorbei und die Zeit des Abschieds nahte. Vorher stand noch das Ballonspiel auf dem Programm. Meine Mutter trommelte die Kinderschar zusammen. Dank des schönen Wetters waren die Sachen der meisten Kinder schon fast wieder trocken. Mutti verteilte die Flieger, die aus Papier gefertigt waren mit der Bitte, vorsichtig damit umzugehen. Vorn aus dem Flieger lugte die Spitze einer Stecknadel heraus. Meine Mutter gab auch nur den größeren Kindern die Flieger. Bei den Kleinen assistierte sie. Zunächst durfte die kleine Gundi auf die Ballons zielen. Meine Mutter wollte ihr helfen, aber Gundi wollte 'selbst ganz alleine'. Nach mehrmaligen Fehlversuchen durfte meine Mutter sie auf den Arm nehmen; so dass sie näher am Ziel war. Mit einem lauten Knall platzte der Ballon Nummer sieben und Gundi empfing strahlend ihren Preis, ein kleines buntes Perlenarmband. Nacheinander zielten die Kinder auf ihre Ballons und freuten sich über ihre Preise.

Robert war als Siebter an der Reihe und wartete voller Ungeduld. Er schubste die anderen und feuerte sie an, schneller zu machen. John, der noch hinter Robert in der Reihe stand, bat ihn in seiner sanften Art, doch geduldig zu sein. Helga pflichtete ihm bei. Robert, der nicht gewohnt war, dass die Kleineren ihn maßregelten, lief rot an vor Zorn und schrie die beiden an, sie sollten gefälligst ihr Maul halten. Im Übrigen seien sie Ausländer und hätten hier überhaupt nichts zu melden. Die beiden Kinder schwiegen verblüfft. Robert, dem jetzt eigentlich ein bisschen nach Kampf zu Mute war, wollte sich gern weiter streiten. Doch Helga und John schauten in eine andere Richtung und kümmerten sich nicht um ihn. Plötzlich schrie

John auf und hielt sich den Arm fest. Meine Mutter, die die anderen Kinder während des Zielens auf die Ballons beaufsichtigt und von dem Geschehen nichts mitbekommen hatte, stürzte entsetzt zu John. John schaute sie aus seinen großen, schwarzen Augen, aus denen jetzt dicke Tränen rollten, ängstlich an. Behutsam zog meine Mutter seine rechte Hand, die er auf den linken Oberarm presste, fort. Die Hand war blutig und auf dem Arm befand sich eine dicke Schramme, deren Ausmaß Mutti in Folge der dunklen Hautfarbe des Jungen erst nach näherer Untersuchung prüfen konnte. Sie nahm John mit ins Haus und verband die Verletzung. John wollte nicht sagen, was passiert war. Offenbar hatte er Angst. Wir folgten den beiden und standen betreten etwas abseits.

Meine Mutter sammelte die Flieger ein und gab jedem Kind, das noch keinen Treffer hatte, ein Gastgeschenk. Allen war die Lust am Ballonschießen vergangen. Mutti fragte nochmals in die Runde, was denn passiert sei. Alle schwiegen. Doch da sammelte ausgerechnet Roberts kleine Schwester Gundi all ihren Mut und sagte, dass Robert mit der Spitze des Fliegers ganz fest an Johns Arm heruntergefahren sei. Meine Mutter war sprachlos. Robert war als Unruhestifter bekannt; aber das hätte sie ihm nun doch nicht zugetraut. Robert ließ auch keinerlei Zeichen der Reue erkennen.

'Ich wollte wissen, ob John schwarzes Blut hat', behauptete er. 'Aber wie kommst du denn darauf?' fragte Mutti den Jungen. Schweigen.

Nach und nach wurden die Kinder - meist von einem Elternteil - abgeholt. Die in der Nähe wohnten, gingen zusammen nach Hause. Ich war traurig. Ich hatte mich so sehr auf meinen Geburtstag gefreut, und alles hatte so schön begonnen.

Oma und Opa brachte den kleinen John und Gitti nach Hause. Mutti ging – Gundi auf dem Arm - mit mir und Robert, der gleich nebenan wohnte, zu dessen Eltern hinüber. Obwohl sie direkte Nachbarn waren, kannten sich unsere Familien nur vom Grüßen. Ich hatte Robert eingeladen, weil ich die kleine Gundi so süß fand.

Die Mutter der beiden Kinder öffnete die Haustür. Sie nahm ihre Kinder in Empfang und wollte uns nur kurz danken. Mutti bat sie jedoch um ein Gespräch. Resigniert trat Frau Braun von der Tür zurück und ließ uns in die Wohnung. Robert lief gleich in sein Zimmer, nicht ohne noch vorher Gundi zu drohen 'na warte, wir sprechen uns später noch!' Gundi klammerte sich verängstigt an ihre Mutter. In dem kleinen Wohnzimmer, auf gut bürgerliche Art eingerichtet, saß Roberts Vater auf der Couch, vor sich einen Teller mit belegten Broten, in der Hand eine Flasche Bier, die er bei unserem Eintreten gerade vom Mund nahm und auf den Tisch stellte. Radiomusik schallte in einer solchen Lautstärke, dass man das mürrische Begrüßungsbrummen des Hausherrn so wie das Rülpsen, als er die Flasche absetzte, kaum hören konnte. Herr Braun war mit einer Unterhose bekleidet. Sein Oberkörper war nackt und vom Schweiß glänzend, das weiß ich noch wie heute. Immerhin brachte Frau Braun ihren Ehemann dazu, die Lautstärke des Radios zu drosseln, was Herr Braun mit einem unfreundlichen Grunzen quittierte.

Meine Mutter schilderte den Vorfall mit dem Flieger. Frau Braun holte ihren Sohn ins Wohnzimmer. Auf die Frage, was er sich dabei gedacht habe, dem John die Nadelspitze in den Arm zu rammen, erklärte Robert wiederum, dass er nur wissen wollte, ob der John schwarzes Blut habe, weil er doch ein Farbiger sei. 'Gestern hast du gesagt, die von Blockstedts hätten blaues Blut, weil sie adlig sind', versuchte Robert seine Tat zu mildern. Der Vater schwieg verdutzt, wischte sich den Bierschaum mit dem Handrücken von den Lippen und brach dann in schallendes Gelächter aus. Ermutigt durch die Reaktion seines Vaters legte Robert nun richtig los: 'Und dann hast du gesagt, den Ausländern muss man es zeigen, wer hier Herr im Lande ist und .... '

Mehr hörten wir nicht mehr, weil Mutti nichts mehr hören wollte. Sie strich Gundi über die Wange, nahm mich bei der Hand und verließ mit mir ruhig das Haus. Ich verstand das alles noch nicht so richtig. Mich beschäftigte die Frage, ob adliges Blut wirklich blau ist.

Frau Siegel und Anna haben heute die Zeit überschritten, aber Frau Siegel hört Anna bis zum Ende aufmerksam zu.

Scheidung der Eltern – Anna spricht nicht mehr

Wenn du nichts mehr sehen kannst
nimm dir fest vor, etwas sehen zu wollen
und dann bewegt sich mit einem Male der Horizont

Bernd Lange

Vor der nächsten Therapiestunde geht es Anna nicht gut. In ihren Träumen begegnet sie oft Menschen, die schon lange tot sind: ihrer Mutter, ihrer Großmutter, ihren Lehrerinnen, ihrem Kaplan. Oft wacht sie weinend auf. Die Träume von ihrer Oma sind immer mit Schuldgefühlen behaftet. Anna ist dann schon Jahre lang nicht bei der Oma gewesen und hat Angst, dass es bald zu spät sein könne. Immer, wenn sie auf dem Weg zu ihrer Oma ist, hält sie etwas vom Weiterkommen ab oder sie verläuft sich im nahen Stadtwald. Manchmal erkennt sie das Haus nicht mehr. Es sieht ganz anders aus als früher. Fremde Menschen laufen im Treppenhaus herum und schauen Anna finster an. Einmal schafft sie es zitternd bis zur Wohnung. Die Türen stehen offen, niemand ist dort. Alles sieht fremd und ärmlich aus. Anna will gehen, aber dann ist sie eingeschlossen und wacht mit rasendem Pulsschlag auf. Von ihrer Mutter träumt Anna oft, dass sie miteinander verabredet sind, aber sie weiß genau, dass ihre Mutter nicht kommen wird. Nach dem Aufwachen empfindet sie das gleiche Gefühl der Trauer und Enttäuschung wie früher als Kind. Seit Tagen unterliegt Anna wieder diesem Gefühlsumschwung, einer Mischung aus Angst und Trauer. Oft hat sie das Gefühl, als würde eine Lokomotive ungebremst auf sie zukommen. Es gibt jedoch in der Realität keine konkrete Gefahr.

Frau Siegel schaut Anna an, sie wartet. Sie spürt Annas Blockade, doch sie spürt auch das Vertrauen, das Anna mittlerweile in sie hat. Nach geraumer Zeit fragt sie Anna, ob sie „drüber“ sprechen möchte. Anna schluckt, schlägt ihre Arme um sich, so als suche sie Schutz bei sich selbst, dann schaut sie Frau Siegel prüfend an und sieht wieder das Verstehen in ihren Augen. Leise beginnt sie von ihren Albträumen zu erzählen. Sie erzählt von ihrem Stiefvater, der ihr seit Beginn der Therapie immer wieder im Traum erscheint und sie erschreckt. „Warum macht er Ihnen Angst?“ fragt Frau Siegel. „Er hat mir immer Angst gemacht“, sagt Anna.

„Nachdem mein Vater wieder geheiratet hatte, lernte meine Mutter einen zwei Jahre jüngeren Mann kennen und heiratete diesen kurz danach. Vorher trafen meine Eltern sich ab und zu noch, weil es mein Weihnachtswunsch war. Ich wollte wenigstens ab und zu gemeinsam mit ihnen etwas unternehmen, wenn sie schon nicht mehr zusammen wohnen wollten. Mein Vater wäre auch gern wieder mit meiner Mutter zusammen gewesen, doch meine Mutter war sehr freiheitsliebend und lehnte das ab. Später, als ich erwachsen war, sagte meine Mutter mir, dass sie sich mit ihrer Schwiegermutter nie verstanden hätte. Doch habe sie meinen Vater immer noch geliebt. Mein Vater wurde Alkoholiker, und im betrunkenen Zustand sprach er ständig von meiner Mutter in den höchsten Tönen. Das verbesserte das Verhältnis zwischen seiner zweiten Frau Mechthild und mir keineswegs. Ich bat ihn oft, im Beisein seiner Frau nicht über meine Mutter zu sprechen. War er nüchtern und Mechthild in Hörweite, schimpfte er über meine Mutter und nannte sie eine Hure. Anfangs wusste ich gar nicht, was das war. Als ich ihn fragte, hat er mir eine Ohrfeige gegeben. Er schlug schnell zu, wenn er unsicher war oder wenn ich Fragen stellte, die ihm nicht behagten, sogar wenn ich manches als Bitte kaschierte. Bald trank er so oft, dass ich Besuche bei ihm nur noch als moralische Pflicht empfunden habe. Aber ich hatte ihn zu der Zeit trotzdem noch lieb und vermisste ihn. Er tat mir irgendwie immer leid“.

Frau Siegel wirft ein: „Wir waren bei ihrem Stiefvater, Frau Scholl.“

„Ja, ich weiß“, erklärt Anna. „Aber das, was ich Ihnen erzählen möchte, hängt miteinander zusammen.“

Dann fährt Anna fort: „Es gab so viel Streit zwischen ihm und seiner Frau nur wegen meiner Existenz. Eines Sonntags hatten die beiden wieder einen heftigen Streit und mein Vater betrank sich. Es war noch helllichter Tag. Ich versuchte zu vermitteln und wollte meinen Vater beruhigen. Im Laufe eines Gespräches verwechselte er mich mit meiner Mutter und versuchte mich auf den Mund zu küssen. Ich floh in heller Panik.“

Anna schweigt eine Weile, dann fährt sie fort: „Erst lief ich im nahe gelegen Park herum, wurde von zwei Frauen angesprochen, wohl weil ich so traurig aussah und mir immer wieder die Tränen übers Gesicht liefen. Dann entschloss ich mich zu meiner Mutter zu gehen. Es war die Zeit, in der sie erfahrungsgemäß hätte zu Hause sein müssen. Aber ich traf nur ihren Mann an. Der empfing mich freundlich und bot mir Kakao und Kuchen an und sagte, meine Mutter sei noch bei einer Nachbarin, käme aber sicher bald. Thomas merkte natürlich, dass ich etwas auf dem Herzen hatte, worüber ich mit meiner Mutter sprechen wollte. Es war eine seltsame, geladene Stimmung im Raum, eine Energie, die mir Angst machte, die mir fremd und doch irgendwie bekannt war. Es schnürte mir fast die Kehle zu. Thomas fragte: ‚Was hast du denn? Du siehst so traurig aus. Was ist denn passiert?' Ich brach in Tränen aus und erzählte ihm unter Schluchzen, was mir widerfahren war. Thomas setzte sich neben mich auf die Couch und legte seinen Arm um mich. ‚Armes Häschen', sagte er mitleidig. ‚Bist du sicher, dass dein Papa etwas Unrechtes getan hat? Du hast da etwas missverstanden. Er hat dich sicher sehr lieb und wollte dir deshalb ein Küsschen geben.' Ich war verzweifelt. Warum verstand Thomas mich denn nicht? Es war doch nicht ein ‚Küsschen', es war ein Kuss. Thomas zog mich an sich und sagte: ‚Aber Engelchen, ich gebe dir doch auch ein Küsschen, wenn du kommst. Ich freue mich immer, wenn ich dich sehe. Es gibt verschiedene Arten zu küssen, das ist doch nichts Schlimmes.' Ich wand mich aus seiner Umarmung, die auch anders war als sonst und jammerte: ‚Wo ist Mutti? Ich will ihr entgegen gehen. Bitte sag mir, wo sie ist.' Thomas wurde wütend. ‚Hast du etwa Angst vor mir? Hast wohl Angst vor Männern! Sei doch nicht so hysterisch. So bekommst du später nie einen Mann, wenn du so spröde bist.' Ich war stocksteif vor Angst und Missbehagen und weinte verhalten. Thomas wurde zusehends zorniger. Seine Arme umklammerten mich wie ein Schraubstock. Ich schnappte regelrecht nach Luft. Da drückte er seine Lippen auf meine und stieß mir seine Zunge in den Hals. Ich konnte mich nicht mehr wehren, ich hatte keine Kraft mehr. Er keuchte, ich spürte sein hartes Glied an meinem Becken. Da fuhr er mir mit der Hand in die Jeans und machte sich mit seinen Fingern an mir zu schaffen mit den Worten: ‚Mal sehen, ob du noch deine Unschuld hast'- Ich war knapp dreizehn Jahre alt!"

Anna atmet schwer. „Thomas ging zur Toilette. Ich nahm die Gelegenheit wahr und flüchtete. Wo sollte ich hin? Zu meinen Großeltern nach Braunsfeld? Unmöglich. Ich hätte mich nicht verstellen können. Oma und Opa würden sich sehr aufregen. Ich hatte sogar Angst, dass Oma fragen würde, was ich da für eine Schweinerei erzähle. Zu meiner Freundin? Deren Eltern würden meinen Vater anrufen. Ich hatte eine Lehrerin, zu der ich Vertrauen hatte und für die ich sehr schwärmte, wusste aber nicht, wo sie wohnte.

Ich bin dann zur Schule gegangen. Die Toiletten waren damals noch auf dem Schulhof. Ich kletterte über die Mauer und schloss mich in einer Toilette hinter einer Bretterwand ein. Die Tür konnte man mittels eines Häkchens verschließen. Niemand suchte nach mir. Wie auch? Es war ein Sonntag und meine Großeltern wähnten mich bei meinem Vater. Von dort aus wollte ich Montagmorgen zur Schule fahren. So war es jedenfalls vorgesehen.

Die ganze Nacht habe ich fürchterlich gefroren und zusätzlich noch vor lauter Angst zittern müssen. Bei jedem Geräusch schreckte ich hoch. Meine Beine schliefen immer wieder ein, weil ich auf dem Toilettenrand so hart und ungemütlich kauerte, mein Rücken tat weh. Raus traute ich mich auch nicht mehr. Ich habe mir ernsthaft gewünscht zu sterben. Alles war so unwirklich. Immer wieder überkam mich das Gefühl, in der Realität gar nicht vorhanden zu sein.

Am nächsten Tag, als ich die ersten Geräusche hörte, trat ich auf den Schulhof. Ich hatte keine Schulsachen mit – die waren noch bei meinem Vater - und sah wohl sehr mitgenommen aus. Mir war schlecht vor Hunger und Durst. Die Lehrerin schickte mich nach Hause, weil sie dachte, ich sei krank. Aber wo war mein Zuhause? Ich ging zu meiner Oma und sagte, dass ich krank sei. Bauchweh, das konnte man am wenigsten nachprüfen. Ich vergrub mich in mein Bett und hungerte weiter. Ich konnte mit Bauchweh ja kaum Appetit haben.

Nachmittags erschien mein Vater mitsamt meinen Schulsachen. Er hatte erst mit meiner Mutter gesprochen, doch die wusste ja von nichts. Danach war er zur Schule gefahren, um mich dort abzufangen, wahrscheinlich um mit mir zu reden. Vielleicht dämmerte ihm noch etwas von dem Vorfall. Als ich nicht mit den anderen Kindern aus dem Schulgebäude kam, dachte er, ich hätte die Schule geschwänzt. Meine Großmutter, die auch von nichts wusste, war sehr erschrocken, als er auftauchte. Er schrie mich an: ‚Du Faulenzerin, dir werde ich's zeigen. Kannst ja gleich in ein Freudenhaus gehen, wenn du keine Lust zum Lernen hast.' Dabei schlug er mir ins Gesicht. Ich wusste gar nicht, was ein Freudenhaus war. Später erzählte meine Oma, dass ich keinen Laut von mir gegeben und keine Abwehr geleistet hätte. An die Schläge erinnere ich mich kaum. An mein Gefühlsgemisch von Ausgeliefert-Sein, Scham und Angst erinnere ich mich gut.

Als mein Vater mit mir auf dem ′Nach-Hause-Weg′ war, fragte ich ihn allen Ernstes, ob er mich nicht in ein Freudenhaus geben wolle. Für mich klang Freudenhaus positiv. Früher waren wir ja noch nicht so aufgeklärt. Da schlug er mich mit dem Kopf gegen die Scheibe des Autos. Fast wäre er aus der Spur gekommen, so heftig war das. Das Auto schlängelte.

Ich wollte nur noch sterben und wurde dann auch wirklich krank. Wochen lang sprach ich nicht mehr. Ich war auch für mich eine Andere, spürte mich nicht, lebte wie im Traum. Ich kann darüber gar nicht viel sagen, es gab mich einfach eine Zeit lang nicht. Es war, als ob ich hinter den Scheiben eines Zugabteils das Leben vorbei gleiten sah. Ich verlor auch stark an Gewicht, weil mir alles wie Häcksel schmeckte.

Ich erinnere mich allerdings an eine Untersuchung beim Gesundheitsamt. Meine Mutter war mit mir dort. Sie hatte einen Satz Papiere in der Hand, den sie dem Arzt geben sollte. Wir warteten im Flur. Mutti musste zur Toilette und gab mir die Unterlagen. Ich habe sie durchgelesen. Es handelte sich um einen Antrag für eine Heimerziehung. Es sollte festgestellt werden, ob ich geistig behindert sei und besser in einem Heim untergebracht sein würde. Ich war auf Grund meiner Leistungen Klassenbeste und konnte nicht glauben, was ich da las."

Die Therapeutin schweigt. Anna sitzt mit gesenktem Kopf da und drückt sich fest in ihren Sessel. „Als meine Mutter und ich ins Behandlungszimmer gerufen wurden, fragte mich einer der dort anwesenden Ärztinnen, ob ich gern zur Schule gehe. Ich nickte. Dann musste ich Figuren deuten, die wie Kleckse aussahen. Ich habe das aufgeschrieben in schönster Schrift. Schriftlich musste ich auch noch Rechenaufgaben lösen, fehlende Wörter einsetzen, eine Bildbeschreibung machen und einen kleinen Aufsatz schreiben. Gemalt habe ich auch drei Bilder. Wir waren fast den ganzen Vormittag in einem Nebenzimmer. Für mich waren die Aufgaben, deren Lösungen man von mir forderte, leicht. Es machte mir eigentlich sogar Spaß. Als ich fertig war, musste ich mit meiner Mutter wieder auf dem Flur warten. Als wir erneut in das Behandlungszimmer kamen, hatte sich zu den beiden Ärztinnen noch ein älterer Arzt gesellt. Alle waren sehr freundlich zu mir. Eine der Frauen strich mir über den Arm und bat mich, noch eine Weile allein draußen zu warten. Ich tat das auch ohne zu murren.

Als Mutti wieder zu mir kam, fuhren wir zu meiner Oma. Ich sollte auf die Straße spielen gehen. Ich schüttelte den Kopf denn ich wollte gern hören, was Mutti meiner Oma erzählen würde. Ich wurde ins Nebenzimmer geschickt. Dort lauschte ich an der Tür. Die Frau meines Vaters hatte den Antrag gestellt, war aber nicht bereit gewesen, mit mir zum Gesundheitsamt zu fahren. Ich war sehr froh, dass sie es nicht getan hatte. Mechthild hatte allen Ernstes behauptet, ich sei geistig minderbemittelt, würde die Schule schwänzen, vor Bockigkeit nicht mehr reden und sei schwer erziehbar. Auf dem Gesundheitsamt hatte man allerdings festgestellt, dass ich sehr intelligent sei und keinerlei Anlass bestehe, mich in eine Heimerziehung zu geben. Auch die Schule hatte für mich plädiert. Seltsamerweise empfand ich etwas Bedauern, dass ich nicht in ein Heim kommen sollte. Ich stellte mir das immer so vor, als ob dort die Mädchen wie Geschwister in einer beschützenden Atmosphäre zusammen leben könnten und viel Spaß miteinander hätten. Manchmal sagte meine Oma scherzhaft zu mir, dass ich zu den Schwestern vom Guten Hirten kommen würde, wenn ich nicht brav sei. Niemals hätte sie sich träumen lassen, dass ich später gerade dort meine schönste Zeit der Berufstätigkeit als Pflegedienstleiterin erleben würde."

Frau Siegel schüttelt den Kopf. Anna schaut sie an und zuckt die Schultern. Sie hat das alles mit großer Distanz erzählt, so als sei es gar nicht um sie gegangen.

„Oft war ich wie seelisch ausgetrocknet, gab mir jedoch stets den Anschein, dass alles okay sei, dass ich alles im Griff hatte. Der Preis dafür war hoch. Jede meiner verschiedenen „Familien" erwartete etwas anderes von mir. Das verwirrte mich, laugte mich aus. Zu netten Menschen, die mir zugewandt waren, wurde ich oft abweisend und spröde. Meinen Vater habe ich damals nie gehasst, egal was er mit mir machte. Angst hatte ich nur, wenn er mich in einem plötzlichen Überschwang in den Arm nehmen wollte. Dabei sehnte ich mich doch so nach seiner Vater-Liebe. Oft, wenn er mich geschlagen hatte, tat er mir hinterher leid. Fragen Sie mich nicht warum. Vielleicht gab ich mir selbst die Schuld an seinem Verhalten."

Anna schaut schweigend auf ihre Schuhe. Lange. Vieles geht ihr noch durch den Kopf. Vieles, worüber sie nun nicht mehr reden kann. Frau Siegel sieht, dass Anna sich bei ihr sicher fühlt; sie sieht es an der Art, wie Anna sich in den großen Sessel vergräbt. Hier fühlt Anna sich verstanden und angenommen. Sie liebt Frau Siegel, jedenfalls hält sie ihr Gefühl der Therapeutin gegenüber für Liebe.

„Was ging in Ihnen vor, als Ihre Eltern sich scheiden ließen", fragt Frau Siegel. „Wie alt waren Sie?" „Als meine Eltern noch zusammen waren, stritten sie ständig. Die Bäckerei gehörte damals noch den Eltern meines Vaters. Mein Vater arbeitete dort. Die Großmutter mochte meine Mutter nicht und meine Mutter schimpfte dauernd über die Alte, wie sie die Großmutter nannte. Ich schlich mich oft zu Großvater und meinem Vater in die Backstube. Dort durfte ich dann helfen. Ich wog Sägemehl ab, in dem die Kommiss-Brote gewälzt wurden, bevor sie in den Backofen kamen. Unser Kommiss-Brot war richtig berühmt über die Grenze der Stadt hinaus. Wir belieferten auch andere kleine Bäckereien damit.

Einmal musste ich miterleben, dass meine Eltern handgreiflich gegeneinander wurden. Mein Vater hatte ein Brot mit in die Wohnung gebracht, aber meine Mutter war richtig wütend, weil er wohl nicht das richtige Brot ausgewählt hatte. Ich war ganz irritiert, weil ich mich eigentlich auf das schöne, frische Brot freute. Ich wusste von meinen Spielgefährten, dass bei ihnen zu Hause oft das Brot nicht ausreichte. An den Wortlaut des Streites erinnerte ich mich nicht mehr, aber noch lebhaft daran, dass mein Vater mit dem Brot nach meiner Mutter warf und sie ihm daraufhin einen Schubs gab. Sie musste sehr viel Kraft in den Stoß gelegt haben, denn mein Vater verlor das Gleichgewicht und fiel auf eine Kiste, in der Kartoffeln gelagert waren. Ich hatte ganz großes Mitleid mit ihm und half ihm beim Aufstehen. Er nahm mich auf den Arm und ging mit mir ins Wohnzimmer. Meine Mutter verließ Türen schlagend die Wohnung. Sie war auch abends, als mein Vater mich ins Bett brachte, noch nicht nach Hause zurückgekehrt. Ich weinte und betete und konnte lange nicht einschlafen. Ich hatte Angst – ganz fürchterliche Angst und weinte mich in den Schlaf.

Als meine Eltern geschieden wurden, war ich fast sechs Jahre alt", erzählt Anna nach einer Pause- „Der endgültigen Trennung gingen noch viele Streitereien voraus. Ich habe sie fast alle miterlebt und heimlich geweint, denn ich liebte beide. Mein Vater war lustig, spielte mit mir und warf mich in die Luft, bis ich quietschte. Er antwortete auf all meine Fragen, die ich fast ununterbrochen stellte. Und er sah auch gut aus. Meine Mutter war eine sehr schöne Frau. Sie erfand Märchen und sang und malte mit mir. Doch als sie nach der Scheidung wieder mit mir bei ihren Eltern wohnte, war meine Mutter oft Tage lang verschwunden. Ich vergrub mich dann hinter Büchern und wollte kaum angesprochen werden. Ich schaffte mir meine eigene Welt. In dieser erdachte ich mir eine Mutter, einen Vater, ein schönes Elternhaus. Und Oma und Opa sollten bei uns wohnen. Ein kleines Schwesterchen oder Brüderchen wäre mir auch willkommen gewesen. Manchmal träumte ich, meine Mutter sei tot. Das erschreckte mich. Aber vielleicht war es die einzige plausible Erklärung für ihre Abwesenheit, denn sie war oft auch abwesend, wenn sie da war. Ich brauchte nur in ihre Augen zu sehen und wusste, ob sie wirklich bei uns, bei mir war.

Ich weiß noch, wie es war, als wir nach der Scheidung meiner Eltern auszogen. Wir hatten nur kurz zusammen mit meinem Vater in einer Wohnung gewohnt, die gleich gegenüber der Konditorei meiner Großeltern war. Auf einem Handwagen haben wir die Sachen zu meinen Großeltern in Braunsfeld, die Eltern meiner Mutter, transportiert. Meine Mutter hat alles runter geschleppt. Mein Vater war drüben in der Backstube bei seinem Vater. Seine Mutter, meine Großmutter, kam noch nicht mal raus. Ich war wütend auf sie. Ich stand beim Handwagen und passte auf, dass nichts entwendet wurde. Einige Kinder kamen und fragten, wohin wir gingen. Ich schämte mich so sehr.“ Anna schweigt nachdenklich Eine Begebenheit, die sie jetzt nicht erzählen will, geht ihr durch den Kopf.

Ein Junge baute sich vor dem Handwagen auf. Anna saß vorn auf der Kante. Der Junge stellte sich genau davor. Sie hatte diesen Jungen noch nie leiden mögen. Er hatte Anna oft aufgefordert, etwas aus dem Laden der Großeltern zu entwenden und ihm zu geben. Anna weigerte sich. Seitdem zog er immer an ihren Locken, wenn er ihr auf der Straße begegnete, und sagte dann: „Krause Haare, krauser Sinn; steckt der Teufel selber drin.“ Er sagte den Spruch auch jetzt wieder. Aus Annas Traurigkeit wurde plötzlich wilde Wut, die sich zu blankem Hass steigerte. Sie trat nach dem Jungen, verfehlte ihn aber.

Später in der Schule trat Anna auch nach einem Jungen. Sie war zuvor beim Rollschuhlaufen gefallen. Der Junge lachte sie aus und rief: „Schaut mal, was die Anna für ein schönes Höschen an hat.“ Anna trat mit den Rollschuhen an den Füßen nach dem Jungen und verletzte ihn so sehr, dass dieser heulend nach Hause humpelte. Am nächsten Tag erschien er nicht in der Schule, dafür aber seine Mutter. Anna wurde in Grund und Boden gestampft.

Anna trat weiter, wenn sie wütend war. Nicht mehr mit Füßen. Sie trat verbal. Das hinterließ keine sichtbaren Spuren. Wenn sie ausgeteilt hatte, war sie zunächst von ihrem Zorn befreit, fühlte sich kurz darauf jedoch ganz elend. Die Wut machte der Trauer oder der Angst Platz. Doch Anna weinte nicht. Sie kräuselte sich innerlich, so dass nichts an die Oberfläche kam. Manchmal, wenn sie allein war, weinte sie. Einige Lehrerinnen nannten es Trotz. Anna wusste es besser. Als sie später von ihrem Vater getreten wurde, empfand sie es fast als gerechte Strafe.

Anna nimmt den Faden wieder auf und fährt fort: „Immer wieder bat ich meine Mutter, doch zu bleiben. Ich liebte meinen Vater sehr. Er war ja gerade aus der Gefangenschaft gekommen und ich war so froh, mit meinen Eltern zusammen zu sein, auch wenn sie sich oft stritten. Die Mutter meines Vaters schürte den Streit noch. Sie machte immer abfällige Bemerkungen über meine Mutter. Einmal erzählte sie mir, einem knapp sechsjährigen Kind, dass meine Mutter sich während des Krieges mit anderen Männern rumgetrieben habe, während mein Vater fürs Vaterland gekämpft habe. Ich verstand das alles gar nicht. Ich verstand vieles nicht. Es stimmte, dass meine Mutter die ganzen Kriegsjahre über verschollen war. Ich habe sie erst nach dem Krieg wieder gesehen. Wo sie sich aufgehalten hatte, wollte ich gar nicht wissen. Sowohl meine Oma als auch mein Vater und meine Großeltern erzählten mir die ungeheuerlichsten Geschichten über meine Mutter. Ich war noch so klein und konnte das gar nicht verstehen. Es machte mir Angst, weil immer Männer darin vorkamen, die nur das Eine wollten. Was war das Eine? Ich konnte mir noch nichts darunter vorstellen.

Ich weiß es noch wie heute. Oma hatte mich mal wieder eingeschlossen, damit sie in Ruhe einkaufen konnte. Doch den Schlüssel hatte sie eine Etage tiefer bei der Nachbarin abgegeben. Ich hatte solche Angst allein! Ich saß auf der Chaiselongue in der Stube und spielte mit Papierpüppchen. Es klingelte. Ich reagierte nicht, denn ich konnte ja sowieso die Tür nicht öffnen. Nach einer Weile hörte ich Tritte auf der Treppe und horchte herzklopfend, als diese näher kamen. Ich hörte, wie leise geklopft und der Schlüssel ins Schloss gesteckt und gedreht wurde. Langsam, zaghaft. Das war nicht Oma. Die konnte noch nicht zurück sein, und sie drehte auch den Schlüssel energischer. Die Tür öffnete sich. Eine sehr schöne, mir fremde Frau mit langen kastanienbraunen Locken stand im Türrahmen und schaute mich an. Dann fragte sie: 'Kennst du mich nicht mehr?'

Ich schaute fasziniert die Frau an, die so schöne Haare und so blaue Augen hatte wie ich. Langsam kam eine vage Erinnerung, als die Frau lächelte und ich sagte versuchsweise 'Mama?' Sie nickte, hatte Tränen in den Augen und kam langsam auf mich zu.

Ich hatte keine Angst. Sie war doch meine Mutter. Jeden Abend hatte ich zu Gott und der Jungfrau Maria gebetet, dass sie dafür sorgen mögen, dass meine Mutter wieder zu uns nach Hause kommen würde. Meine Mutter umarmte mich nicht, küsste mich nicht, sah mich nur immer wieder an. Und ich wünschte mir so sehr, sie solle mich in die Arme nehmen. Ich selbst hatte eine Hemmschwelle ihr entgegen zu kommen. Wir waren uns fremd geworden. Ich fragte, wo sie so lange gewesen sei. Sie stammelte etwas von Trümmern, dass sie verschüttet gewesen sei und dass sie oft an mich gedacht habe. Dann fragte ich sie, wo der Mann sei. Ich hatte ständig Bemerkungen aufgeschnappt von einem Mann, mit dem meine Mutter 'zusammen liegen' würde. Ich konnte mir das nicht erklären. Wieso liegen? Man kann doch nicht immer nur liegen, und dann noch, wenn draußen die Bomben alles verwüsteten. Meine Mutter kam mir plötzlich sehr ängstlich vor. Ich spürte das und lenkte ab, zeigte ihr meine Papierpüppchen. Mutti fragte, ob ich Buntstifte habe. Ich holte meinen Kasten und Papier. Da malte sie mir wunderschöne Kleider für die Papierpüppchen.

Als meine Oma nach Hause kam, schickte diese mich gleich zum Spielen runter, obwohl ich eigentlich mal wieder Hausarrest hatte. Ich ging zwar auf die Straße, hielt jedoch die Haustür im Auge und nahm auf einer Mauer gegenüber Stellung. Ich wollte meine Mutter nicht so schnell wieder weg lassen. Langsam realisierte ich, dass es wieder eine Mutti für mich geben sollte. Ich wünschte mir so sehr, dass jetzt meine ganzen Freundinnen und Freunde auftauchen sollten, um meine schöne Mutti zu bewundern. Die würden Augen machen. Kein Kind hatte eine so junge Mutter!

Nach fast zwei Stunden gab ich vor, zu verdursten und verschaffte mir Einlass in die Wohnung. Meine Mutter sah ganz verheult aus und ich zerfloss innerlich vor Mitleid mit ihr. Sie ging an dem Tag nicht wieder fort und schlief in der Stube auf der Couch. Mein Opa hatte Freudentränen in den Augen, als er abends von der Gärtnerei nach Hause kam und meine Mutter sah. Er umarmte sie stumm. Ich bekomme die Ereignisse nicht mehr so richtig zusammen, aber ich weiß, dass mein Vater meiner Mutter verziehen haben musste – so viel hatte ich erlauscht – und die beiden wieder zusammen ziehen wollten. Eines Tages war es dann so weit. Ich lebte bei ihnen und freute mich. Ich hatte wieder eine richtige Familie wie die meisten Kinder, die ich kannte. Ich war richtig stolz auf meine Eltern, die so jung waren und so toll aussahen.

An all das erinnerte ich mich, als ich an dem Handwagen stand und auf unsere Habseligkeiten aufpasste. Wo sollten wir schon hin wollen. Wir hatten keine Wahl. Oma und Opa nahmen uns auf. Ich stand kurz vor der Einschulung und freute mich auf die Schule. Das war mein einziger Lichtblick in dieser Zeit.“

Nach der Scheidung ihrer Eltern im Jahr 1944 lebte Anna mit ihrer Mutter bei den Großeltern. Die Oma nahm Anna gleich wieder unter ihre Fittiche. Annas Mutter war selten zu Hause. Am Tag arbeitete sie, und abends ging sie oft aus. Über Annas Zugehörigkeit wurde gerichtlich entschieden. Sie wurde ihrem Vater zugesprochen, weil ihre Mutter zum Termin nicht erschienen war. Die Großmutter erzählte Anna davon. Doch auch das konnte Annas Liebe zu ihrer Mutter nicht erschüttern. Annas Vater bekam dann nach dem damaligen Gesetz das „Personensorgerecht“ über Anna. Personensorgerecht. Das klang für Anna immer so gewaltig. Sie war eine Person. Sie hatte also kein eigenes Recht. Das Recht über sie hatte ihr Vater. „Wie sorgt er denn für mich?“ fragte sich Anna. Oma und Opa sorgten doch für sie, und ein bisschen auch ihre Mutter. Ihr Vater zahlte keinen Unterhalt, weil er der Meinung war, Anna könne ja zu ihm kommen und bei ihm wohnen. Dabei war er nicht so arm wie ihre Großeltern. Bei ihm gab es immer tolles Essen. Anna musste ihn jeden Sonntag besuchen. Das war eigentlich schade, lieber wäre sie während der Woche nachmittags zu ihm gefahren. Sonntags hätte sie lieber mit ihren zahlreichen Spielgefährtinnen und Spielgefährten zusammen im Stadtwald gespielt und Rollschuh gelaufen oder im Winter auf dem Weiher Schlittschuh. Anna musste ihren Vater selbst dann besuchen, wenn er gar nicht da war, wenn er bei seiner Freundin war. Dann blieb Anna bei seinen Eltern. Die Großmutter hatte so was Kaltes, Distanziertes. Ewig schimpfte sie über Annas Mutter, was das für ein Flittchen gewesen sei. Und sie war sehr fromm, Anna musste viel beten für all ihre Sünden und für die Sünden anderer. Der Pastor kam sogar ins Haus. Er streichelte Anna übers Haar und sagte „du kleines Engelchen". Am liebsten hätte sie ihm den Finger abgebissen. „Engelchen" wollte sie schon gar nicht hören. Die Bezeichnung machte Anna Angst, erinnerte sie unterschwellig an etwas. Erst später fiel es ihr wieder ein, dass die beiden Jungs, die sie missbraucht hatten, immer Engelchen zu ihr sagten.

Annas Vater, der im Betrieb seiner Eltern arbeitete, ließ seine Tochter Anna bei den Ex Schwiegereltern und seiner Ex-Frau wohnen unter der Bedingung, dass Annas Mutter – sollte sie einmal bei ihnen ausziehen – Anna nicht mitnehmen dürfe.

Leben bei Oma und Opa. Papas neue Frau.

Kinderkummer.
Hast du bedacht, dass sie noch nicht wissen,
dass Schmerz enden kann
wie Allein-gelassen-Sein und Hunger?

Gabriele Stotz

Anna erzählt Frau Siegel in der nächsten Stunde von der Zeit bei ihren Großeltern mütterlicherseits: „Meine Oma nahm die Anweisungen meines Vaters sehr ernst. Ich durfte nicht mal sonntags mit Mutti allein etwas unternehmen. Ich durfte auch nicht mit bei ihr im Zimmer schlafen, als sie noch bei uns wohnte. Ich schlief im zweiten Ehebett neben Oma, eigentlich Opas Bett, von dem er nie Besitz genommen hat. Wie gern hätte ich mit Opa getauscht, um wenigstens meine eigene Ecke zu haben, vielleicht sogar ein winziges Plätzchen unter der Matratze für meine kleinen Schätze und Geheimnisse. Und ein bisschen weiter weg von der Liebe und dem Zugriff meiner Oma. Immerfort griff sie nach mir, wollte irgendeinen Körperteil von mir festhalten, am liebsten legte sie ihre Hand um meine Po-Bäckchen. Ich machte gute Miene dazu, tat, als fühlte ich mich dadurch beschützt und geborgen. Tat ich nur so, um ihr eine Freude zu machen oder fürchtete ich Liebesentzug? Ich weiß es nicht mehr. Doch die Vorstellung löst heute in mir noch Widerwillen aus. Wenn mich jemand festhält, gerate ich in Panik. Oft habe ich mich zu meiner Mutter geschlichen, wenn ich nachts nicht schlafen konnte", erinnert sich Anna.

„Opa hatte ein sehr schmales Bett. Es hätte für mich genau die richtige Größe gehabt. Kurz nach dem Krieg war sein Bett noch lange Zeit mit einem Strohsack ausgerüstet; die beiden Ehebetten hatten schon Matratzen. Opa ächzte, wenn er morgens um fünf Uhr aufstand. Bevor er bei Wind und Wetter mit dem Fahrrad in die Gärtnerei fuhr, frühstückte er allein in der Stube. Er tat mir schrecklich leid. Ich stahl mich oft zu ihm in die Küche und konnte hinterher nicht mehr einschlafen, weil ich dauernd an meinen

Opa dachte, der nun in der Kälte mit dem Fahrrad unterwegs war und schwer arbeiten musste.“

Ihren Opa hat Anna immer ganz besonders geliebt. Er war in ihren Augen der beste Mensch auf der ganzen Welt. Immer, wenn Anna an ihn denkt, fallen ihr die Capri-Fischer ein. Er hörte so gern „Wenn die rote Sonne im Meer versinkt, ...“

Nach einer Weile erscheint ein Lächeln auf Annas Gesicht und sie erzählt: „Anfangs, als mein Vater noch keine Freundin hatte, besuchte ich ihn immer gern. Ich konnte schon ganz früh alleine mit der Straßenbahn fahren. Mein Vater war in eine kleine Wohnung gezogen mit einem geräumigen Zimmer und einer Schlafnische. Über seinem Bett hing ein großer Bilderrahmen mit einem Foto von mir. Er hatte es von einem Foto, auf dem er mit meiner Mutter und mir gemeinsam aufgenommen war, abziehen und vergrößern lassen. Dieses und das Originalfoto in Postkartengröße erhielt ich später nach seinem Tod von seiner zweiten Frau. Hinten drauf stand 'Kind allein' als Hinweis für den Abzug beim Fotografen.

Zu der Zeit bekam mein Vater von mir zur Begrüßung und zum Abschied immer ein Küsschen auf die Wange.“

„Und wann bekam er das nicht mehr?“ fragt Frau Siegel.

„Als er seine zweite Frau kennen lernte“, antwortet Anna und ein Schatten streift über ihr Gesicht. Sie schüttelt leicht den Kopf, sie will ihre Gefühle an diese Erinnerung nicht hochkommen lassen.

„Meine Mutter hatte auch Fotos in einer leeren Zigarrenkiste von Opa“, nimmt Anna das Thema wieder auf.

„Eines Tages sah ich mir die Fotos an. Dabei entdeckte ich eins, auf dem mein Vater und ich waren. Er hatte seinen Arm um mich gelegt. Ich hatte dicke Zöpfe mit weißen Schleifen und sah froh aus. Neben mir fehlte ein Teil des Fotos; man sah, dass etwas abgeschnitten worden war. Ich fragte meine Mutter nach dem Grund. Sie sagte, sie sei mit auf dem Foto gewesen, habe aber ein Bild von sich gebraucht für einen Freund. Sie merkte gar nicht, wie ich ganz starr und kalt wurde. Ich hatte an diesem Abend keinen Hunger und wollte nicht spielen. Ich ging freiwillig früh ins Bett. Nicht mal weinen konnte ich. Ich hatte das Gefühl, nicht wirklich zu leben, spürte mich gar nicht mehr richtig.“

Der Rest der Stunde verläuft schweigsam. Frau Siegel drängt Anna auch nicht. Sie hat heute viel von ihr erfahren.

Auf dem Nachhauseweg denkt Anna an ihren Vater:

Als ihre Eltern noch nicht geschieden waren, sah Anna ihn einmal, als er noch Soldat war. Er war beurlaubt, damit er Annas Mutter hatte heiraten können. Anna erinnert sich an eine Begebenheit, von der ihre Mutter ihr erzählt hatte. Es war wohl gegen Anfang des Krieges, als ihr Vater auf Heimaturlaub war. Anna fuhr mit ihren Eltern mit dem Zug. Anna saß auf Papas Schoß und fragte ihm Löcher in den Bauch. Sie konnte schon ganz früh reden. Er hatte für alles eine Erklärung. Plötzlich schaute Anna in die Runde und teilte den Mitfahrenden begeistert mit: „Mein Papa weiß alles." Sie nannte ihn immer „Papa" bis zu seinem Lebensende. Bei ihrer Mutter hatte Anna den Sprung von „Mama" auf „Mutti" geschafft. Seine Kinder aus der zweiten Ehe und auch seine Frau sagten auch immer nur Papa zu ihm.

Anna hatte sich nach der Scheidung ihrer Eltern an zwei aufeinander folgenden Weihnachtsfesten nur gewünscht, dass ihre Eltern sich wieder vertragen sollten. Sie wolle dann nie mehr etwas vom Christkind bekommen und immer lieb und fromm sein und keine Widerworte mehr geben. Leider konnte ihr dieser Wunsch nicht erfüllt werden. Ihr Vater schenkte ihr als Trost ein Fahrrad, ein schönes, hellblaues mit Chrom-Schutzblechen, Später erfuhr Anna, dass ihr Vater zu dieser Zeit noch gar nicht viel Geld verdiente und die Teile für das Fahrrad vor und nach gekauft und selber zusammengebaut hatte. Anna durfte das Fahrrad nicht mit nach Hause nehmen. Nur bei ihrem Besuchen beim Vater konnte sie es benutzen.

Als Anna neun Jahre alt war, lernte ihr Vater seine zweite Frau, Mechthild, kennen. Mechthild behandelte Anna von Anfang an sehr kühl, oft sogar ablehnend. Doch Mechthilds Vater und die Schwester der neuen Frau waren sehr nett zu Anna. Auch Mechthilds Mutter war freundlich zu Anna, doch sie versuchte Anna ständig auszuhorchen über alles, was bei Annas Großeltern zu Hause vor sich ging. Oft musste Anna nun sonntags mit zu der Familie. Dort hatte sie keine Freundinnen, mit denen sie hätte spielen können.

Mechthilds Vater beschäftigte sich viel mit Anna. Er erinnerte sie ein bisschen an ihren geliebten Opa. Er nahm Anna auch mit in seinen Garten und bewunderte sie, dass sie so viele Blumenarten kannte. Meist gingen alle zusammen sonntags nachmittags auf den Friedhof. Anna hasste diese Sonntage. Besonders hasste sie das Getue von Mechthilds Mutter, die sich, während sie die Blumen aufs Grab stellte und jede Menge Grablichter anzündete, immer gebärdete, als sei der oder die Tote gerade erst verschieden.

Als Anna zur „Ersten heiligen Kommunion" ging, brachte ihr Vater seine spätere Frau Mechthild mit in die Kirche. Später wollte er mit zu Anna nach Hause zur Familienfeier. Das hatte er Anna versprochen. Anna hatte sich so darauf gefreut, mit ihren Eltern gemeinsam die Kommunion feiern zu dürfen und sich auch gar nichts anderes gewünscht. Mechthild zog Annas Vater jedoch von ihr weg und gab Anna einen Schubs, als diese nach seiner Hand griff. Mechthild wollte mit Annas Vater nach Hause. Er folgte ihr dann auch. Anna sah so hell und feierlich aus in ihren weißen Sachen und den blonden Locken, doch in ihr ganz innen war es ganz dunkel und sie war ausgefüllt von Enttäuschung und Trauer. Nach außen tat sie ruhig und gefasst. Allen fiel später zu Hause auf, dass Anna sehr still war. Anna bekam prompt Schuldgefühle. Alle hatten so schöne Geschenke für sie, ihre Großmutter hatte gekocht und gebacken und alles so schön hergerichtet. Anna wünschte sich so sehr ihren Vater. Sie wünschte Mechthild in die Hölle und bekam noch mehr Schuldgefühle. Solche Gedanken durfte sie nicht haben, und schon gar nicht auf der Ersten Heiligen Kommunion. Die Schuldgefühle wurden immer größer.

Im Laufe der nächsten Therapiestunde erzählt Anna Frau Siegel einen Traum, den sie in der letzten Nacht hatte:

„Ich gehe durch die Straßen des Vorortes, in dem ich aufgewachsen bin. Es ist Winterzeit und bereits Nachmittag. Die Dämmerung beginnt. Ich bin ängstlich. Habe meine Oma seit langer Zeit nicht besucht und traue mich nicht, in Richtung des Hauses zu gehen, weil ich befürchte, dass sie nicht mehr leben könnte.

Sehr bald ist es so dunkel, dass ich mich sowieso nicht mehr traue, weiter durch die Straße zu gehen. Ich halte mich die ganze Nacht auf der Hauptstraße auf, die etwas belebt ist. Ich friere und habe Hunger und ein ganz dumpfes Gefühl in mir.

Ich werde kurz wach, schlafe aber schnell wieder ein. Im Traum naht der Morgen und ich befinde mich bereits in der Nähe von Omas Wohnung. Ich gehe vor das Haus und schaue am Giebel hoch zu dem Dachgeschossfenster, von dem aus sie mir immer nachgewinkt hat, wenn ich das Haus verließ, bis ich um die Ecke verschwand. Das Fenster ist geschlossen.

Aus der Ferne höre ich das Martinshorn und bringe die Rettungsaktion gleich mit meiner Oma in Verbindung. Die Haustür steht offen. Ich will die Treppen hoch laufen zur Wohnung. Das Laufen fällt mir so schwer, dass ich nicht von der Stelle komme. Da höre ich die Sanitäter hinter mir. Sie überholen mich. Sie haben eine Trage dabei. Einer dreht sich um und sagt zu mir 'zu spät'.

Ich bemühe mich weiterhin, die Wohnung zu erreichen. Da kommen die Sanitäter zurück. Meine Oma liegt auf der Trage. Sie schaut mich an und sagt: „Kriesch dir nit de Öjelche us." Das heißt: „Weine dir nicht die Äuglein aus". Ich will mit zum Rettungswagen, komme aber wieder nicht voran. Der Wagen fährt ohne mich ab. Ich weiß noch nicht mal das Zielkrankenhaus.

Ich interpretiere diesen Traum als Produkt meiner Schuldgefühle, die ich oft im Hinblick auf meine Oma habe. Seit Therapiebeginn überkommen mich diese Gefühle oft und stark. Je ehrlicher ich Ihnen meine damaligen geheuchelten Aktionen und Reaktionen gestehe, desto besser fühle ich mich tagsüber. Dafür habe ich dann nachts ähnliche Träume wie den in dieser Nacht. In Wirklichkeit wohnte ich zu dem Zeitpunkt, als meine Oma krank wurde, mit ihr zusammen und habe mich intensiv um sie gekümmert bis zu ihrem Lebensende. Manchmal ging ich mit Freundinnen aus und war sehr beunruhigt, dass der Oma während meiner Abwesenheit etwas hätte passieren können."

Dieser Traum beschäftigt Anna sehr. Frau Siegel fragt: „Wem konnten Sie wirklich bedingungslos vertrauen?"

Die Frage reißt Anna aus ihren Gedanken. „Meinem Opa", antwortet Anna ohne Zögern und kämpft gegen aufkommende Tränen. „Er war mein bester Freund. Ich fühlte eine große Liebe und Verbundenheit zu ihm. Niemals stellte ich mich gegen ihn, weder in Form von Ungehorsam noch durch Widerworte oder Lügen. Seine Liebe zu mir war ganz klar, ohne Forderungen, ohne Bedingungen. Er liebte mich so, wie ich war. Er liebte auch seine Tochter, meine Mutter, obwohl sie so war, wie sie sie nicht haben wollten. Er nahm uns immer in Schutz. Wenn meine Mutter abends schon mal zu Hause blieb und mit mir spielte, malte oder sang, dann leuchteten seine Augen. Er freute sich mit uns und war glücklich. Er kontrollierte nichts, er filterte seine Gefühle nicht. Er akzeptierte uns und unsere Grenzen. Oma hielt ihn für schwach. ‚Sag du doch auch mal was', hieß es oft. Opa war nicht schwach. Manchmal war er vielleicht etwas zu nachgiebig, auch meiner Oma gegenüber; aber das ist doch keine Schwäche. Man konnte ihn überzeugen, weil er zuhörte.

Manchmal nach der Schule sprang ich noch zu Opa in die Gärtnerei. Das bedurfte dann eines kleinen Umweges. Er nahm sich immer sofort Zeit für mich und erklärte mir die Namen der Blumen. Jahre lang hielt ich die Gänseblümchen für die Kinder der Margeriten. Heute noch sehe ich, wie er ein Löwenmäulchen in seine schwielige Hand nimmt, behutsam das Mäulchen, dem es seinen Namen verdankt, öffnet und ihm seine Stimme borgt: ‚Hallo, kleine Anna, schön dass du da bist. Du bist ein liebes Kind. Unser Sonnenschein.' Dass ich Opa auf dem Nachhauseweg besuchte, erzählten wir zu Hause nicht. Das war unser Geheimnis. Abends hatte ich so wenig von ihm, weil ich ja früh ins Bett musste. Heute frage ich mich, warum das niemand wissen sollte, es war doch etwas so Schönes. Am liebsten hätte ich in der Gärtnerei meine Hausaufgaben gemacht zwischen all den Blumen, die wir beide so liebten. Was hätte eigentlich dagegen gesprochen, das zu tun? Eine Ecke war nur für die Blumen, die ich mir wünschte und gemeinsam mit Opa pflanzte. Und all die Blumen, die mein Opa früher für mich gepflanzt hat, züchte ich heute in meinem Garten. Meine Freunde schütteln oft den Kopf darüber, dass ich so viel Geld für Pflanzen ausgebe und mir eine Menge Arbeit vorprogrammiere. Ich habe versucht, es zu erklären. Aber sie hätten meinen Großvater kennen müssen, um das zu verstehen".

„Und sonst vertrauten Sie sich niemandem an?", fragt Frau Siegel, „Sie liebten Ihre Eltern doch."

„Doch, mit meiner Mutter konnte ich anfangs eigentlich über alles reden; aber als sie wieder heiratete…" Anna stockt. „Ihr neuer Mann…" Annas Gesichtsausdruck wird ängstlich, so als könnten all die Drohungen, an deren Erfüllung sie als Kind geglaubt hatte, auch heute noch wahr werden.

„Er sagte schon gleich zu Anfang, dass er mich sehr lieb hätte und ich sei seine süße, kleine Frau. Ich wollte nicht seine süße, kleine Frau sein und ich wollte nicht gestreichelt und geküsst werden und, und ..." flüstert Anna. Bloß nicht dran denken, bloß nicht davon reden. Anna schämt sich so sehr. Sie fühlt sich so schuldig, so gedemütigt, so schwach, so einsam. Anna schweigt. Sie schaut Frau Siegel an, die ihr freundlich zunickt, als wolle sie ihr Mut machen, weiter zu reden. Und das tut Anna dann auch.

„Ich ging gar nicht gern ins Zuhause meiner Mutter, wenn diese nicht da war. Im Laufe der Zeit vertraute ich ihr nicht mehr. Wenn ich dort hin ging, zog ich mich möglichst einfach an, wählte nur lange Hosen und weite Oberteile. Ich gab auch keine Küsschen mehr, wollte nicht mehr die liebe, kleine Anna sein. Wenn ich dort schlief, was ab und zu sein musste, wenn Oma und Opa zu ihren Verwandten in die Eifel fuhren, bemühte ich mich, die ganze Nacht wach zu bleiben. Ich glaube, ich hatte sowohl Angst vor der Wirklichkeit als auch vor meinen Albträumen. Einmal hatte ich nachts, als ich aus einem Albtraum aufwachte, geschrien. Thomas, mein Stiefvater kam, um mich zu trösten. Meine Mutter merkte davon nichts. Thomas begrapschte mich und sagte: 'Du willst das doch auch. Es ist doch schön. Deine Nippelchen werden ganz hart. Also magst du es.' Ich bekam dann Schuldgefühle und glaubte fast selbst, dass ich es wollte. Ich erfand tausend Ausreden, um den Aufenthalt dort zu meiden, obwohl ich meine Mutter gern gesehen hätte."

Es tauchen immer mehr Bilder in Anna auf. Doch heute kann Anna sie nicht mehr ansehen. Sie will nur die Gegenwart ohne die Schrecken der Vergangenheit leben und – irgendwann - in eine bessere Zukunft schauen können. Anna steht auf und bittet Frau Siegel, vorzeitig die Therapiestunde verlassen zu dürfen. Frau Siegel nickt wortlos. Lieber hätte sie, wenn Anna bliebe und sich bei ihr wieder fangen könnte. Noch ist es nicht so weit. Sie reicht Anna die Hand und hält sie etwas länger als gewöhnlich. Mit gesenktem Kopf geht Anna in Richtung Park. Auf halben Weg beginnt es zu nieseln. Anna beeilt sich, nach Hause zu kommen. Eigentlich wäre sie heute Abend gern ins Kino gegangen, aber bei dem Wetter, das ihre Traurigkeit noch verstärkt, reizt sie der Gedanke nicht mehr…

Annas Verbündeter: Opa

Das Reich der Lichter
Wenn das Haus im Dunklen steht und ein Licht an geht
in den Fenstern, in zweien, schon von Fern ist es zu sehen im blassen Rot
eines Seidenkissens,
das knistert, wenn man die Hand darauf legt,
dann kommt und geht die Angst, die ein Kind hat,
wenn das Haus im Dunklen steht.

Elisabeth Borchers

Zu Hause leert Anna ihren Briefkasten und findet einen Brief ihrer Kollegin Barbara vor, die schon seit längerer Zeit arbeitsunfähig ist. Sie bittet Anna um einen Besuch. Anna nimmt sich vor, gleich am nächsten Tag zu Barbara zu fahren, was sie dann auch in die Tat umsetzt. Barbara empfängt Anna herzlich. Sie ist sehr blass und nach ihrer Wirbelsäulen-Operation immer noch etwas wacklig. Sie ist Stationsleiterin in der Senioreneinrichtung, in der Anna als Pflegedienstleitung tätig ist. Barbara ist eine gute und zuverlässige Fachkraft, die von Anna sehr geschätzt wird. Sie ist erst vor zwei Jahren mit ihrer Familie von Erfurt nach Köln gezogen. Barbara und Anna hatten gleich einen guten Draht zueinander. Zurzeit wird Barbara auf der Station von einem jungen Pfleger vertreten. Stefan gibt sich sehr viel Mühe, seiner Tätigkeit gerecht zu werden, hat aber kaum Ahnung von Personalführung. Anna sehnt den Tag herbei, an dem Barbara wieder die Verantwortung für die Station übernimmt. Barbara hat die wunderbare Gabe, die Mitarbeiterinnen und Mitarbeiter zu motivieren, auch wenn der Personalmangel noch so groß ist.

Barbara kommt mit einem Tablett, auf dem zwei Tassen und ein Kännchen Kaffee stehen, aus der Küche und setzt sich neben Anna, die bereits auf der Couch Platz genommen hat. „Was hast du auf der Seele?“ fragt Anna. Barbara schaut bedrückt aus. „Ich muss mit dir reden, Anna, beginnt Barbara ernst. „Die Ärzte haben mir dringend empfohlen, nicht mehr in der Pflege zu arbeiten. Ich schaffe das mit meiner Wirbelsäule nicht mehr. Verschleiß nennen sie das, obwohl ich erst 56 Jahre alt bin. Das macht der Beruf. Früher gab es bei uns noch keine Wannen-Lifter und dergleichen Pflegehilfsmittel, da war Kranken- und Altenpflege echte Knochenarbeit.“ Anna schluckt und antwortet spontan: „Barbara, mach dir keine Sorgen. Wir finden einen Ausweg. Ich werde dich für eine Fortbildung zur Pflegedienstleitung vorschlagen. Ich brauche doch auf kurz oder lang eine Vertretung, denn auf Grund meiner gesundheitlichen Einschränkungen werde ich früher meine Rente beantragen. Wenn ich ausscheide, könntest du meinen Posten ganz übernehmen. Das ist ja bereits absehbar, ich denke, so 2006/2007. Ich muss es der Heimleitung und dem Vorstand vortragen. Sie werden das genehmigen, da bin ich sicher. Ich verspreche dir, dass ich alles daran setzen werde, dass es klappt.“ Barbara, den Tränen nah, umarmt Anna. „Ich wusste, dass dir etwas einfällt. Anna, es wäre traumhaft, wenn das funktionieren würde.“ „Ja, ich würde auch sehr gern mit dir arbeiten. Aber die Station kann der Pfleger Michael nicht weiter führen, bevor auch er nicht eine Fortbildung als Stationsleiter gemacht hat. Ich muss dich bitten, deine Station noch zu leiten. Von den pflegerischen Arbeiten wirst du befreit werden. Und du solltest ganz schnell einen Antrag auf Erwerbsminderung stellen, damit du auch den Kündigungsschutz erhältst.“ „Wo du dran denkst, Anna. Klar, mache ich. Morgen spreche ich gleich mit Frau Dr. Vogger. Das ist eine super Orthopädin.“ „Dann gehe ich da am besten auch mal hin, grinst Anna, „denn manchmal spüre ich jedes einzelne Knöchelchen.“ Anna schaut auf die Uhr. „Nun wird es aber Zeit für mich; ich muss noch mal kurz in mein Büro und die Dienstpläne durchsehen.“ Barbara steht in der Tür und winkt Anna nach deren Abschied noch lange hinterher. Sie ist erleichtert.

Drei Tage später, an einem Nachmittag, an dem sie von ihrer Freizeitabgeltung Gebrauch macht, geht Anna wieder zu Barbara. Sie hatte bisher noch keine gute Gelegenheit gehabt, mit dem Heimleiter zu sprechen. Barbara fühlt sich schon viel besser als bei dem ersten Besuch. Als Anna Barbara verlässt, fällt ihr ein, dass sie etwas in ihrem Büro vergessen hat. Sie macht sich auf den Weg zur Senioren-Einrichtung. Sie betritt ihr Büro und findet den Heimleiter dort vor, wie er in den Regalen stöbert. Ihre Schubladen hat Anna verschlossen. Der kleinwüchsige Mann fühlt sich ertappt und geht gleich zum Angriff über. „Wo haben Sie denn die 'Rote Liste'? Ich will wegen eines Medikamentes nachsehen?“ funkelt er Anna vorwurfsvoll an. Anna fühlt, wie ihr Adrenalinspiegel steigt und bemüht sich, ruhig zu antworten. „Die haben Sie sich gestern bei mir geholt. Vielleicht liegt sie noch in Ihrem Büro“, antwortet sie freundlich. Ihr Chef entschwindet. Über Barbara zu reden, wäre jetzt wenig sinnvoll. Anna will einen guten Moment abwarten. In ungefähr einer Stunde muss sie so wie so bei Frau Siegel sein. Also macht sie sich auf den Weg.

Frau Siegel eröffnet die Stunde mit einer Frage, was höchst selten ist: „Waren Sie ein so genanntes braves Kind? Gaben Sie auch mal Widerworte?“

Anna lacht und schüttelt den Kopf. „Ich war ein schwieriges Kind. Ich musste mich dauernd gegen irgendetwas wehren. Es war noch nicht so gang und gäbe wie heute, dass die Eltern geschieden waren. Das gab sowohl bei den Lehrern und auch bei den Kindern und sogar bei deren Eltern Zündstoff zu Mutmaßungen. Manche Kinder durften gar nicht mit mir spielen. Das hatte aber auch noch andere Gründe. Vielleicht erzähle ich Ihnen das später mal. Die Kinder spielten zwar trotzdem mit mir, aber für mich war es beschämend, dass das heimlich geschehen musste. Die ‚Strolche‘ durften alle mit mir spielen. Das war meine Clique. Freien Zugang hatte ich auch zu den Kindern, die nach dem Krieg mit ihrer Familie in Baracken untergebracht waren. Es waren sehr arme Leute. Sie wurden von allen gemieden, obwohl sie sehr nett waren und mich immer freundlich aufnahmen. Diese Familien hatten viele Kinder, darunter auch Säuglinge und Kleinkinder. Es waren Familien, so wie ich sie mir gewünscht hätte, mit vielen Kindern zum Spielen und Liebhaben. Mit den beiden 'Barackenmädchen' in meiner Klasse teilte ich oft meine Schulbrote“.

Anna schweigt eine Weile nachdenklich und fährt dann fort:

„Zu Hause war ich weniger aufmüpfig; da war ich angepasst und stellte mich auch jeweils auf meine 'Familien' ein, um gut über die Runden zu kommen. Bei Oma war ich auch meist gehorsam, jedenfalls vordergründig. Hintergründig fühlte ich mich mit meiner Mutter solidarisch.“

„Wieso gut über die Runden? Durften Sie keine eigene Meinung haben?“

„Eigentlich kaum. Wenn meine Oma sauer war, und das passierte an manchen Tagen schnell, bekam ich 'Stubenarrest'. Auslöser war meist meine Trödelei auf dem Nachhauseweg von der Schule. Von wegen Trödelei; ich war völlig in Hetze. Auf dem Weg waren drei Hunde, die auf meine Schulspeise warteten. Es war nicht so leicht, diese gerecht zu verteilen, denn ich hatte ja nur mein 'Mittchen', so hieß der Behälter für die Schulspeise, den ich morgens frisch gespült mit in die Schule nahm. Ich mochte die Schulspeise nicht und ekelte mich richtig davor. Die Hunde freuten sich über das Essen und bellten mir von weitem schon freudig entgegen. Manchmal kletterte ich sogar über den Zaun zu ihnen.

Zu dem großen Bernhardiner Bello habe ich mich einmal mit in die Hütte gelegt und bin dann eingeschlafen. Wir lagen Kopf an Kopf, als sein Besitzer uns entdeckte. Ihm blieb das Herz stehen, denn Bello war eigentlich ein Wachhund. Es waren alles Wachhunde in der Gegend, in der wir wohnten, weil dort nur Villen standen. Aber niemals hat mich ein Hund angegriffen. Ich hatte vor Tieren keinerlei Angst. Und das spürten sie. Bei Bello habe ich manchmal sogar geweint und ihm meinen Kummer erzählt. Ich hatte stets das Gefühl, dass er mich verstand.

Am schlimmsten war es, wenn ich nachmittags Stubenarrest hatte. Dann war für mich der Nachhauseweg von der Schule wie ein Freigang. Stubenarrest war die Hölle. Ich konnte nirgendwohin ausweichen, da meine Großeltern ja nur eine Stube und ein Schlafzimmer hatten. Es war zwar eine Villengegend, doch wir hatten nur eine Teiletage in dem Haus gemietet. Meine Großeltern waren im Gegensatz zu den Eltern meines Vaters arm. Die Stube war sehr groß und in Küche, Ess- und Wohnzimmer aufgeteilt. Eine Zwischentür führte gleich ins Schlafzimmer. Aber gemütlich war es dort.

Im Sommer war Stubenarrest nicht gerade so schlimm wie in den Wintermonaten. Im Sommer fuhr meine Oma meist in den Garten, entweder mit einem kleinen Leiterwägelchen oder mit ihrem Fahrrad. Da ich das Fahrrad, welches mein Vater mir geschenkt hatte, nur während meiner Besuche bei ihm benutzen durfte, blieb mir die Wahl zwischen Mitlaufen oder Allein-zu-Hause-Bleiben. Wenn ich zu Hause blieb, wurde ich eingeschlossen und hatte schreckliche Angst. Angst, dass jemand kommen und mir 'was tun würde'. Ich konnte nicht sagen, was ich befürchtete, und die, die mir vielleicht hätten helfen können, der Sache auf den Grund zu gehen, schwiegen. Ich hörte immer jemanden atmen oder keuchen, obwohl niemand da war.

Einerseits wollte ich meiner Oma, die mir wegen einer Lappalie den ganzen Nachmittag über den Kontakt zu meinen Freunden untersagt hatte, nicht die Freude machen, die ganze Zeit über mich verfügen zu können und mir noch anhören müssen, wie gut sie mir doch sei und was alles mir hätte geschehen können, wenn sie mich nicht gerettet hätte, andererseits siegte meist die Angst und ich ging mit, begleitet von meinen eigenen Schuldgefühlen und meiner Traurigkeit, die eigentlich stellvertretend für meine Wut waren.

Opa und ich schmiedeten einen Plan: Wenn Oma im Garten arbeitete, kam sie vor sieben nicht zurück. In Opas alter Tabakdose, für die Oma sich nicht interessierte, wurde ein Zimmerschlüssel deponiert. Ich konnte also raus. Unten in der Waschküche versteckte Opa meinen Badeanzug, ein Handtuch, ein Fünfzigpfennigstück und seinen eigenen Haustürschlüssel.

Ich konnte also für fünfzehn Pfennig ins nahe gelegene Schwimmstadion gehen und mir von dem Restgeld Eis kaufen. Opa kam um sechs Uhr von der Arbeit. Dann war ich wieder zu Hause und öffnete ihm die Haustür. Alles unser Geheimnis. Der einzige Haken war die Waschküche. Es kostete mich wahnsinnig viel Überwindung, allein in den Keller zu gehen, wenn niemand von meiner Familie zu Hause war. Ich raste runter und wieder rauf wie von Furien gejagt. Bei der Rückkehr vom Schwimmbad fand ich meist eine Freundin oder einen Freund als Begleitung in die Waschküche. Während der kühleren Jahreszeiten war Stubenarrest eine echte Strafe. Oma saß meist in der Stube und strickte für die Familie oder sie nähte an der Nähmaschine. Die meisten Sachen waren für mich. Ich war trotz der schlechten Zeiten immer nett angezogen. Und ich war auch immer satt. Mir blieb dann nur die Möglichkeit, mich hinter einem Buch zu vergraben oder mich meinen Tagträumen hinzugeben.

Eines Tages – ich hatte eine ganze Woche Stubenarrest und befand mich in der zweiten Hälfte der Bußzeit in bedenklicher Stimmungslage – kam Opa mit einem kleinen Akkordeon nach Hause. Oma erstarrte zur Salzsäule. Mein Opa – so diplomatisch hatte ich ihn noch nie erlebt – hielt Oma einen pädagogischen Vortrag. Jedenfalls durfte ich das Akkordeon benutzen und begann auch gleich mit meinen zwar nicht sehr melodischen, dafür jedoch umso lauteren Übungen. Nach einer Stunde jagte Oma, die während der Näh- und Strickstündchen gern Musik oder Hörspielen aus dem Radio lauschte, mich 'zum Teufel'. Ich flüchtete, bevor Oma es sich anders überlegen konnte, aus dem Haus. Nicht zum Teufel, nein zu Opa in die Gärtnerei. Dort verzehrte ich genüsslich mein so genanntes 'Hasenbrot', welches der Opa mir meist abends von der Arbeit mitbrachte. Anfangs, als er mir erzählte, das habe er einem Häschen abgenommen, hatte ich das geglaubt. Ich war ganz traurig, habe das Brot versteckt und bin am nächsten Tag zur Stadtwaldwiese gelaufen, wo sich an den Büschen immer viele Hasen tummelten. Dort habe ich das Brot hingelegt in der Hoffnung, dass das Häschen sein Brot wieder finden möge.“

Auf Frau Siegels Anregung hin beginnt Anna ihre Träume aufzuschreiben. Anna kauft eine dicke Kladde, die sie in der Folge als Traumbuch verwenden wird. Den ersten Traum, den Anna in ihr Traumbuch schreibt, hat sie in der folgenden Nacht:

Dienstag, 4. Mai 2004
„Ich weiß, dass ich sterben werde und suche mir einen Sarg aus in einem Bestattungs-Institut. Dann möchte ich gern ausprobieren, ob ich hinein passe. Als ich liege, klappt der Deckel zu. Ich erwache schreiend." Anna hat oft den Wunsch, nicht mehr zu leben, doch sie möchte auch wiederum nicht wirklich tot sein. Sie will nicht leiden; sie möchte die schmerzlichen Erinnerungen begraben.

Frau Siegel möchte in der nächsten Sitzung mehr über die Beziehung von Anna zu ihrem Großvater hören, der wohl eine große Bedeutung für Anna während deren Kindheit gehabt haben musste. Anna fühlt sich an diesem Tag gut, sie hat in der letzten Woche auch viel an ihren Großvater gedacht. Anna erzählt zunächst von einem Weihnachtsfest mit der Familie.

„Damals, ich war zirka neun Jahre alt, also wahrscheinlich war das im Jahr 1948. Mein Opa wünschte sich zu Weihnachten 'Wanten'. Das waren ganz dicke Handschuhe, die er bei der Arbeit trug. Seine alten Vorkriegswanten begannen dürftig zu werden und boten keinen richtigen Schutz mehr gegen Witterung und Dornen.

Wir fuhren also in der Adventzeit zusammen in die Stadt. Oma, Mutti und ich. Ich liebte diese Vorweihnachtsstimmung. Meine Puppen waren schon vom Christkind abgeholt worden, weil die Engelchen ihnen neue Kleider nähen und warme Pullover stricken wollten. Zu meinem Entzücken waren es dann immer die gleichen, die auch ich bekam.

Keine einzige Verkäuferin in ganz Köln wusste, was Wanten sind. Ich habe in meiner Erinnerung immer den Eindruck, dass es früher keine Verkäufer gab, nur Verkäuferinnen. Ich erklärte, wie diese Wanten aussehen müssten, malte sie naturgetreu auf ein Blatt Papier, erntete jedoch nur Kopfschütteln, Schulterzucken. Der ganze Weihnachtszauber machte mir keine Freude mehr ohne Opas Wanten. Aber ich gab nicht auf und sann auf eine Lösung. Ich entschloss mich, die Wanten selber anzufertigen. Sie mussten Wasser abstoßend und warm sein. Und gepolstert in den Handinnenflächen. Als Erstes inspizierte ich meine vorhandenen Schätze an Material. ‚Mein Regenmantel', freute ich mich. ‚Da wachse ich doch so wie so bald raus' beruhigte ich mein schlechtes Gewissen. Also zerschnitt ich ihn. Ich machte mir, so wie ich es bei Oma gesehen hatte, zunächst eine Umrisszeichnung. 'Opi, leg mal deine Hand hier drauf', bat ich ihn abends und malte die Umrisse seiner schwieligen Hand auf meinen Zeichenblock. Dann schnitt ich die Hand aus. Am nächsten Tag begann ich mein Werk, während Oma einkaufen ging. Ich heftete die Papierhand auf den Stoff und schnitt rundum aus, berücksichtigte sogar reichlich Zugabe wegen der Nähte und dem Futter. 'Gut, dass Oma so toll ausgerüstet ist mit Nähzeug', frohlockte ich. Mit einer normalen Schere hätte ich das nicht geschafft. Nach langem Kramen in der Restekiste fand ich schönen, weichen Stoff, mit dem ich die Wanten füttern konnte. Er wurde von mir ohne große Gewissensbisse entwendet. Blieb nur noch die Polsterung. Ich streifte durch die Wohnung. Im Bad lag immer so ein Paket mit ‚Binden', wie Mutti sie nannte. Wofür die Dinger waren, wusste ich noch nicht. Ausgerüstet mit meinen Materialien und meinem Sortiment an geklauten Nadeln und Nähgarn vergrub ich mich ins Schlafzimmer, zog mich warm an, weil der Raum ungeheizt war, und baute mir aus zwei Stühlen und Wolldecken einen Sichtschutz. So kurz vor Weihnachten musste selbst Oma akzeptieren, dass ich etwas tat, was sie nicht absegnen oder kontrollieren konnte."

Es wurden wunderschöne Wanten. Ich arbeitete Wochen lang daran. Zum Schluss stickte ich noch in Rot 'Opi' drauf. Das war eine Meisterleistung ob meiner dürftigen Handarbeitskenntnisse. 'Oh, Weihnachten, komm bitte, bitte ganz schnell. Opa wird glücklich sein, alle werden staunen', sang es fröhlich in mir.

Zunächst staunte am gleichen Tag, an dem ich die Aktion begonnen hatte, nur meine Oma, und zwar über ihre eigene, für sie total ungewohnte Schlamperei. Ihre Schere lag nicht dort, wo sie sie zuletzt hingelegt hatte, ihre Nähgarnröllchen lagen nicht ordentlich in Reih und Glied im Kästchen, ihre beste Stopfnadel fehlte. Und zu guter Letzt benötigte sie auch noch den Stoff, den ich als Futter entwendet hatte. Ich war schweißgebadet, mein schlechtes Gewissen schrie zum Himmel. Schnell flüchtete ich ins Schlafzimmer und brachte das ganze Diebesgut in meiner Schultasche in Sicherheit.

Bevor meine Oma einen Verdacht äußern konnte, nahm ich Kurs ins Freie. Gut, dass ich nicht gerade Hausarrest hatte. Verdachtsmomente meiner Oma hatten meist die gleiche Einleitung. Es begann immer mit den scheinbar harmlosen, leicht rhetorisch angehauchten Worten und einer sanften Stimme: 'Sag mal, Liebchen, hast du nicht zufällig ...' Meist hatte ich, und nicht immer so rein zufällig. Nichts wie weg. Zu meinem Glück verlief das Ganze im Sande, weil ich eigentlich als Täterin kaum in Frage kam. Zum Leidwesen meiner so geschickten Oma hatte ich keinerlei Ambitionen zu Handarbeit."

Frau Siegel lacht. Anna lacht ebenfalls und erzählt weiter:

„Endlich Weihnachten! Ich durfte vor der Bescherung am Heiligabend meine liebevoll eingepackten Päckchen bei Oma und Mutti abgeben, die sie dann ans Christkind weitergaben, während sie ihm halfen, den Tannenbaum zu schmücken. Eigentlich hätte ich sehr gern auch dem Christkind geholfen. Ich saß dann mit meinem Großvater im zur Feier des Tages geheizten Schlafzimmer neben dem Kachelofen. Opa nahm mich auf den Schoß, hörte mein Weihnachtsgedicht noch mal ab und las mir Weihnachtsgeschichten vor. Ich erzählte ihm von mir erfundene Weihnachtsgeschichten, die immer von Tieren und kleinen Mädchen im Kreise ihrer Eltern handelten. Schön. Ich fühlte mich froh und geborgen. Opa roch nach Pfeife. Ich liebte seinen Geruch. Heiligabend blieb auch meine Mutter bei uns zu Hause. Wir wollten zusammen in die Christmette gehen.

Es war mein Weihnachtswunsch gewesen. Eigentlich hatte ich gewollt, dass auch mein Vater kommen sollte. Aber er hatte tausend Ausreden, warum das nicht möglich sein würde.

Während Opa und ich warteten, kam meine Oma zwischendurch immer wieder ins Zimmer und holte noch Überraschungen aus den Schränken, die das Christkind dort versteckt hatte. Meine Mutter stöberte vor Weihnachten regelmäßig in der Wohnung rum und versuchte mich auszufragen, was sie bekommen würde. Ich sagte nie etwas, obwohl ich jeden Tag sah, dass Oma für sie nähte und strickte. Die Weihnachtskollektion für mich fertigte sie an, wenn ich in der Schule oder abends im Bett war.

Mutti hatte von den Plätzchen 'geklaut', die Oma oben auf dem Kleiderschrank in großen Dosen gehortet hatte. Meine Oma hatte dem Christkind fleißig backen geholfen. Mutti hatte die Plätzchen für ihren Freund mitgenommen. Ich war ganz traurig, als ich das mit erlebte, hatte aber nichts verraten, weil ich Angst hatte, meine Mutter käme dann nicht mehr. Es tat mir so leid, weil Oma immer sagte, sie habe sich die Plätzchen 'vom Munde abgespart'. Ich stellte mir vor, wie sie sich Mehl, Zucker, Butter und Eier vom Munde absparte. Ich konnte das nicht richtig deuten und den Zusammenhang nicht erkennen. Hatte sie immer, wenn sie einen Löffel Mehl zum Munde führen wollte, schnell einen Teil in die Backschüssel gegeben oder hatte sie sich die Reste vom Mund gekratzt? Iiiiih. Die Plätzchen waren jedenfalls eine Offenbarung, so gut schmeckten sie.

Ich durfte als Erste in die weihnachtliche Stube und sagte mein Weihnachtsgedicht auf. Dann sangen wir Weihnachtslieder. Ich hatte nur Augen für Opa. Er packte erst alle anderen Geschenke aus. Das machte er immer, weil er, wie er sagte, sich das Beste bis zuletzt aufbewahren wolle. Ich war so aufgeregt, dass ich kaum ruhig vor dem Tannenbaum stehen konnte und beim Gedicht-Aufsagen stotterte. Dann endlich. Er las erst mein kleines Begleitbriefchen 'Für den liebsten Opi von der ganzen Welt von deinem kleinen Äffchen.' Dann packte er ganz behutsam mit seinen lieben, schwieligen Händen mein Geschenk aus. Er schaute die Wanten an, so als habe er noch niemals etwas Schöneres gesehen. Er hatte Tränen in den Augen. Als er mich drückte, er konnte gar nicht reden. Dieser Augenblick war einer der schönsten in meinem damals noch so kleinen Leben.

Die Wanten hingen fortan immer in der Gärtnerei in Augenhöhe über Opas Arbeitstisch. Opa meinte, sie seien zu schade für die groben Arbeiten, deshalb ziehe er sie nur bei den Blumen an. Viel später erkannte ich, dass meine liebevoll zusammengenähten Wanten weder eine Witterung noch eine Gartenarbeit hätten überstehen können. Mein Opa hat sie wie ein Maskottchen aufbewahrt bis zu seinem Tode."

Anna schweigt. Die Therapeutin schweigt ebenfalls. Nach einer längeren Pause verdunkelt sich Annas Blick und sie schüttelt leicht den Kopf, so als wolle sie die Gedanken, die ihr gerade in den Sinn kamen, abweisen. „Was macht Sie denn jetzt so traurig?", fragt Frau Siegel. „Das, was Sie mir eben berichtet haben, war doch eine schöne Erinnerung."

Anna zögert. Doch dann spricht sie über ihr schlimmstes Weihnachtsfest. „Es war kurz nach dem Krieg; wir hatten die Räume in diesem Haus gerade erst bezogen. Da es sich um ein ehemaliges Einfamilienhaus handelte, gab es keine abgeschlossenen Etagen. Auf jedem Stockwerk waren die Zimmer vom Treppenhaus aus zu erreichen und gingen teilweise auch ineinander über. Da wir im oberen, also zweiten Stock wohnten, befand sich vor dem Bad noch ein kleiner, fensterloser Vorraum, von dem aus eine Treppe zum Speicher führte. Vor dieser Treppe hatte ich übrigens immer fürchterliche Angst. Es war so düster in dem Vorraum. Die Toilette war ins Bad integriert und von der Bad-Ecke durch eine Wand getrennt. Die Wanne konnte nicht benutzt werden, weil es kein warmes Wasser gab. Der Gasofen war defekt. Gebadet wurde in der Stube in einer Zinkwanne. Samstags. Ich hatte Angst auf der Toilette wegen des unübersichtlichen Anmarschweges. Deshalb ließ ich die Türen offen, und aus dem gleichen Grund hatte ich auch sicher ständig Verstopfung.

Eines Tages hörte ich aus Richtung der Nische, in der sich die Badewanne befand, ein Rascheln. Panik, ich stürzte völlig aufgelöst in die Stube und schrie: 'Im Bad ist ein böser Mann'. Oma lachte und ging mit mir zusammen ins Bad, das heißt, sie hatte mich im Schlepptau. In der hinteren Ecke, die im Vorbeigehen nicht einsehbar war, stand auf einem Gestell ein Käfig mit Maschendrahtfront. Dahinter saß der Auslöser meines Schreckens und mümmelte unschuldig vor sich hin. Ein schwarz-weißes Kaninchen. Ich war entzückt, öffnete die Tür und streichelte das Tierchen. Es hielt inne mit Mümmeln und saß ganz still.

Eine wunderschöne Zeit begann. Mittags nach der Schule beeilte ich mich beim Verfüttern meiner Schulspeise an die Hunde sehr, weil Mümmelchen auf mich wartete. Noch gab es Löwenzahn, den ich unterwegs neben meiner Hundefütterungs-Tour noch eifrig sammelte. Jeden Apfel, jedes Möhrchen teilte ich mit Mümmelchen. Das Bad und die Toilette hatten für mich jeglichen Schrecken verloren. Nur den düsteren Vorraum durchquerte ich rasch ohne nach rechts und links zu sehen.

Aus Mümmelchen wurde ein stattliches Karnickel. Nun besuchten auch meine Freundinnen und Freunde unser Haustier. Die Badewanne kam zu neuen Ehren; in ihr wurden Fische gehalten. Das Bad wurde langsam zur Tierpension, Rolf brachte einen Behälter, den wir großspurig Terrarium nannten, mit Molchen mit, Dieter steuerte Salamander bei, die wiederum einer anderen Behausung bedurften. Die baute uns Opa dann. Da es draußen allmählich kalt wurde, war unser Bad zum beliebten Spielparadies geworden. Oma freute sich, dass ich so schön in ihrer Nähe war, wo mir nach ihrer Ansicht nichts passieren konnte, und servierte uns zwischendurch Apfelstückchen und Selbstgebackenes. Ich war froh, meinen Freundinnen und Freunden, die teilweise in schönen Villen wohnten mit eigenem Zimmer und reichlich Spielsachen, mit dem sie mich immer spielen ließen, endlich auch was bieten zu können.

Die Freude nahm ein jähes Ende, und das ausgerechnet am Tag vor Heiligabend. Auf dem Weg zur Toilette nahm ich Kurs auf die Kaninchenecke. Der Käfig war geschlossen, durch die Maschen lugten Stroh und Grünzeug, nichts rührte sich. Ich öffnete vorsichtig das Türchen und erstarrte. Ich kann heute noch nachempfinden, wie mir zumute war. Der Käfig war leer – mein heiß geliebtes Mümmelchen war weg. Es war mein Freund, mein Tröster, mein Kuscheltier. Wenn ich traurig war, hatte ich ihm alles erzählt. Manche Träne war über sein Köpfchen und seine langen Ohren geflossen. Es war gewachsen und gediehen, woran ich nicht unbeteiligt war, ich hatte es gut versorgt und regelmäßig gefüttert.

Oma war hilflos. Sie sagte, ich solle mich beruhigen, ich brauchte nicht zu suchen, sie wolle es mir erklären. Ich hörte nicht zu, ich wollte keine Gewissheit, ich wollte mir die Hoffnung noch bewahren. Ich raste auf den gefürchteten Speicher, rief, weinte. Nichts. Ich lief in den noch mehr gefürchteten Keller. Nichts. Mutti kam nach Hause. Ich saß zitternd auf der Treppe im Freien. Sie nahm mich in den Arm und sagte: 'Das Mümmelchen war doch kein Spielzeug, es war ein Nutztier. Wir haben doch kaum was zu essen. Kaninchen werden irgendwann geschlachtet und gegessen. Onkel Hans hat es mitgenommen. Opa kann das ja nicht'. Es wurde ganz dunkel in mir. Ich glaube, da habe ich zum ersten Mal meine Familie gehasst.

Weihnachten gab es Kaninchenbraten. Ich habe allen gewünscht, dass sie daran ersticken oder sich vergiften sollten. Zu den Mahlzeiten bin ich erst gar nicht erschienen. Opa gab eine Darmgrippe vor und aß auch nichts. Außer meinen Puppen und einem Tierlexikon von Opa habe ich nichts angerührt von den Sachen, die für mich unter dem Tannenbaum lagen. Die neuen Puppenkleider habe ich meinen Puppen ausgezogen und zurückgelegt. Auch meine neuen Pullover, die Oma gestrickt hatte.

Nach diesem Weihnachtsfest war ich lange sehr traurig entzog mich meiner Oma und meiner Mutter, wenn sie sich mir näherten. Ich hörte einfach nicht mehr zu und antwortete auf keine Fragen. Meine Freundinnen haben mich getröstet und mit mir geweint. Rolf brachte einen Hamster mit, der bei mir leben sollte. Als ich dann im Tierlexikon las, dass Hamster nur zwei Jahre alt werden, wollte ich, dass er bei ihm leben sollte. Die Fische, Molche und Salamander haben wir wieder in ihren natürlichen Lebensraum ausgesetzt."

Da Anna heute eine Doppelstunde hat, erzählt sie auch gleich die nächste traurige Geschichte, die von ihren Haustieren handelt:

„Als ich zehn Jahre alt war, brachte meine Mutter, die ebenfalls sehr tierlieb war, eines Abends einen kleinen Hund mit. Ich wurde von den widersprüchlichsten Gefühlen gebeutelt. Eigentlich hatte ich mir immer einen Hund gewünscht, aber jetzt hatte ich Angst, ihn lieb zu haben. Er war jung und verspielt und ließ nicht von mir ab. Ich konnte nicht wiederstehen und nannte ihn Bobby. Bobby wurde mein treuer Begleiter. Ich fragte meine Mutter, welcher Rasse Bobby angehöre. Diese sagte scherzhaft, er sei ein Dobermannpinscher. Heute weiß ich, wie ein Dobermann und ein Pinscher aussehen. Ja, Bobby hatte von beiden viel. Er war ein richtiger Schmusehund und sehr auf mich fixiert. Ich teilte fast jeden Bissen mit ihm.

Bobby wurde nur ein Jahr alt; er bekam die Staupe. Eine Impfung war zu teuer gewesen. Ich wusste noch nicht, dass ein Hund geimpft werden muss, ansonsten hätte ich gern mein ganzes Taschengeld dafür gegeben und auf alle Geschenke verzichtet.

Es war wieder ein Weltuntergang für mich und es wurde wieder ganz dunkel in mir und ich fühlte mich unwirklich. Opa und ich begruben Bobby heimlich im Garten, obwohl das verboten war. Bevor sein Kistchen zugebunden wurde, packte ich ihn noch schnell in meinen besten Mantel ein, weil Bobby sich so kalt anfühlte. Ich wusste, was mir blühte, wenn meine

Oma den Mantel suchen würde; aber es war mir egal. Bobby sollte nicht frieren in der kalten Erde.“

Traurig und trotzdem etwas erleichtert macht Anna sich auf den Weg nach Hause, nachdem Frau Siegel ihr ruhig zugehört und versucht hat, sie zu trösten. Es hat Anna sehr aufgewühlt, das alles noch einmal nachzuvollziehen.

Anna macht einen kleinen Umweg und geht in die Tier- und Samenhandlung, um Katzenfutter für ihren kleinen Kater Stani und ihre Katze Chipsy zu holen. Im Laden kommt sie an einem Ständer vorbei, an dem in Reih und Glied Gartenhandschuhe hängen. Dick gefüttert. Fast wäre sie in Tränen ausgebrochen. Es überkommt sie eine wilde Sehnsucht nach ihrem Opa.

Muttis neuer Mann

Manchmal möchte ich schreien:
„Ist hier kein Mensch?"
Aber – ich tu's nicht,
weil mich jemand hören könnte.

Gerhard Seidel

Anna wollte niemals mehr ein Tier haben. Sie hatte Angst, es wieder zu verlieren, Angst es zu lieben. Als ihre Mutter Minki mitbrachte, war Anna erst sehr zurückhaltend. Sie lockte sie nicht. Sie wollte sie gar nicht erst auf den Arm nehmen, schaute sie nur aus der Entfernung an und sah ihren Spielen mit Omas Wollknäuel zu. Vielleicht gefiel Minki Annas Unaufdringlichkeit, denn sie nahm sie als ihr Ziel zum Ausruhen, Schmusen, Um-die-Beine-Streichen. Sie war so voller Charme, so dass Anna nicht widerstehen konnte. Anna bewunderte Minkis Mentalität und beneidete sie um ihre Eigenwilligkeit, ihr Sich-abgrenzen-Können. Minki kam nur, wenn sie Lust dazu hatte; tat, was sie wollte, ließ sich durch nichts stören oder beeinflussen. Vor unerwünschtem Zugriff brachte sie sich blitzschnell in Sicherheit. „Könnte ich das doch auch", wünschte Anna sich oft.

Zu Annas großem Schmerz zog ihre Mutter endgültig zu ihrem Freund und ließ Anna und Minki bei den Großeltern. Oma hätte Anna so wie so niemals mit ihrer Mutter mitgehen lassen, weil sie bei Mutti, wie sie sagte, „sittlich gefährdet" sei. Anna wusste zwar nicht, was das hieß, aber in ihrer damaligen Fantasie musste es etwas Lebensgefährliches bedeutet haben mit „bösen Männern" und so, die immer nur „das Eine" wollen. Annas Vater hätte im Übrigen sowieso niemals erlaubt, dass Anna zu ihr Mutter ziehen würde. Und er hatte nun mal das Sagen.

Anna klammerte sich an Minki und versicherte Oma, dass sie froh sei, bei Oma und Opa bleiben zu dürfen. Sie wäre eigentlich gern mit ihrer Mutter gegangen, weil diese so hübsch und jung war und so schön mit ihr singen und malen konnte. Anna gab auch gern mit ihrer Mutter an vor ihren Schulkameraden, und alle fanden Annas Mutter toll. Ihre Lebensfreude griff auf Anna über, wenn sie bei ihr war. Aber Anna hatte Schuldgefühle, wenn sie so dachte. Ohne Oma und Opa wäre sie im Krieg von den Bomben erwischt oder zumindest verschüttet worden, hatte sie mal von Verwandten gehört. Ihre Mutter sei kurz vor dem Krieg verschwunden; sie sei „bei einem Kerl" gewesen, während ihr Vater an der Front gekämpft habe, bekam Anna von ein paar „lieben", älteren Tanten zu hören. Das kannte Anna ja schon von der Mutter ihres Vaters. Oma und Opa hätten für Anna gehungert und gedarbt, weil nur sie sie richtig lieb hätten.

Ja, sie liebten Anna. Aber Annas Oma war so anders als Annas Mutter, so besorgt, so ernst, so dominant, so despotisch. Sie konnte auch wunderschön singen. Immer wieder wollte Anna „Die holde Gärtnersfrau" von ihr hören. Aber richtig froh war Anna erst, wenn ihre Mutter „Mamatschi, schenk mir ein Pferdchen" sang.

Nun wohnte Annas Mutter in einem Nachbarvorort und das Kind sah sie noch seltener. Oma wollte Anna zwar behalten, aber sie wollte auch, dass Annas Mutter sich regelmäßig um Anna kümmern und sie besuchen sollte. Darüber bekamen sie oft Streit. Anna kroch dann unters Plumeau, um nichts zu hören. Ihre Mutter ging oder flüchtete manchmal, ohne sich von Anna zu verabschieden. „Ich muss doch ein sehr böses Kind sein", dachte Anna oft. Der Kontakt zwischen ihnen wurde noch magerer.

Annas Oma sann auf Rache. Kurz entschlossen packte sie Minki in einen Schuhkarton, versah diesen mit kleinen Öffnungen, damit Minki Luft bekam, und schickte Anna auf den Weg zu ihrer Mutter mit den Worten: „Bring deiner Nutte von Mutter das Tier. Schließlich hat sie es hier ins Haus gebracht." Anna weinte verzweifelt. Sie vermisste ihre Mutter, die abends, wenn sie von der Arbeit kam, Leben in die biedere Häuslichkeit gebracht hatte, so sehr und durfte es nicht zeigen. Und nun sollte auch noch Minki gehen, der sie ihren Kummer immer anvertraut hatte. Und wieder wurde es sehr, sehr dunkel in Anna.

Von nun an spielte Anna nur noch mit Stofftieren, redete mit ihnen, weinte sie nass, kaum dass sie getrocknet waren. Es gab viele Gründe zum Weinen. Opa schenkte ihr einen Stoffhund, einen Terrier. Anna hatte noch einen kleineren Stoffhund, aber Terry wurde ihr Lieblingstier. Sie traute sich ihn zu lieben, weil sie dachte, dass er niemals fortgehen oder sogar sterben könne. Anna hatte oft das Gefühl, so viel Liebe in sich zu haben, aber dass niemand sie so richtig haben wollte oder dass dieses Gefühl schlecht sei.

Terry und sein Freund standen noch nach Jahren, nachdem Anna dem Plüschtier-Spielalter entwachsen war, in ihrem kleinen Regal im Schlaf-

zimmer. Eines Tages waren beide Stoffhunde verschwunden. Anna fragte ihre Großmutter nach dem Verbleib der Tiere. Diese sagte: „Frag deine Mutter." Annas Mutter gestand ihr dann, dass sie die beiden Stoffhunde den kleinen Neffen ihres Freundes mitgenommen habe, denn Anna sei doch jetzt viel zu groß, um mit Stofftieren zu spielen. „Knacks" machte es in Anna. Sie kämpfte mit den Tränen, schämte sich ihrer Traurigkeit. Sie redete sich ein, dass sie kein Stofftier mehr brauche. Aber Terry war doch mehr als ein Stofftier. Er war ein Geschenk von Opa. Anna wünschte sich nur noch, dass er von den Kindern wenigstens so geliebt werden sollte wie von ihr und dass sie ihn gut behandeln sollten.

Als Anna zwei Monate später mit ihrer Mutter und deren Freund die Familie besuchte, sah sie ihren geliebten Terry im Kinderzimmer auf der Fensterbank stehen, fest und stolz auf seinen stämmigen Beinchen. Sein Kopf lag neben ihm. Anna verließ unter einem Vorwand die Wohnung, lief durch den Park, den sie besonders im Dunklen so fürchtete. Sie fühlte sich so unwirklich, so als ob sie alles nur träumen würde, und es wurde wieder ganz dunkel in ihr.

Das alles erzählt Anna Frau Siegel erst viel später in einer Therapiestunde.

In der Nacht hat Anna einen Traum, der sie erst ängstigt, der aber dann doch gut ausgeht: Sie schreibt ihn in ihr Traumbuch:

> Montag, 7. Juni 2004
> „Die beiden Katzen Beauty und Bijou, die Julia, meine langjährige Partnerin, und ich damals zusammen hatten, liefen auf einer verkehrsreichen Straße herum. Julia und ich versuchten sie einzufangen. Doch die Katzen waren schneller und verschwanden aus unserem Gesichtsfeld. Traurig machten wir uns auf den Heimweg. Zu Hause begrüßten uns unsere beiden Katzen überschwänglich mit hocherhobenen Schwänzen und schnurrten laut. Wir weinten vor Erleichterung."

Anna interpretiert den Traum so, dass sie wohl vor Erleichterung, dass sie wieder mit Julia zusammen nach Hause kommen konnte, geweint habe. Mit Julia hatte sie immer Boden unter den Füßen. Vielleicht vollzog Anna in diesem Traum noch einmal ihre Trennungsängste, die sie in der Realität nie gezeigt hatte, auch nicht, als sich bereits dunkle Wolken ankündigten.

Die Hölle beginnt. Opa stirbt.

Bitte an einen Delphin
Jede Nacht – mein Kissen umarmend wie einen sanften Delphin
schwimme ich weiter fort. Sanfter Delphin – in diesem Meer
von Herzklopfen trage mich, wenn es hell wird,
an einen gütigen Strand fern der Küste von morgen.

Hilde Domin

Annas Großvater arbeitete bis zu seinem siebzigsten Lebensjahr in der Gärtnerei, weil Annas Vater keinen Unterhalt zahlte und die Großeltern mit der kleinen Rente nicht weit kommen konnten. Anna sollte nicht allzu sehr hinter den anderen Jugendlichen zurück stehen. Anna wusste nicht, wie schlecht es den Großeltern finanziell ging, bis sie eines Tages ein Gespräch zwischen ihren Großeltern belauschte. Sie hatte ihren Namen gehört und gedacht, sie habe wieder etwas „ausgefressen".

„Wir können uns das Kind nicht mehr leisten, wenn du nicht mehr arbeiten kannst", sagte ihre Großmutter zum Großvater. Der Großvater antwortete erschrocken: „Nein, das Kind muss bleiben. Es ist doch unser Sonnenschein. Ich kann mir mein Leben ohne Anna nicht vorstellen. Lieber arbeite ich, solange ich kann."

Anna erstarrte, die Dunkelheit in ihr kam wieder und sie hatte wieder das Gefühl, nicht in der Wirklichkeit zu leben.

„Könnte ich doch ganz einfach einschlafen und nie mehr wach werden", dachte sie verzweifelt.

Anna war vierzehn Jahre alt und in einer Lehre als Industriekaufmann (so hieß das früher noch). Die Arbeit gefiel ihr überhaupt nicht, sie wäre lieber weiter zur Schule gegangen. Doch da gab es kein langes Fackeln von Seiten ihres Vaters und auch ihre Großmutter und Oma waren da mit ihm einer Meinung.

Anna wollte etwas Kreatives machen, Modezeichnerin werden, denn Medizin studieren konnte sie nicht mehr, weil sie kein Abitur machen durfte. Anna schlief die ganze Nacht nicht. Sie hörte ihren Opa husten. In letzter

Zeit hustete er viel. Seine Augen tränten und alle Glieder taten ihm oft weh. Er sprach nicht darüber, aber Oma sagte es oft genug.

Anna fasste den Entschluss, mit ihrem Vater zu reden und um Unterhalt zu bitten. Am nächsten Wochenende, als sie ihren Vater besuchte, gelang es ihr, allein mit ihm zu reden. Als sie ihr Anliegen vorbrachte, lachte er und sagte, dass er das hätte kommen sehen. Opa habe ja lange bei seinen Eltern in der Gärtnerei gearbeitet und die hätten nicht für ihn „geklebt". Anna wusste nicht, was das bedeutete, aber es klang nach Armut. „Kannst zu uns ziehen", meinte ihr Vater. „Du kannst deiner Tante", damit meinte er seine Frau, „zur Hand gehen, wenn du von der Arbeit kommst. Das ist ein guter Ausgleich für das Herumsitzen im Büro."

Anna war verzweifelt. Doch sie wollte auch ihren Großeltern nicht zur Last sein. Abends fasste sie sich ein Herz und sprach mit ihnen.

„Opa, du kannst nicht mehr arbeiten. Ich weiß, dass ihr wenig Einkommen habt und mein Vater nicht zahlt. Das, was Mutti euch beisteuern kann, reicht nicht. Ich verdiene ja auch noch nichts, was der Rede wert wäre. Ich habe mich entschlossen, zu Papa zu ziehen. Am Tag bin ich auf der Arbeit und am Wochenende komme ich zu euch. Dann haben wir viel mehr voneinander als jetzt."

Anna sprach mit ganz fester Stimme und versuchte Zuversicht auszustrahlen. Es kostete sie ihre ganze Kraft. Die Großeltern weinten beide.

Zwei Wochen später zog Anna zu ihrem Vater. Er holte sie nicht selbst ab, obwohl er einen PKW hatte, sondern schickte seinen Lehrling, der Anna beim Tragen half. Sie fuhren mit der Straßenbahn und hatten noch eine gute Strecke bis zu Annas Vater. Annas kleiner Halbbruder Fritz war gerade ein Jahr alt und Mechthild stand mit den beiden Mädchen kurz vor der Niederkunft. Sie wusste, dass es Zwillinge sein würden. Anna freute sich trotz allen Schmerzes auf die Kinder. Sie hoffte, dass sie mit Mechthild nach der Geburt der Kinder friedlicher würde leben können. Sie wollte sich nützlich machen und ihr helfen, die Kleinen zu versorgen.

Ihr Vater hatte ein großes Haus mit viel Wohnraum und Anna hoffte, zum ersten Mal in ihrem Leben ein eigenes Reich zu bekommen, wohin sie sich ab und zu hätte zurückziehen können. Aber das war und blieb ein Traum. Mechthild wies Anna im Parterre hinter dem Laden einen Raum zu, der tagsüber als Aufenthalt fürs Personal diente und in dem auch nachts die Schwester von Mechthild, Karin, die gerade geschieden worden war und noch keine eigene Wohnung hatte, schlief. Sie teilte sich mit Anna eine Doppelcouch. Karin war wenigstens nett zu Anna und nahm sie abends oft in den Arm, wenn Anna sich in den Schlaf weinte. Anna vermisste ihre Oma und ihren Opa. Als Karin dann eine eigene Wohnung hatte, zog sie weg. Sie half zwar immer noch im Laden, aber nachts war die ängstliche Anna allein in Parterre. Alles war groß und unheimlich für sie. Sie musste die Backstube durchqueren und ins Treppenhaus, wenn sie zur Toilette musste. Das Personal-WC war im Flur gleich gegenüber der Haustür. Anna stand Todesängste aus. Im WC war kein Waschbecken. Dafür musste sie zum anderen Ende der Backstube ins Personalbad. Anna trank abends nicht mehr, um nachts nicht aufstehen zu müssen. Sie schlief auch kaum.

Gleich am ersten Morgen wurde Anna gegen fünf Uhr aus dem Schlaf gerissen. Ihr Vater zog sie unsanft an den Füßen und rüttelte sie. „Aufstehen, Brötchen austragen", rief er und verschwand. Karin stand ebenfalls auf, um die Brötchentüten abzufüllen. Anna wankte in die eiskalte Personaldusche und hatte das Gefühl, dass sie träume. Als sie in den Laden kam, war ihre Stiefmutter gerade dabei, die Körbe für sie und Michael, den Lehrling, zu füllen. Sie gab Anna den Korb für die Kunden, die in der Straße mit den schäbigsten Häusern wohnten, bei denen im Treppenhaus das Licht kaum funktionierte. Sie wusste, dass Anna sehr ängstlich war. „Das ist eine gute Übung für dich, du Feigling", war ihr Kommentar. Michael, der Lehrling, gab Anna hinter dem Rücken von Mechthild ein Zeichen, dass er mit ihr tauschen würde. Das taten die beiden dann auch. Anna versprach Michael dafür die Hälfte ihres Taschengeldes. Zu diesem Zeitpunkt wusste sie noch nicht, dass sie ihren geringen Verdienst bis auf den letzten Pfennig abgeben musste und nur unregelmäßig eine geringfügige Summe erhalten würde.

Der Tausch mit den Körben währte nicht lange. Sie hatten nicht mit Mechthild gerechnet. Als Anna keine Zeichen der Angst zeigte und nicht um Gnade bettelte, ging sie den beiden hinterher und sah, wie die Körbe getauscht wurden. Anna bekam von ihrem Vater eine gehörige Tracht Prügel. Sie weinte nicht einmal. Das war nicht mehr ihr Vater. Das war nicht mehr der liebe Papi, auf den sie früher so stolz war. Das war ein Monster geworden. Abends war er betrunken und beschimpfte seine Frau. In den Kneipen rundum hielt er alle frei. Er schlug Anna oft. Mechthild beschwerte sich ständig über Anna, über deren Verstocktheit, über ihr Schweigen, über ihre fehlende Reue. Anna wusste überhaupt nicht, wie sie sich verhalten sollte. War sie freundlich, wurde sie gleich gedämpft und als falsche Schlange bezeichnet. War sie ruhig, hieß es, sie sei stur oder bockig.

Am Wochenende wollte Anna zu ihren Großeltern. Sie hatte sich schon umgezogen und freute sich auf die Tage bei ihnen. Als sie an der Backstube vorbei kam, sah sie, dass Mechthild ihrem Vater etwas zuflüsterte. Kurz danach folgte ihr Vater ihr und sagte: „Du kannst dich gleich wieder ausziehen. Erst wird die Backstube und dann der Laden geputzt." Anna zog sich wortlos um, kehrte die Mehl- und Teigreste vom Boden auf, holte einen Eimer Wasser und wollte mit Putzen beginnen. Ihr Vater stand - eine Zigarette rauchend - am Sauerteigtrog. Er hatte wohl schon etwas getrunken. Grinsend kam er auf sie zu und sagte: „Das nennst du putzen? Ich zeig dir mal, wie das geht. Hier kannst du noch viel lernen. Deine Oma hat dir ja gar nichts beigebracht." Er schüttete sage und schreibe sechs Eimer Wasser in die Backstube. Anna zählte fassungslos mit. Das Wasser floss überall hin, in jede Vertiefung, in jede Rille, unter die Paletten, auf denen die schweren Mehlsäcke standen, in den kleinen Lastenaufzug, der in den Keller führte. In der Senke vor dem Backofen, die man benutzte, um an die unteren Ofenschächte zu kommen, stand das Wasser knietief. Anna wollte es mit einem Eimer ausschöpfen. Der Vater verlangte, dass sie es mit dem Putzlappen leeren sollte, das hieß, dass sie diesen so lange auswringen musste, bis die Senke leer war. Anna war bis zum Abend beschäftigt. Für diese Arbeiten war ursprünglich eine Reinigungsfrau zuständig. Annas Vater inspizierte die Arbeit. Irgendetwas fand er immer noch. Der Backofen wurde damals noch mit Kohle beheizt. Dafür war gleich daneben ein Kohlenreservoir gebaut, von dem aus man die Kohle in den Ofen schippen konnte. Anna musste auch dort noch kehren, nachdem die Backstube sauber war.

Jedes Mal, wenn Anna beginnen wollte, den Laden zu putzen, hatte Mechthild noch etwas an den Schaufenstern zu richten und zögerte damit Annas Abfahrt erheblich hinaus. Anna wusste, dass sie nicht aufbegehren durfte, denn sonst hätte sie gar nicht zu ihren Großeltern fahren dürfen. Anna sah Mechthild an, dass es sie ärgerte, dass Anna nichts sagte, als es später und später wurde. Sie hätte bestimmt gern gesehen, dass Anna auf den Besuch bei ihrer Oma und ihrem Opa hätte verzichten müssen. Aber Anna hielt durch, bis sie fast über ihre eigenen Füße stolperte.

Am späten Abend kam Anna müde bei ihren Großeltern an. Oma fragte, warum sie so spät komme, sie habe doch für sie gekocht. Anna erwiderte, dass sie noch Aufgaben für die Berufsschule hätte fertig machen müssen. Montags musste Anna zur Berufsschule. Oma schüttelte den Kopf und meinte: „Deine Aufgaben kannst du doch hier bei uns machen. Da hast du Ruhe und Platz genug." Bei ihrem Vater musste Anna ihre Aufgaben am Küchentisch machen. Doch während Anna schrieb, kam Mechthild dauernd in die Küche und stellte leere Bleche auf den Tisch, obwohl es zur Backstube nur fünf Schritte waren und dort ein Wagen bereit stand, auf dem die Bleche gelagert wurden. Meist kam dann noch die Frage: „Wie lange brauchst du denn noch? Die Bleche müssen geschrubbt werden! Mach bloß voran, sonst sage ich dem Papa Bescheid." Anna machte ihre Aufgaben oft abends im Bett, obwohl es immer sehr spät wurde, bis alles fertig war im Laden und in der Backstube. Die Nächte waren kurz, denn morgens begann der Tag sehr früh mit Brötchen-Austragen. Das einzige, wobei Anna nicht helfen durfte, war das Geld-Rollen. Freitags musste das Kleingeld in Rollen gepackt werden und kam dann später zur Bank. Mechthild hatte Bedenken, Anna könne etwas von dem Kleingeld entwenden.

Auf ihrer Lehrstelle hatte Anna Probleme, weil sie oft völlig übermüdet war. Hinzu kam noch, dass Annas Lehrherr, wenn sie alleine waren, ständig den Arm um Anna legte, wenn er ihr etwas erklärte. Anna bat ihn, das zu lassen, doch er lachte und sagte, dass er doch auch Verständnis für sie habe und ihr vieles durchgehen ließe.

Annas Oma hatte für Anna einen Pullover „in der Mache", wie sie sich ausdrückte. Sonntags bat sie Anna, sich auszuziehen und den Pullover anzuprobieren. Anna freute sich und vergaß, dass sie ihre Rückseite zurzeit niemandem zeigen konnte, weil sie einige Zeichen der Grobheiten ihres Vaters aufwiesen. Die Großmutter rief erschreckt aus: „Was hast du denn gemacht? Du hast ja alles blaue Flecken und Striemen!" Anna sagte, sie sei gefallen – auf der Arbeit die Treppe runter. „Nein! So fällt man nicht", erklärte ihre Oma. „Zieh das Hemd aus, ich will sehen, was mit dir passiert ist." Annas Widerstand brach. Sie sagte, was vorgefallen war. Sie weinte und wollte gar nicht wieder zum Vater zurück. „Lieber verhungere ich", schluchzte sie.

Als ihr Opa später davon erfuhr, sagte er, dass er den Vater anzeigen oder zumindest mit Anna zum Jugendamt gehen würde. Er war erschüttert. Anna kam es vor, als sei er auf der Stelle um Jahre gealtert. Sonntagabend brachte ihr Opa sie dann zur Bahn. Es war bereits dunkel. Bevor Anna in den letzten Wagen stieg, von wo aus sie zurück sehen konnte, sagte ihr Opa: „Ich winke dir, bis ich dich nicht mehr sehe." „Ja", antwortete Anna und umarmte ihren geliebten Opa ein letztes Mal. Als sie aus dem erleuchteten Wagen schaute, konnte sie ihren Opa in der Dunkelheit nicht sehen. Sie winkte noch bis zur nächsten Haltestelle. Ein seltsames Gefühl überkam Anna. Es betraf ihren Opa. Anna konnte nicht ahnen, dass sie ihren geliebten Opa nicht mehr lebend wiedersehen sollte.

Am nächsten Tag, nachdem Annas Opa sie zur Bahn gebracht hatte, fuhr er zum Jugendamt und brachte damit für Anna eine völlige Veränderung ihres Lebens ins Rollen. Unter anderem, dass sie nach Abschluss der ungeliebten Lehre zu einem weiteren Schulbesuch in ein Internat kommen und dort schulisch weiterkommen und zumindest die mittlere Reife erlangen würde. Aber das sollte noch eine Zeit dauern. Als er vom Jugendamt zurück kam und an der Haltestelle ausstieg, wurde ihm übel. Er stand dort und hielt sich an einem Pfahl fest, bis Passanten auf ihn aufmerksam wurden. Sie ließen einen Krankenwagen kommen, der den alten Mann ins Krankenhaus brachte.

Das Krankenhaus war gar nicht weit weg von Annas Wohnsitz. Niemand sagte Anna Bescheid. Der Großvater hatte einen Schlaganfall erlitten. Damals gab es noch keine Intensivstationen im heutigen Sinne. Wenn es einem Patienten schlecht ging, machte eine Pflegekraft „Sitzwache" bei ihm. Wie oft dachte Anna später, als sie Krankenschwester geworden war, noch an ihren Opa und fragte sich, wer wohl bei ihm gewacht hatte. Der Gedanke, dass er seinem Ende allein entgegengedämmert haben sollte, brachte sie zur Verzweiflung.

Am nächsten Morgen gab es in der Früh wieder ein Riesentheater. Anna, die mittlerweile auf Grund ihrer Ängste bei ihrer Großmutter väterlicherseits in der Küche auf der Chaiselongue übernachtete und in deren Schlafzimmer ein kleines Schränkchen für ihre Sachen zur Verfügung gestellt bekam, hatte sich verschlafen. Mechthild stand wie ein Racheengel in der Backstube und redete auf Annas Vater ein. Als dieser Anna kommen sah, stürzte er sich auf sie und schlug blindlings auf sie ein. Anna weinte nicht. Sie fühlte sich wie eine Zuschauerin. Als sie vom Boden aufstand, gab Mechthild ihr mit einem sardonischen Grinsen den Brötchenkorb. Anna sagte: „Danke." Im Hinausgehen trat der Vater, der sich wohl noch nicht ganz abreagiert hatte, Anna in den Rücken, so dass sie stürzte und die Brötchentüten aus dem Korb kullerten und durch den Hausflur flogen. Zum Teil purzelten die Brötchen aus den Tüten. Anna verlor die Fassung. Sie stand auf, bevor ihr Vater sie totschlagen konnte und schrie: „Du bist nicht mein Vater. Du bist ein Scheusal. Ich hasse euch." Und das meinte sie auch so. Dann lief sie, lief, lief bis sie nicht mehr konnte und Seitenstechen hatte.

Nach Luft ringend blieb Anna stehen. „Nein, nie mehr gehe ich zurück", schrie es in ihr. „Schlimmer kann auch die Hölle nicht sein. Lieber möchte ich nicht mehr leben." Sie hetzte durch den Grüngürtel in Richtung der Wohnung ihrer Mutter. Diese lag am nächsten für sie. Niemand öffnete. Komisch, um diese Zeit war ihre Mutter immer zu Hause. Anna hatte die Befürchtung, dass ihr Vater ihr mit dem Auto folgen könne und machte sich auf den Weg zu den Großeltern. Sie lief quer durch den Stadtwald, der noch völlig unbelebt war. Es war ihr egal, sie spürte keine Angst, sie war nur verzweifelt auf der Suche nach einem Menschen, der sie in den Arm nahm. Sie spürte sich gar nicht richtig und lief automatisch.

Bei ihren Großeltern öffnete auch niemand die Tür. „Das kann nicht sein", murmelte Anna vor sich hin. Eine schlimme Ahnung griff nach ihr. „Es ist etwas passiert", wurde ihr klar. Sie klingelte trotz der frühen Stunde bei der Nachbarin in Parterre. Frau Roland war ganz erstaunt, Anna zu sehen und zog sie in ihre Wohnung. „Kind, weißt du denn nicht, was passiert ist?" fragte sie. „Dein Opa ist gestern ins Krankenhaus gekommen. Deine Oma ist mit zu deiner Mutter gefahren, weil es von dort aus auch näher zur Klinik für sie ist." „Aber da ist niemand", stammelte Anna verzweifelt. „Versuch es doch noch mal, fahr noch mal hin", riet die Nachbarin und schaute Anna besorgt an. Frau Roland kannte Anna von klein an und mochte sie immer gern. Oft hatte Anna früher für sie eingekauft, wenn sie ihre rheumatischen Schmerzen hatte. Annas Mutter hatte damals noch kein Telefon, sonst hätte Frau Roland dort angerufen. „Wo kommst du denn überhaupt so früh her, Anna? Hast du denn schon etwas gegessen?", fragte sie. Anna schüttelte den Kopf und weinte. Sie könne nichts essen, versicherte sie der netten Nachbarin. Aber sie habe kein Fahrgeld. Frau Roland gab Anna Geld für ein Taxi und rief auch gleich die Taxi-Zentrale an, damit Anna nicht wieder den ganzen weiten Weg laufen musste. Frau Roland war sehr besorgt um Anna und hätte sie am liebsten begleitet. Aber sie hatte einen Arzttermin.

Anna fuhr wieder zu ihrer Mutter. Nachdem sie geklingelt hatte, öffnete ihre Mutter die Tür und nahm Anna in den Arm. Die Großmutter kam in den Flur und sah – wie Annas Mutter – ganz verweint aus. Da verstand Anna. „Nein", konnte sie nur noch sagen. Alles verschwamm vor ihr.

Später bestand Anna darauf, ihren geliebten Opa zu sehen und sich von ihm zu verabschieden. Ihre Mutter ging mit ihr zum Krankenhaus. Eine Schwester führte sie in die Leichenhalle. Annas Opa sah friedlich aus. Anna berührte ihn und sagte: „Opi, du warst mein bester Freund. Ich danke dir für alles. Wir sehen uns wieder." Dann ging sie ohne einen Blick zurück. Ihre Mutter folgte ihr. Anna kam ihr plötzlich unheimlich erwachsen vor. Doch lange noch fühlte Anna sich schuldig am Tod ihres geliebten Großvaters.

Anna glaubt, dass es noch eine geraume Zeit brauchen wird, bis sie in der Lage ist, das alles ihrer Therapeutin erzahlen zu können. Doch da täuscht Anna sich.

Hass und Schuldgefühle

Den, der in den Wald flieht,
erwartet oft eine noch größere Dunkelheit.

Eve Herzogenrath

In der nächsten Therapiestunde ist Anna blass. Sie sieht müde aus. „Was ist passiert?“ versucht Frau Siegel ein Gespräch in Gang zu bringen. Anna schluckt. Sie atmet flach und schnell. Ihre Füße sind eiskalt und sie fühlt die Kälte in ihren Körper hoch steigen. Wie Schutz suchend drückt sie sich in ihren Sessel. Am liebsten würde sie die Beine anziehen und eine embryonale Stellung einnehmen, so wie sie es oft macht, wenn sie allein ist und Angst hat.

Frau Siegel wartet und schweigt ebenfalls. Sie beobachtet Anna und sieht, dass diese mit den Tränen kämpft. Anna hat noch nie bei ihr geweint. Sie hat eine Doppelstunde. Erst zu Beginn der zweiten Stunde schaut Anna Frau Siegel an und sagt ganz ruhig: „Am liebsten wäre ich tot.“

„Ich muss das sehr ernst nehmen“, antwortet Frau Siegel. „Wenn Sie Suizidgedanken haben, muss ich Sie vor Ihnen selbst schützen. Sie wissen, was das heißt.“

„Nein, ich habe keine Suizidgedanken“, antwortet Anna, „ich möchte nichts mehr fühlen, nicht mehr so traurig sein, keine Angst mehr haben, an nichts mehr denken müssen - und dafür müsste ich dann ja schon tot sein. Um mich selbst zu töten, habe ich viel zu viel Angst vor dem Sterben als solches.“ Prüfend schaut Frau Siegel Anna an.

Anna spürt die Beunruhigung ihrer Therapeutin, fühlt sich gleichzeitig angenommen und verstanden. Anna schluckt wieder, vergeblich versucht sie, ihre Tränen zurück zu halten. Dann bricht es aus ihr heraus. Anna weint herzzerreißend und kann nicht mehr aufhören. Frau Siegel ist erleichtert, dass Anna weinen kann, dass sie es zulässt, bei ihr so zu weinen.

Anna erzählt Frau Siegel von den Erinnerungen, die ihr im Kopf herum schwirren und sich immer wieder aufdrängen. Dann schreit sie ihren ganzen Schmerz hinaus. „Warum habe ich immer das Gefühl, nichts wert zu sein, keine Daseinsberechtigung zu haben? Genauso schlimm wie die Lieblosigkeit meines Vaters und die sexuellen Übergriffe meines Stiefvaters waren für mich die jahrelangen Demütigungen von Seiten Mechthilds. Sie gönnte mir nichts! In ihren Augen war ich hässlich, schlampig, dumm und feige. Sie misshandelte mich emotional. Das war grausam und dauerte länger als der sexuelle Missbrauch.

Mechthild legte es ununterbrochen darauf an, mein Selbstbild zu reduzieren durch ihre hämischen Bemerkungen. Sie nahm mir nicht nur meinen Vater, sie zog meine Mutter durch den Schmutz. Später, als sie eigene Kinder hatte, bekam ich bei jeder Gelegenheit zu hören, dass diese einmal größer, hübscher und klüger sein würden als ich. Diese Vorhersage hat sich nicht bestätigt. Ich war schadenfroh darüber und bekam Schuldgefühle meinen Geschwistern gegenüber. Ich liebte meine beiden Halbschwestern sehr. Doch ich habe diese Frau gehasst, hasse sie auch heute noch. Sie erscheint immer wieder in meinen Träumen.

Mein Vater hat mir nie beigestanden. Im Gegenteil, wenn er seine Frau bei Laune halten wollte, schimpfte er mit. Dafür begann ich ihn zu verachten. Ich verachte ihn auch jetzt noch. Wenn niemand dabei war, zeigte Mechthild mir ihren Hass offen. Grundsätzlich erhielt ich aus dem Laden keine Teilchen oder Kuchen vom gleichen Tag, obwohl sie nicht mehr alles verkaufen konnte, weil die Kaffeezeit vorbei war. Sie suchte und fand immer etwas Altes, Trockenes, was sie mir auf den Tisch warf. Sie passte auf, dass ich nicht zu viel Butter aufs Brot strich und nur wenig Belag nahm. Selber fraß sie ihn ohne Brot, was man ihrer Figur auch deutlich ansah. Meist teilte sie mir das Essen zu, damit ich nichts berühren konnte. Ich durfte auch kein Brot abschneiden. Solange ich dort lebte und unten im Parterre schlief, musste ich die Personaldusche und die Toilette im Hausflur benutzen. Ich kam mir vor wie eine Aussätzige. Mechthild war eine richtige Hexe. Wirklich geliebt habe ich dort nur meine beiden Halbschwestern."

Als Anna sich beruhigt hat, schweigen sowohl Frau Siegel als Anna noch eine Weile. Beim Abschied ist Anna wieder ruhiger und gefasster. Sie verspricht Frau Siegel, nichts Unüberlegtes zu tun.

Bilder aus der Kindheit werden lebendig

Paranoia
Bedroht sein von der Umwelt, bedroht sein von sich selbst
löst aus, dass man fortan in einen Graben springt der nicht existiert

Sylvia Reuther

In dieser Nacht schreckt Anna aus dem Schlaf auf. Ein Albtraum. Sie kann sich nicht komplett erinnern, was sie so Schlimmes geträumt hat. Sie weiß nur noch, dass sie eingeschlossen war und niemand sie hören konnte. Es kommen die alten Bilder der Kindheit.

„Bitte nicht einschließen. Lasst mich nicht wieder allein. Nehmt mich mit. Gebt mir einen Schlüssel, ich schließe von innen ab.“ Anna bettelte, weinte, drohte aus dem Fenster zu springen. Für letzteres bekam sie eine Ohrfeige von ihrer Oma. Annas Angst war so gewaltig, sie war außer sich, fühlte sich ausgeliefert, allein gelassen. Die Oma verstand Annas Angst nicht, sie war verärgert, schimpfte über Annas Hysterie und Undankbarkeit. Schließlich tat sie doch alles für Anna. Morgens stand sie in aller Frühe auf, um nach stundenlangem Anstehen ein paar Lebensmittel zu ergattern – auf Bezugsmarken. Anna fühlte sich so schlecht, so undankbar, doch gegen ihre Angst kam sie nicht an. Sie war noch klein und konnte nicht begreifen, warum die Großeltern so früh fort mussten.

Die Großeltern sind dann doch weggeschlichen, nachdem Anna vor Erschöpfung wieder eingeschlafen war. Dabei wollte Anna doch die ganze Nacht wach bleiben. Natürlich hatten sie Anna auch wieder eingeschlossen. Opa hatte ihr ein Bonbon aufs Kopfkissen gelegt, das er wohl aus der kleinen Reserve, die Oma angelegt hatte, entwendet haben musste. Anna war ganz starr, ganz angespannt, verkroch sich unter ihr dickes Plumeau. Es wurde ihr zu heiß, sie bekam keine Luft. Anna stand auf und zog sich schnell an. Bekleidet fühlte sie sich etwas sicherer, weniger schutzlos, zum Aufbruch bereiter, fluchtfähiger. Alle verfügbaren Lichtquellen in der Wohnung schaltete sie an. Anna setzte sich so, dass sie fast alles überblicken konnte und die Türen im Auge hatte. Wartete, horchte. Waren noch andere Bewohner im Haus? Alle schliefen sicher noch. Das hatte etwas Tröstliches.

Anna hielt es nicht mehr aus, öffnete das Schlafzimmer-Fenster und setzte sich in die Öffnung – mit den Füßen in die Dachrinne. Sie bewohnten das Dachgeschoss mit schrägen Wänden. Von Anna war mehr draußen als drinnen. Sie schaute in die Wolken und wünschte sich im Himmel zu sein. Engel stellte sie sich immer auf einer schönen, weichen Wolke sitzend vor. Sie hielt Ausschau nach ihnen, wartete auf ein Zeichen.

Anna sehnte den Tag herbei, doch der ließ sich Zeit. Sie fröstelte. Ängstlich schaute sie ins Zimmer zurück, hielt den Atem an, horchte wieder auf Geräusche von unten. Unter ihnen wohnte eine ältere Dame mit ihrem Schäferhund. „Der Hund müsste doch irgendwann Gassi", dachte Anna hoffnungsvoll. Asta war ein gutmütiges Tier. Anna lieh sie sich oft aus, wenn sie Kohlen aus dem Keller holen musste. Frau Höller, der der Hund gehörte, konnte Annas Angst verstehen. Sie hatte selber ein bisschen Angst im Keller. Manchmal gingen sie alle zusammen runter. Meist bekam Anna dann von Frau Höller einen Apfel, der mit vielen anderen rotbackigen Äpfeln dort gelagert worden war. Einmal machte sie sogar ein Glas mit eingekochten Kirschen auf und aß es gemeinsam mit Anna.

Es war so still. „Sind Frau Höller und Asta überhaupt da?" dachte Anna. Panik. Wenn Sie jetzt wieder das Atmen hören würde, das Keuchen, würde sie aus dem Fenster springen, nahm sie sich vor. Sie blieb steif gefroren im Fenster sitzen, weinte leise vor sich hin. „Bitte, lieber Gott, lass doch jemand nach Hause kommen", betete sie in ihrer Verzweiflung..

Endlich - von weitem sah sie ihre Großeltern um die Ecke kommen. Beide waren beladen mit Rucksäcken und Taschen. Opa zog noch den kleinen Leiterwagen hinter sich her. Sie gingen schleppend, Sie wirkten sogar aus der Ferne erschöpft und müde. Sie waren noch auf den abgeernteten Kartoffelfeldern und hatten nachgeharkt, um noch ein paar Kartoffeln zu finden. „Für mich", dachte Anna. „Wenn ich nicht wäre, hätten sie für sich mehr zu essen". Sie fühlte sich mies. Oft sagte Oma, sie sei schon satt. Auch Opa schob Anna oft noch ein „Fleischbonbon" auf ihren Teller, wenn es überhaupt Fleisch gab.

Bevor sie von ihren Großeltern gesehen werden konnte, sprang Anna vom Fensterbrett, schloss das Fenster, löschte das Licht, tauschte schnell ihre Kleidung gegen ihr Nachthemd aus und flüchtete ins Bett. Oma lobte sie, weil sie so brav im Bett geblieben sei. Anna hatte ein schlechtes Gewissen und schämte sich, fühlte sich unehrlich und schlecht. Oma monierte, dass es so kalt in der Wohnung sei. Anna log: „Ich hatte so Luftnot, da habe ich eine Zeit lang das Fenster aufgemacht." Annas Luftnot war bekannt und die Ausrede wurde akzeptiert von der Oma.

Nachmittags bekam Anna Haue mit der „Siebenschwänzigen Katze", die immer auf dem Küchenschrank als Warnung lag, und Stubenarrest für mehrere Tage. Eine Nachbarin hatte gesehen, dass Anna bei der Kälte stundenlang im offenen Fenster gesessen hatte. Oma war außer sich. „Stell dir vor, du fällst da runter. Dann sagen alle, ich hätte nicht auf dich aufgepasst. Dann nimmt dein Vater dich von uns weg. Der hat doch das Personensorgerecht über dich. Und ich komme ins Gefängnis. Vielleicht sogar für immer." Annas Gedanken gingen andere Wege und sie fragte: „Oma bekäme ich einen weißen Sarg, wenn ich tot wäre?" Annas Vorstellung, dass alle an ihrem kleinen, weißen Sarg stehen und vielleicht sogar weinen würden, gefiel ihr. Sie sollten alle auch mal traurig sein, nur ihr Opa und ihr Großvater nicht.

Im Laufe der Zeit erzählt Anna auch diese Episode ihrer Therapeutin. Ein andermal ermuntert Frau Siegel Anna, mehr aus ihrer frühen Kindheit, soweit sie sich zurück erinnern kann, zu erzählen. Sie möchte gern etwas über Annas Großeltern väterlicherseits erfahren. Anna nannte die Eltern ihres Vaters „Bäckeroma" und „Bäckeropa", um sie von den anderen Großeltern zu unterscheiden. Sie hatten eine Bäckerei und eine Konditorei und mehrere Häuser. Sie waren richtig reich. Die anderen Großeltern nannte Anna „Saarstraßer Oma" und „Saarstraßer Opa", weil sie in der Saarstraße wohnten. Später wurden sie durch die Bezeichnung Großmutter und Großvater so wie Oma und Opa unterschieden. Oma und Opa waren die Eltern von Annas Mutter. Bei ihnen lebte Anna fast während ihrer ganzen Kindheit und Jugend. Sie waren die Ersatzeltern für Anna.

„Der Bäckeropa war ein lieber Brummbär. Er hatte einen Haarkranz, in der Mitte eine Glatze. Wir nannten diese Frisur „Bubikopf mit Spielwiese". Großvater war immer sehr lieb zu mir. Wenn Großmutter sich mittags ein Stündchen aufs Ohr gelegt hatte, gab es alles, was ich sonst nicht haben durfte. Wir gingen in seinen Laden gleich neben der Küche und wählten die leckersten Sachen für mich aus. Einen Teil versteckte ich in meinem kleinen Stoffbeutel für später und zum Mit-nach-Hause-Nehmen. Auch Kaffee für Oma gab er mir mit. Dann durfte ich Eis holen und so viel davon essen, wie ich runter kriegte. Und hinterher war mir regelmäßig schlecht. Aber wir taten es immer wieder."

Über den Großvater weiß Anna auch sehr schöne Dinge zu berichten, an die sie sich selbst nicht erinnern kann, weil sie noch zu klein war. Ihre Oma hat sie ihr erzählt.

Als Anna geboren wurde, war ihre Mutter knapp siebzehn Jahre alt und ihr Vater neunzehn Jahre. Sie waren noch nicht verheiratet. Die Großmutter wehrte sich mit aller Kraft gegen eine Heirat, weil Annas Mutter aus „einfachen Verhältnissen" kam. Ihre Eltern hatten damals nur ein kleines Lebensmittelgeschäft.

Der Großvater kam Anna gleich nach ihrer Geburt heimlich besuchen. Seine Frau wollte nichts von dem Kind wissen. Er sah, dass Anna in einem Wäschekorb lag, weil sie noch kein Kinderbettchen hatte. „Armes Bubbelchen'", soll er gerufen haben „hast du kein Bettchen?" Weg war er. Zwei Stunden später hielt ein Lieferwagen vor dem Laden von Annas Oma. Aus ihm wurden ein Kinderbettchen, Bettzeug, ein Kinderwagen und jede Menge Babysachen und Spielzeug entladen. Das war alles für Anna. Großvater kam jeden Tag und besuchte sein „Bubbelchen". Seine Frau rührte sich nicht.

Eines Tages war Annas Oma es leid und fasste den Entschluss, Annas Großmutter zu ihrem Glück zu zwingen. Sie zog Anna die schönsten Sachen an, die sie hatte, packte sie in den Kinderwagen und fuhr einfach in die Bäckerei, um sie ihrer Großmutter vorzustellen. Diese erstarrte hinter der Theke zunächst zur Salzsäule, kam dann aber langsam auf den Kinderwagen zu, schaute hinein, schluckte und hob Anna aus ihren Kissen. Dann verschwand sie mit der Kleinen in ihrem Schlafzimmer ein Stockwerk höher.

Lange Zeit geschah nichts. Ihre Oma und der Großvater, der mittlerweile aus der Backstube geholt worden war, saßen zusammen im Wohnzimmer und warteten. Als ihnen das zu lange dauerte, schlichen sie beide die Treppe hoch und schauten abwechselnd durchs Schlüsselloch. Es bot sich ihnen ein Bild des Entzückens. Die Großmutter lag auf dem Bett, hatte Anna im Arm und sprach mit ihr. Anna schenkte ihr ihr schönstes Lächeln.

Die Großmutter hatte sich immer ein Mädchen gewünscht, vor ihrem geistigen Auge sah sie dann ein kleines Mädchen mit blauen Augen und blonden Locken. Und Anna hatte blonde Locken und strahlend blaue Augen. Fortan nahm sie Anna jeden Mittwoch, wenn sie sich mit den anderen „besseren Damen" traf, mit in den Königsforst zum „Kickerhäuschen".

Später, als Anna größer war, traf sie sich auch immer noch jeden Mittwochnachmittag mit ihr. Dann gingen sie in die Stadt und aßen im Anschluss an den Stadtbummel bei Café Zimmermann „Havanna-Torte". Sie nahm Anna auch mit zu Ausflügen und versprach Anna ein Geschenk, wenn sie sie begleiten würde; aber die Ausflüge endeten immer in einem Wallfahrtsort, wo sie Anna dann einen Rosenkranz kaufte. Das Mädchen hatte eine ganze Sammlung davon.

Einmal wäre Anna bei der Großmutter fast ums Leben gekommen. Diese meinte es gut und schlug für Anna, wenn diese bei ihr war, jeden Morgen ein rohes Ei mit Traubenzucker und einem Esslöffel Rotwein. Ob das für das Kind so gut war, ist strittig. Anna hatte wohl gesehen, wohin die Großmutter die Weinflasche gestellt hatte, zwischen Wand und Schrank auf den Boden. Anna krabbelte dort hin und trank aus der Flasche. Als die Großmutter aus ihrem Laden zurück in die an den Laden grenzende Stube kam, lag Anna blass und bewusstlos auf dem Boden. Sie hatte es noch geschafft, die Weinflasche wieder in die Ecke zu stellen und war selbst dann vor dem Schrank umgekippt. Die Großmutter bekam einen Riesenschreck und wusste sich kaum zu helfen. Großvater kam hinzu, nahm Anna und lief mit ihr zur Oma, die nicht weit entfernt wohnte. Auch diese war verzweifelt und rief einen Arzt. Der schaute sich Klein-Anna an, nahm sie auf den Arm und roch irritiert an ihr. „Das Kind ist stockbetrunken", verkündete er. Anna musste sich ausschlafen und soll nach Omas Erzählungen ganz schön kratzbürstig gewesen sein, als sie wach wurde. Wahrscheinlich hatte sie einen ausgewachsenen Kater.

Bei dieser Anekdote lachen Anna und Frau Siegel herzlich über die betrunkene Anna. „Aber ich bin trotzdem keine Alkoholikerin geworden", strahlt Anna. Von ihrem Großvater zu berichten, hatte ihr Freude gemacht. Er war viel zu früh gestorben, bereits mit 56 Jahren.

„Schwester Anna“

Unglück hat mich gelehrt
Unglücklichen Hilfe zu leisten.

Vergil

Seit zwei Wochen geht es Anna wieder etwas besser. Sie weint zwar noch oft, aber es hat ihr gut getan, mit Frau Siegel gemeinsam einen Teil ihrer Kindheit aufarbeiten zu können. Es ist Ferienzeit. Frau Siegel ist mit ihrer Familie verreist. Vier Wochen keine Therapie. Anna vermisst ihre Therapeutin sehr. Ihr fehlen die Gespräche, das Sich-fallen-Lassen, was ihr jetzt schon ganz gut gelingt, nachdem sie verlässliche Erfahrungen mit ihrer Therapeutin gemacht hat. Die Panikattacken kommen nicht mehr täglich. Die unterschwellige Angst jedoch ist fast ständig ihre Begleiterin. Frau Siegel gab Anna für die Ferien eine Aufgabe. Sie möge, wenn sie wolle, ihren früheren Bezugspersonen je einen Brief schreiben. Sie stellt Anna frei, wem sie schreiben möchte. Anna nimmt diesen Vorschlag gern an und nimmt sich vor, diese Briefe während Frau Siegels Abwesenheit nach und nach zu schreiben. Noch ist ihr nicht klar, wem sie zuerst schreiben wird. „Es wird sich ergeben“, denkt sie zuversichtlich.

Im Dienst gibt es Ärger. Anna, die mit achtzehn Jahren – noch während ihrer Internatszeit - zu dem Entschluss gekommen war, Krankenschwester zu werden, ist als Pflegedienstleiterin in einer modernen Senioreneinrichtung tätig. Sie vertritt den Heimleiter während dessen Abwesenheit. Bei dem Ärger geht es um die Freizeitpläne der Heimleitung und Pflegedienstleitung fürs Folgejahr, um die so genannten Brückentage. Dazu gehört auch Karneval. Der Heimleiter plant diese Wochenenden immer ganz lange im Voraus. Es geht darum, wer von beiden, Anna oder er, in der Einrichtung sein wird oder zumindest in Bereitschaft. Karneval flüchtet Anna gern aus Köln und geht mit ihren Freundinnen Ski laufen. Anna wollte gern über die Karnevalstage Urlaub haben, zumal sie im laufenden Jahr an diesen Tagen Dienst gemacht hatte. Doch dieser Wunsch kollidiert mit den Plänen des Chefs. Es kann nur immer einer von ihnen abwesend sein. Anna dachte, es sei legitim, dass sie als seine Stellvertreterin jetzt mal an der Reihe sei. 2005 beginnen die Karnevalstage bereits Anfang Februar, der Rosenmontagszug geht am 7. Februar. Eine wunderbare Zeit zum Skilaufen.

Vielleicht hätte es einen Kompromiss geben können, doch Herr Heinen schneidet jeglichen Versuch einer Verständigung ab; so braucht er über die Angelegenheit nicht weiter nachzudenken. „Sie haben hier zu sein, ist das klar", sind seine letzten Worte zu dem Thema.

„Wie redet der eigentlich mit mir", revoltiert Anna innerlich gegen den Umgangston ihres Chefs. Äußerlich zwingt sie sich zur Ruhe und Verbindlichkeit. Er spürt ihre Unsicherheit. Sofort nutzt er diese aus und versteckt seine eigene hinter Kritik und gespielter Überlegenheit. Anna zieht sich zurück in ihr Schneckenhaus, er hinter die Mauer seiner Autorität.

Anna liebt ihre Arbeit. Sie liebt die Menschen, mit denen sie zu tun hat. Sowohl die alten Menschen, die ihrer Fürsorge und Pflege bedürfen, als auch ihre Mitarbeiterinnen und Mitarbeiter, ohne die sie die Qualität ihrer Arbeitsleistung nicht sicherstellen könnte. „Ohne Figuren kann ich nicht Schach spielen", ist ihre Devise. Die Mitarbeiterinnen und Mitarbeiter haben Annas volle Wertschätzung.

Anna respektierte am Anfang auch ihren Chef und war um eine gute Zusammenarbeit bemüht. Herr Heinen übernahm die Leitung der Einrichtung und löste einen freundlichen Verwaltungsdirektor ab. Anna hatte den neuen Chef innerlich so lange anerkannt, bis sie merkte, dass er ständig anderen die Verantwortung zuschob, wenn etwas schief gegangen war, und sie bei Erfolgen geschickt an sich zog. Er gibt auch ihr für vieles die Verantwortung, jedoch nicht die Möglichkeit, das Optimale zu leisten. Oft handelt es sich um Aufgaben, die in sein Ressort fallen und die er selber nicht bewältigen kann, weil ihm die Qualifikation und die Erfahrung fehlen. Deshalb delegiert er sie an Anna. Sie ärgert sich über sich selbst. Sie ärgert sich, dass sie dem ganzen nicht adäquat begegnen kann. Sie fühlt sich so gekränkt, so frustriert und entwertet. Ihre Reaktions- und Handlungsalternativen sind auf zwei Möglichkeiten reduziert. Entweder gleich an Ort und Stelle motzen. Das bringt den Chef in Rage und Anna gar nichts. Die zweite Variante wäre Überspielen der Enttäuschung. Nur nichts anmerken lassen. Bloß keine Sympathien verlieren. Rückzug, den Sturm in sich wüten lassen, der sich dann von Frust über Wut in Angst verwandelt. In der zweiten Ausgabe ist Anna bühnenreif, weil sie sie bereits ihr Leben lang praktiziert. So lange schon macht sie ihr Selbstbild von äußeren Leistungsbeweisen abhängig und bringt sich in ständige Beweisnot des eigenen Wertes.

Zu Hause kommt Anna auch nicht zur Ruhe. Sie ruft Julia an. Diese wohnt nicht weit entfernt und kommt gleich zu ihr. Julia ist Annas einstige Lebenspartnerin. Die beiden waren von 1977 bis 1985 ein Paar. Anna und Julia blicken auf eine schöne gemeinsame Zeit zurück. Nach der Trennung fanden sie zu einer tiefen Freundschaft, da sie ihre liebevollen Gefühle füreinander niemals verloren hatten. Anna wurde von Julias Eltern wie eine weitere Tochter aufgenommen. Auch Julias Sohn Marc war für Anna wie ein Sohn, was sich auch nach der Trennung der beiden Frauen nicht änderte. Vor Julia sitzt eine weinende Anna, die sich gar nicht mehr beruhigen kann, die sich wertlos, unwirklich und entwurzelt fühlt. So drückt sie es jedenfalls aus. Annas Wut ist längst der Angst und Trauer gewichen. Und diese Gefühle sind noch schlimmer als Wut. Beide wollen sich, als Anna sich etwas beruhigt hat, mit einem guten Fernsehfilm ablenken. Anna gleitet jedoch immer wieder in Grübeleien. „Warum komme ich eigentlich mit diesem Typen nicht klar?“ fragt sie sich immer wieder. „Er ist kleiner als ich, er liebt Männer, er war Ordensbruder und hat eigentlich nicht die Qualifikation für die Heimleitung, Er ist oft unsicher. Vor dem brauche ich doch keine Angst zu haben“, überlegt sie. „Und feige ist er auch. Immer, wenn es gilt, den Pflegeteams etwas Negatives mitzuteilen, schickt er mich. Gibt es jedoch eine positive Nachricht über eine Sache, für deren Gelingen ich beim Vorstand gekämpft habe, verkündet er sie stolz. Wenn er wüsste, dass ich in Therapie bin, würde er mich vollends runter machen.“ Julia bleibt die Nacht über bei Anna.

Anna kann lange nicht einschlafen und lässt ihr Berufsleben an sich vorüber ziehen.

Eigentlich hatte Anna keine großen Schwierigkeiten. Sie machte über eine Begabtensonderprüfung in Heidelberg ihr Fachabitur, nachdem sie bereits mehrere Jahre als Krankenschwester im OP tätig gewesen war. Dann arbeitete sie sich mittels zahlreicher Aufbaukurse zur Pflegedienstleitung hoch.

Von 1991 bis 1999 war Anna auch in einer Seniorenanlage tätig, die von Ordensschwestern geleitet wurde. Fast acht Jahre lang. Bei dieser Einrichtung handelte es sich um eine Kombination von „Heim für schwer erziehbare Mädchen“ und „Altenheim“. Das war folgendermaßen zu Stande gekommen: Der Orden widmete sich der Erziehung schwer erziehbarer Mädchen im Alter von zehn bis achtzehn Jahren, und das bereits über sechzig Jahre lang. Die Mädchen wurden früher sehr streng erzogen und ihr Verhalten passte sich dem der Ordensschwestern an. Manche fanden, auch nachdem sie volljährig geworden waren, nicht ins Leben außerhalb der Mauern. Sie blieben bei den Schwestern und nannten sie „Mutter“. Diese zum Teil geistig retardierten Frauen wurden „Haustöchter“ genannt. Sie arbeiteten in der Küche, im Garten, in der Waschküche und hielten das große Haus und das weitläufige Grundstück in Ordnung. Im Laufe der Jahre wurden viele der Schwestern und Haustöchter alt und krank und bedurften der fachgerechten Betreuung und Pflege. Anna war die erste weltliche „Schwester“, die eingestellt wurde.

Das Erziehungsheim, welches sich auf dem gleichen Gelände wie das Altenheim befand, bestand aus mehreren kleineren Häusern, in denen die Mädchen in Gruppen mit einer Erzieherin wohnten. Dieses Heim wurde von weltlichen Erziehungskräften geführt. Es gab dort eine Grundschule und mehrere Lehrwerkstätten, eine kleine Kirche und eine wunderschöne Gärtnerei mit herrlichen Blumen. Anna fühlte sich in dieser Einrichtung sofort wohl. Da sie mit der Pflege in den ersten beiden Jahren unterfordert gewesen wäre, arbeitete sie auch mit im Erziehungsbereich und gab dort einige Unterrichtsstunden.

Anna hatte ihre ursprüngliche Lehre beendet und vor der Industrie- und Handelskammer eine Ausbilderprüfung für Kommunikations-Assistentinnen und –Assistenten gemacht. Sie gab Unterricht in Stenografie, Maschinenschreiben, Schwangerschaftsvorsorge, Säuglingspflege und Hygiene.

Morgens nach ihrem Rundgang im Seniorenbereich erledigte Anna ihre Schreibarbeiten. Sie verhandelte mit den Kostenträgern, wohnte den Kontrollbesuchen der Heimaufsicht bei, machte Beihilfeanträge usw. Ihr Tag war voll ausgelastet. Annas Erste-Hilfe- und Arbeitsraum befand sich Parterre und hatte einen Ausblick auf die Sportwiese, auf der auch einige Turngeräte standen. Sie liebte es, während sie ihre Schreibarbeiten machte, immer wieder einen Blick auf die Kinder zu werfen, die dort herum tobten oder an den Geräten turnten. Die Mädchen mochten Anna und winkten ihr immer zu. Während der Pausen kletterten sie durchs Fenster und umringten Anna und erzählten ihr von ihrem Schulalltag und ihren Noten. Anna konnte sich gut in die Mädchen hineinversetzen. Die Kinder spürten Annas Empathie und gingen unbefangen auf sie zu. Die Mädchen waren fast alle von den Eltern verlassen oder vom Jugendamt von ihnen fort geholt worden. Meist hatten sie Familien, mit denen sie nicht rechnen konnten. Sie waren größtenteils misshandelt und nicht selten sexuell missbraucht worden, oft von den eigenen Vätern. Viele hatten schon einige Erziehungsheime durchlaufen und brachen auch immer wieder aus, suchten Schutz und Geborgenheit bei Männern, von denen sie dann ausgenutzt und zur Prostitution ge-

zwungen wurden. Einige waren gern in der Einrichtung. Das waren meist die jüngeren. Sie fühlten sich dort geborgen. Einige der jungen Mädchen hatten bereits Kinder, die auch mit ihnen ihm Heim lebten. Nicht selten stand ein Kinderwagen in Annas Arbeitsraum.

Die alten Frauen hatten keine Familien, da sie immer bei den Nonnen gelebt und nie geheiratet hatten. Sie lebten in Gruppen, der jeweils eine Ordensschwester vorstand. Sie kannten nur das Kloster, abgesehen von Ausflügen, die sie mit den Ordensschwestern gemeinsam unternommen hatten. Aber auch die Ordensschwestern waren jetzt alt und nicht mehr so belastbar. Mit Anna als weltliche Schwester war in die Altengruppen bereits ein „neuer Wind" gekommen, den die Alten und auch die Schwestern freudig einatmeten. Anna machte alle amtlichen Wege für sie. Beantragte Beihilfen in jeder Form, ging mit ihnen zum Arzt, bestand auf Vorsorgeuntersuchungen. Auch die Jugendlichen, die Ausgangssperre hatten, begleitete sie zum Arzt oder in die Klinik. Meistens hatte Anna zur Arbeit ihre Boxerhündin Cara mit. Die Jugendlichen eiferten darum, den Hund ausführen, füttern und knuddeln zu dürfen.

Eines Tage hatte Anna eine Idee: Warum nicht die Jungen und die Alten zusammen bringen. Nachdem sie sich mit der Oberin, einer sehr guten Psychologin, und der Erziehungsleiterin abgesprochen hatte, vereinbarte sie einen gemeinsamen Arzttermin. Eine Frau wurde im Rollstuhl gefahren, eine zweite konnte sich nur langsam fortbewegen. Die Strecke betrug ungefähr 250 Meter. Drei der jungen Mädchen, die Anna bereits ganz gut kannte und deren Reaktion sie glaubte, einschätzen zu können, kamen mit. Es war ein Erlebnis. Plötzlich waren das ganz andere Mädchen, nicht mehr die mit „null Bock" und provozierenden Redensarten. Jede wollte den Rollstuhl schieben, und sie taten das mit einer Vorsicht und Ernsthaftigkeit, dass es Anna rührte. Annas Hausärztin, die auch die beiden Heime betreute und Anna schon lange kannte, war begeistert. Die beiden alten Frauen genossen die Aufmerksamkeit und Fürsorge der Jüngeren, waren sie doch früher auch einmal „Zöglinge" gewesen.

Auf dem Rückweg machten sie einen Stopp an der Eisdiele und bekamen alle ein „Eishörnchen".

Der nächste Schritt war In-die-Stadt-Fahren mit dem Bus. Auch das klappte wunderbar. Die Alten hatten sich bisher ohne Begleitung nur innerhalb des Vorortes bewegt. Nicht alle, aber einige waren in der Lage, Kleinigkeiten einzukaufen. Anna hatte bei der Stadt Köln Gelder für Kleiderbeihilfen beantragt und von der bewilligt bekommen. Sie nahm gleich vier Frauen, die beweglich waren, mit zum Einkauf. Anna hatte nicht damit ge-

rechnet, was auf sie zukommen würde. Es begann bereits im Bus. Alle vier stürzten gleichzeitig durch die hintere Tür, wo die Leute aussteigen wollten. Anna hatte jeder vorher ihre Fahrkarte gegeben, die sie am Automaten entwerten sollten. Damit hatte sie ihre Schützlinge überfordert. Die kannten ja kaum einen Bus, und wenn, dann war ihnen jedwede Verantwortung aus der Hand genommen worden.

Anna stieg vorn beim Fahrer ein, bat um Geduld, da sie erst die Karten wieder einsammeln musste. Da hörte sie schon die eifrigen Rufe: „Schwester Anna", hier ist ein Platz für Sie, kommen Sie schnell." Anna war mit Bluejeans und T-Shirt bekleidet und sah keineswegs wie eine „Schwester" aus. Alle Fahrgäste verrenkten sich die Hälse, um diese Schwester Anna zu sehen. Anna nahm es gelassen, sammelte die Karten ein, entwertete sie und quetschte sich zwischen zwei der Frauen. Jede wollte neben ihr sitzen, also lösten die Frauen sich auch noch ab.

Der Bus war ziemlich gut besetzt. Anna wollte an der nächsten Haltestelle einer alten Dame, die am Stock ging, ihren Platz anbieten, das erschallte Frau Simons Stimme: „Wir brauchen doch nicht aufzustehen, wir sind doch behindert." Wieder alle Köpfe in Richtung der Gruppe. Anna machte der Dame Platz, ohne auf Frau Simons Einwand zu reagieren, und schaute ausdruckslos auf einen imaginären Punkt in der Ferne. Drei Haltestellen weiter Frau Esser: „Schwester Anna, ich muss mal. Hab doch die Wassertablette genommen." Anna beruhigte Frau Esser, dass es ja nur noch zwei Stationen seien und dass sie dann vor dem Einkauf in ein Café gehen könnten. Frau Esser zaghaft: „Ich hatte heute auch noch keine Verdauung. Habe extra was eingenommen." „Na, das kann noch heiter werden", dachte Anna, nahm aber keine Stellung zu dem Thema.

Anna stürmte mit ihrer Gruppe gleich das nächste Kaufhaus. Ihr war eingefallen, dass es ja dort auch Toiletten gab. Sie verschob den Cafébesuch auf die Zeit nach den Einkäufen. Als Erstes brachte sie Frau Esser zur Toilette, bat die anderen an dem Punkt, wo sie diese verlassen hatte, zu warten. Sie selber blieb vor dem Toilettentrakt stehen. Als Frau Esser nach geraumer Zeit noch nicht erschien und Anna sich Sorgen um die Gruppe im Verkaufsraum machte, ging sie in den Vorraum des WC. Dort war Frau Esser gerade dabei, der Toilettenfrau ihre Klosterlaufbahn in epischer Breite zu erzählen.

Als die beiden im Verkaufsraum parterre wieder erschienen, war nichts von den drei anderen Frauen zu sehen. Plötzlich ein Ruf von Frau Sänger: „Schwester Aaaanna, gucken Sie mal, was es hier alles gibt!" Anna hatte den Fehler gemacht, ihre Schützlinge in der Süßwarenabteilung warten zu lassen. Frau Sänger hatte den Arm voller Süßigkeiten, Pralinenpakete, Schokoladentafeln, Bonbontüten, sogar Kaugummi, den sie mit ihrer Prothese gar nicht hätte kauen können. Anna hielt Frau Esser vorsichtshalber an der Hand und steuerte auf Frau Sänger zu. Diese war nicht zu bewegen, das Zeug wieder in die Regale zu legen, bis Anna fragte: „Wer bezahlt das denn?“ Schwester Oberin hat gesagt: „was ihr einkauft, bezahlt Schwester Anna.“ „Na toll“, dachte Anna und machte Frau Sänger klar, dass es sich dabei um die Bekleidung handeln würde. Widerstrebend legte Frau Sänger die Sachen zurück und stapfte mit finsterem Gesicht Anna hinterher, die nun versuchte, die anderen beiden, die noch fehlten, einzufangen. Gottlob hatten sie nicht die Etage gewechselt und machten sich, als sie Annas ansichtig wurden, von selbst bemerkbar. Sie waren zusammen geblieben und schauten sich Schokoladenfigürchen an.

Die Damenabteilung lag im zweiten Stock. Anna nahm Kurs auf den Aufzug. „Mir wird im Aufzug schlecht“, vernahm sie Frau Sängers auf Grund des Süßigkeiten-Entzugs etwas quengelige Stimme. „Ich kann aber nicht zwei Treppen gehen“, folgte Frau Rohleders konkrete Aussage. „Gut“, schlug Anna vor, „dann nehmen wir die Rolltreppe.“ „Da hab ich Angst“, erklang es im Duett von Frau Simon und Frau Hennes. „Hätte ich doch bloß zwei von den Jugendlichen dabei“, dachte Anna. Aber die hatten vormittags Schule. Sie gingen zur Rolltreppe. Anna brachte Frau Sänger mit der Rolltreppe nach oben. Zuvor hatte sie die anderen Drei inständig gebeten, fast angefleht, an der Rolltreppe auf sie zu warten. Oben das gleiche Gebet an Frau Sänger. Dann nichts wie runter zu den beiden, die noch brav da standen und nun erst mal tüchtig gelobt werden wollten. Schnell zum Aufzug und nichts wie zur Rolltreppe, wo auch Frau Sänger noch auf dem gleichen Fleck stand und nach Lob lechzte.

Dann ging der Run auf die Kleidungsstücke los. Alle wollten gleichzeitig etwas anprobieren. Anna brachte alles wieder zurück, weil die Größen nicht stimmten. Eine nette Verkäuferin, die Annas Lage erkannt hatte, rief noch eine Kollegin, um mit dieser Anna beizustehen. Es war ein schöner Einkauf. Anna saß in einem Sessel und ließ sich die „Mode“ vorführen. Rührung überkam sie. Es geschah für die Frauen zum ersten Mal in ihrem Leben, dass sie sich etwas selbst aussuchen konnten, dass sie mit in dem Laden waren und wählen durften. Sie hatten rote Wangen vor Freude und Eifer. Es war einfach schön. Es war wie Weihnachten.

Als Anna bezahlt hatte, gab sie jeder Frau ihre eigene Tüte in die Hand. Die Frauen sollten lernen, selbst auf ihre Sachen aufzupassen. Nur die Quittungen nahm Anna an sich, denn sie musste ja später mit dem Sozial-

amt abrechnen. Erst wollten die Frauen alles bei Anna abliefern, weil sie es so gewöhnt waren. Nun trugen sie stolz ihre Tüten.

Beim Kauf der Unterwäsche eine Etage tiefer, der wieder das Rolltreppen-Aufzug-Programm vorherging, begann das Spiel mit den Größen. Es war gar nicht so einfach, die Frauen zu bewegen, einen BH anzuprobieren. Sie nahmen einfach einen und sagten: „Der passt doch." Aber Anna blieb hart, es wurde anprobiert, aber nur Anna durfte in die Kabine sehen, ob das Teil richtig saß. Die knielangen Schlüpfer und die Hemden brauchten nicht anprobiert werden, die Größen konnte die Verkäuferin, die auch sehr gelassen und freundlich bei der Auswahl half, gut einschätzen.

Die Krönung war der anschließende Cafébesuch. Anna suchte eine geschützte Ecke in dem großen Raum aus, wo dann auch die mittlerweile umfangreichen Tüten Platz haben sollten. Abwechselnd begleitete Anna die Frauen zur Toilette. Zwei mussten immer oben bei den Tüten bleiben. Danach sank Anna erschöpft auf einen Stuhl. Ihre kleine Meute stürmte die Kuchentheke. Frau Sänger, die so gern Süßes aß, sagte noch schnell zu Anna: „Ich hätte viel lieber Kartoffelsalat mit Kotelett." Anna überhörte es einfach.

Wenn Anna allein unterwegs war, ging sie in diesem Café auch ganz gern eine Tasse Kaffee trinken. Es war immer noch das Café Zimmermann, in dem Anna früher mit ihrer Großmutter fast jeden Mittwoch Havanna-Torte gegessen hatte. Anna war in Gedanken etwas abgeschweift, als eine Bedienung ganz aufgeregt auf sie zukam und sagte: „Die Damen an der Theke gehören doch zu Ihnen. Können die denn so viel auf einmal essen?" Anna erschrak und ging mit nach vorn. Jede der Frauen hatte sich drei bis vier Stück Sahne- und Buttercremetorte ausgesucht und allen Ernstes behauptet, sie seien ausgehungert und im Heim gäbe es nicht so tolle Kuchen. Die Bedienung hatte die Kuchen gottlob noch nicht auf die Teller verteilt. Anna erklärte den Frauen, dass genug Kuchen vorhanden sei, so dass sie erst mal ein Stück essen sollten. Wenn sie dann immer noch Appetit auf Kuchen hätten, könne man ja weiter sehen.

Friedlich setzten sich alle wieder an den Tisch. Vorerst waren alle mit ihrem Kuchen und Kaffee beschäftigt. Frau Sänger und Frau Rohleder wollten jede noch ein Stück, dass sie aber beide nicht aufessen konnten. Frau Simon und Frau Hennes teilten sich von vornherein ein Stück. Und dann erinnerten sie sich alle wieder an ihre schönen Sachen, die sie eingekauft hatten. Ohne dass Anna es verhindern konnte, hatte Frau Rohleder ihrer Tüte einen Schlüpfer entnommen, Größe 52, himmelblau mit weißer Kante, außen glatt, innen angeraut. „Ist der nicht schön?" fragte sie Beifall heischend in die Runde. Frau Simon wollte dem nicht nachstehen und kramte ebenfalls in ihrer Tüte. Sie zeigten sich – wie Kinder, mit denen Spielzeug eingekauft worden war – nun gegenseitig ihre Errungenschaften.

Das ganze Café nahm Anteil an der Freude. Anna machte auch keine Anstalten, dem Treiben Einhalt zu gebieten. „Was soll's", dachte sie, „sie freuen sich." Vier Frauen im Alter von 65 bis 82 Jahren freuten sich über den ersten fast selbständigen Einkauf ihres Lebens. Anna schwor sich, dass sie alles tun würde, was in ihren Kräften stand, dass diese und alle anderen Frauen in der Senioreneinrichtung sich noch sehr oft freuen konnten. Allerdings würde sie nie mehr vier Frauen gleichzeitig mit in die Stadt nehmen. Es sei denn, eine weitere Begleitung käme mit zum Einkauf.

In der Folge machte Anna dann auch oft samstags Einkäufe. Ihre Freundin Julia half ihr dabei. Julia kam freitags am frühen Nachmittag nach Dienstschluss in die Einrichtung und schnitt den Haustöchtern die Haare und pedikürte ihre Fußnägel. Ehrenamtlich. Später nahmen auch die Ordensschwestern gern die Hilfe von Julia an. Diese Veranstaltung war oft der Höhepunkt der Woche. Alle saßen im Kreis, jede die Füße in einer kleinen Wanne und warteten, bis sie an der Reihe waren. Alle alberten herum. Das ganze hinterließ ziemlich feuchte Spuren, doch die Frauen wischten hinterher selbst den Boden auf und reinigten ihre Wannen.

Wenn die Ordensfrauen kamen, ging es nicht weniger lustig zu. Jede versprach als Dankeschön für Julia zu beten. Einmal hörte Anna, wie Julia die Schwestern für diese Gebete einteilte. „Schwester, Sie beten Montag, Sie Dienstag" - usw. Anna, die nebenan gerade an der Pflegedokumentation arbeitete, musste schallend lachen.

Später, als Anna die einzelnen Frauen besser kannte und einschätzen konnte, trainierte sie mit ihnen „Allein-mit-dem-Bus-zurück-Fahren". Sie selbst stand am Kaufhaus Hertie; das sich damals am Neumarkt befand. Von dort aus konnte sie die Bushaltestelle noch sehen. Es gab zwei verschiedene Busse mit großen Nummernschildern, die dort hielten. Wären die Frauen in den falschen gestiegen, hätte Anna sie mit dem Taxi verfolgt und „abgefangen". Doch das wurde nie nötig.

Einmal fuhren die Frauen eine Haltestelle zu weit, aber das war nicht tragisch. Sie kannten sich in dem Vorort, in dem sie wohnten, aus.

Das schönste Erlebnis in diesem Zusammenhang war für Anna, als nach einiger Zeit zwei Frauen zu ihr kamen und fragten: "Schwester Anna, haben Sie etwas zu erledigen in der Stadt? Wir kennen uns doch jetzt aus." Anna ließ sich etwas einfallen, was sie „unbedingt" brauchte.

Anna nimmt sich vor, Frau Siegel nach deren Urlaub von dieser Zeit zu erzählen. Da fällt ihr noch die Hollandfahrt mit den Haustöchtern ein:

Mit sechs der rüstigsten Frauen und mit Hilfe von Julia und einer angelernten Pflegerin unternahm Anna eine viertägige Reise nach Zandvoort an der holländischen Küste. Julia steuerte den hauseigenen VW-Bus. Sowohl Anna als auch die Gruppenschwestern hatten für reichlich Proviant gesorgt, der fast für eine kleine Armee gereicht hätte. Ruck-zuck war alles weg, weil die Fahrt mit vielen kleinen Pausen bereichert wurde. Die Haustöchter fanden das Picknicken, das sie noch nie erlebt hatten, so schön, dass sie ständig Pausen forderten, notfalls mit der Drohung „Sonst mach ich in die Hose."

Es wurden wunderschöne Tage am Meer. Für Anna, Julia und Rosi war es eine Freude zu spüren, wie glücklich diese Frauen waren. Mit welch kindlichem Jubel sie im Meer planschten. Schwimmen konnte keine von ihnen. Sie ließen den Sand durch die Finger rieseln, sammelten Muscheln und kleine Steine, die in der Nässe bunt aussahen. Sie schmeckten, ob das Wasser auch wirklich salzig sei.

Die Haustöchter schliefen in einer Pension und erhielten dort auch ihr Frühstück. Anna und Julia übernachteten auf dem nahe gelegenen Campingplatz in dem Bus. Sie wollten die Kosten so niedrig wie möglich halten. Zudem machte es ihnen als alte Camperinnen Spaß. Morgens holten sie die Frauen in der Pension ab.

Am ersten Morgen blieb Anna vor der Tür der Pension im Bus sitzen, während Julia in die Pension ging. Doch Julia kam umgehend allein zurück und winkte Anna lachend, ihr zu folgen. Anna ging zu Julia. Diese legte einen Finger auf den Mund und zeigte in Richtung Speisesaal, der zum Gang hin eine Verglasung hatte. Dort sah Anna dann, wie vier ihrer Haustöchter mit Kaffeekannen bewaffnet von Tisch zu Tisch gingen und die Gäste bedienten. Die Hausdame kam zu Anna und Julia und versicherte ihnen, dass die Frauen sich nicht davon hätten abbringen lassen, erst die Gäste zu bedienen, bevor sie selber frühstücken wollten. Anna lachte und sagte, dass das okay sei. Die Haustöchter waren so erzogen. Anna bat die Frauen, sich strandmäßig anzuziehen. Anna war sich nicht sicher, was die Frauen auch immer darunter verstehen würden und ließ sich überraschen.

Als alle gemeinsam zum Bus kamen, brachte Frau Heinze Anna und Julia Freude strahlend mehrere Zuckerklümpchen und Milchportionen mit den Worten: „Das habe ich von den Tischen eingesammelt. Die Leute haben das liegen lassen. Ist doch zu schade." Schon stand Frau Gruner ungeduldig hinter Frau Heinze, um ihre eigene Beute bei Anna abzuliefern. Sie hatte einen Stapel Ansichtskarten. „Ne“, sagte Anna erschrocken, „das geht aber nicht.“ Frau Grunert wurde laut. „Die Frau hat aber gesagt, die kosten nichts.“ Julia nahm die Angelegenheit in die Hand, gab Frau Gruner zwei Karten und brachte die anderen zurück. Es handelte sich um Ansichtskarten, auf denen unter anderem die Pension abgebildet war. Jeder Gast konnte sich eine nehmen, kostenlos. Auf der Heimfahrt stellte sich allerdings heraus, dass die anderen Frauen ebenfalls gehamstert hatten.

Noch eine Episode, die sich bei dieser Reise ereignete, fällt Anna ein. Sonntags gingen sie mit den Haustöchtern gemeinsam in die Kirche. Als die Gruppe zum Empfang der Kommunion zum Altar schritt, sah Anna mit Entsetzen, dass Frau Wiesenfeld weiße Tennissocken mit rot-blauem Rand zu zwei verschiedenen schwarzen Schuhen trug. Der Absatz des rechten Schuhs war etwas höher, was Frau Wiesenfelds Gang etwas Hüpfendes verlieh. Dazu trug sie ihren besten schwarzen Faltenrock. Frau Öllers trug eine lange Hose in gedämpftem Braun und darüber einen relativ eng geschnittenen königsblauen Rock und weiße Sandalen. Im Auto war das Anna nicht aufgefallen, weil alle schon saßen, als sie dazu kam und einstieg. Sie waren zudem spät dran. Anna schaute einfach weg. Der Pastor begrüßte die Deutschen sogar von der Kanzel aus. Die Haustöchter waren hin und weg. Toller hätte eine Audienz beim Papst nicht sein können für sie. Sicher hatte der Pfarrer den Bus mit dem deutschen Kennzeichen gesehen.

Am letzten Tag vor der Heimreise machten sie in Amsterdam eine Grachtenfahrt. Auch das war für die Frauen ein Erlebnis, von dem sie noch lange zehrten.

Anna fühlt noch im Nachhinein ein schönes, warmes Gefühl in sich aufsteigen, wenn sie an ihre Zeit im Kloster denkt.

Leider wurde die Senioreneinrichtung mangels Ordensnachwuchs aufgelöst. Die Schwestern und die alten Frauen in andere Häuser des Ordens verteilt abseits der Stadt. Alle waren sehr traurig. Anna hat heute noch Verbindung zu den Ordensschwestern und den alten Leuten. Die acht Jahre waren für Anna neben der Arbeit mit den Kindern die schönste Zeit in ihrem Berufsleben. Sie konnte etwas bewegen, Geborgenheit geben, Menschen zuhören, die so lange geschwiegen hatten, dass sie bald schon nichts mehr zu sagen gehabt hätten. Sie weiß jetzt, dass sie sich bei den Jugendlichen oft wie in einem Spiegel selbst wieder gefunden hat. Die Alten und die Jungen hatten ihr sehr viel gegeben. Es war acht Jahre lang nicht dunkel in ihr gewesen.

Anna fühlt sich, nachdem sie die schöne Zeit noch einmal vor ihrem inneren Auge hat abspulen lassen, viel besser. Der Rückblick hat so etwas Tröstliches, etwas, was ihr niemand nehmen kann. Doch diese Zeit war auch schön, weil sie und Julia da noch ein Paar waren. Vieles, was Anna mit den Frauen unternommen hat, verdankt sie Julias Hilfe. Julia selbst fühlte sich dabei auch wohl und hatte schon bereut, dass sie den falschen Beruf ergriffen habe. Sie hatte großes Talent, sowohl mit den Alten als auch mit den Jugendlichen umzugehen. Julia, mit der Anna zu einer innigen Freundschaft gefunden hat, arbeitet auch heute noch ehrenamtlich in Annas jetziger Dienststelle mit.

An einem ruhigen und gutes Wetter versprechenden Tag bringt Anna den Mut auf, ihrem Chef in bestimmtem, ruhigem Ton zu sagen, dass sie den strittigen Dienst im nächsten Jahr auch wieder übernehmen werde und bereits umdisponiert habe, jedoch seine Entscheidung und vor allem die Art, wie er diese durchgesetzt habe, nicht richtig finde. Anna spürt eine leichte Verunsicherung von Seiten Herrn Heinens und verlässt mit einem freundlichen Gruß sein Zimmer.

Anna besucht im Anschluss daran die einzelnen Stationen der Senioreneinrichtung, verbringt eine geraume Zeit bei Frau Zimmer, einer blinden Bewohnerin, die früher einmal Annas Nachbarin gewesen ist. Frau Zimmer nannte Anna immer „die Gärtnerin aus Liebe“, und das tut sie auch heute noch. Frau Zimmer kam früher oft an Annas Haus vorbei und sah sie im Vorgarten werkeln. Sie klagt nie über ihr Schicksal, freut sich über jeden Sonnenstrahl, den sie zwar nicht mehr sehen, aber spüren kann. Es tut ihr gut, Annas Hand zu halten und mit ihr zu plaudern. Später, als Anna Frau Zimmer verlässt, sagt diese leise „danke“ zu ihr. Anna geht noch mal zu der Bewohnerin und nimmt ihre Hand. „Sie brauchen mir nicht zu danken, Frau Zimmer, die Gespräche mit Ihnen geben mir so viel. Ich komme gern zu Ihnen.“ Frau Zimmer erinnert Anna an ihre Oma.

Eine Kollegin wird zur guten Freundin

Ein wahrer Freund trägt mehr zu unserem Glück bei
Als tausend Feinde zu unserem Unglück.

Maria von Ebner-Eschenbach

Zwei Tage später am Abend hat Anna eine Verabredung mit einer Freundin, Nora. Sie gehen zum Italiener essen und anschließend noch in ein Lesbenlokal. Von einem der seitlichen Tische schaut eine Frau immer wieder zu Anna und lächelt ihr zu. Anna hat das Gefühl, diese Frau zu kennen. Sie kommt nicht auf den Namen.

Als Anna später die Toilette aufsucht, folgt diese Frau ihr und spricht Anna im Vorraum mit „Hallo Anna!" an. Anna ist irritiert und schaut die Frau fragend an. „So sieht man sich wieder", bemerkt die Frau fröhlich und lacht. Auf ihren Wangen erscheinen schelmische Grübchen. Nun erkennt Anna sie. „Elke, bist du es wirklich? Was machst du denn hier?" will Anna wissen. „Wahrscheinlich das gleiche wie du", antwortet Elke. „Das ist ja ein Ding," stellt Anna fest, „Von dieser Neigung hätte ich gern früher gewusst. Weißt du eigentlich, wie verliebt ich in dich damals war, als wir auf der gleichen Station arbeiteten?" „Das hast du aber gut kaschiert, Anna. Du warst immer so distanziert. Ich wäre dir gern näher gekommen, hab mich aber nicht getraut. Im Übrigen warst du die Ältere und Etablierte und hättest einen Anfang machen können. Mir fiel allerdings auf, dass du immer sehr nachsichtig mit mir warst, wenn ich schusselig war. Dabei war ich nur in deiner Nähe schusselig. Was machst du denn jetzt? Wo arbeitest du? Ich gehe ja recht in der Annahme, dass du nicht verheiratet bist."

Anna erzählt Elke von ihrer Arbeit und – worüber sie sich selbst wundert – von ihrer Therapie. Elke hört interessiert Annas Bericht zu. Dann fragt sie: „Braucht ihr zufällig noch Personal?" „Klar doch, wie alle Einrichtungen sind wir knapp mit Fachkräften. Wohnst du etwa jetzt in Köln?" „Nein, aber ich möchte gern nach Köln ziehen. In der Eifelregion, in der ich lebe, werden doch abends noch die Bürgersteige hochgeklappt. Und Frauenlokale gibt es weit und breit nicht. Die Frauen gehen dort nicht in Kneipen.

Bis vor einem halben Jahr hat mir das nichts ausgemacht. Ich war mit einer Frau liiert. Karina heißt sie. Fünf Jahre lang dauerte unsere Beziehung. Sie hat mich verlassen wegen einer Anderen, die sie auf einem Seminar kennen lernte. Ab und zu begegne ich den beiden beim Einkaufen. Das muss ich mir nicht weiter antun. Ich habe Karina nämlich wirklich geliebt und kann mich noch nicht mit dem Verlust abfinden. Ach, Anna, schön, dass ich dir wieder begegnet bin. Hilfst du mir, eine Wohnung zu finden?" „Sicher, Elke", antwortet Anna. „Ich bin auch noch nicht so lange getrennt. Du kannst bei mir wohnen, bis du etwas Adäquates gefunden hast. Ich helfe dir dabei. Und arbeiten kannst du ganz bestimmt bei uns. Hast du eine Qualifikation?" „Ja, als Stationsleitung und als Hygiene-Fachkraft", antwortet Elke freudig.

Anna ist begeistert. Elke, die sich in Köln eine Wohnung angesehen hatte, von der sie nicht sonderlich begeistert ist, fährt am gleichen Abend nach Hause mit dem Versprechen, am Wochenende nach Köln zu kommen. Anna freut sich über die Wiederbelebung dieser Freundschaft und die zukünftige Zusammenarbeit mit Elke.

Gleich am nächsten Morgen startet Anna geradezu einen Überfall auf ihren Chef. Aber da sie seit langem geeignetes Personal suchen und wirklich richtig gutes Fachpersonal sehr schlecht zu bekommen ist, stimmt Herr Heinen erfreut zu. Er sagt sogar: „Ich verlasse mich da auf Sie, Frau Scholl. Sie kennen die Schwester ja und haben mit ihr gearbeitet. Die Papiere kann Ihre Freundin dann über Sie einreichen, wenn sie sich wieder in Köln aufhält. Wir könnten dann auch sicher ein Vorstellungsgespräch vereinbaren. Aber Sie haben vorab schon meine Einwilligung." Anna muss Herrn Heinen wohl so verblüfft angesehen haben, dass er lachen muss. Anna macht gleich den Vorschlag, dass Barbara nach der Einstellung von Elke Annas Stellvertreterin werden könnte. Elke decke dann anstelle von Barbara die Stelle als Stationsleitung ab. Anna schafft es sogar, ihren Chef davon zu überzeugen, dass es sinnvoll wäre, Barbara zu einem Lehrgang als Pflegedienstleitung zu schicken und die Kosten dafür zu übernehmen Bei Barbara könne man ja sicher sein, dass sie der Einrichtung erhalten bliebe. Der Chef sagt „ja" und lacht wieder über Annas Erstaunen. Anna denkt: „Vielleicht hat er doch noch einen Funken Gerechtigkeit in sich und hat eingesehen, dass er letztens den Bogen etwas überspannt hat. Wie dem auch sei – Anna freut sich riesig.

Briefe

Man kann in Kinder nichts hinein prügeln
aber vieles hinein streicheln.

Astrid Lindgren

Obwohl es Anna relativ gut geht, sehnt sie den Tag der Rückkehr ihrer Therapeutin herbei. Sie hat starke Gefühle für Frau Siegel. Verliebtheit? Liebe? Anna weiß, dass es keine Liebe ist; aber es fühlt sich so an. Übertragung? Ja, Übertragung! Das geht vorbei.

„Ich könnte mit den Briefen beginnen", denkt Anna und setzt das auch gleich in die Tat um. Sie beginnt mit ihrem Opa.

Freitag, 23. Juli 2004

„Mein geliebter Opi,

du warst mein bester Freund, Beschützer und Verbündeter. Viel zu kurz war die Zeit mit dir. Niemals habe ich von dir ein böses Wort gehört, niemals auch nur einen Klaps bekommen. Du hast mich die Liebe zur Natur und die Achtung vor ihr gelehrt, hast mir jede Pflanze nahe gebracht. Du warst der erste Mann, der mir Blumen schenkte. Jedes Jahr am Heiligabend bekamen Oma und ich von dir ein riesiges Alpenveilchen, Oma ein rotes, ich ein weißes. Meist habe ich es vor lauter Fürsorge und ständiger Gießerei ertränkt.

Du hat mich immer ernst genommen, nie über meine Ängste gelacht. Ich verdanke dir sehr viel. Ohne dich und Bäckeropa hätte ich es schwer gehabt zu glauben, dass es auch gute Männer gibt. Du hattest immer Zeit für mich, auch wenn dein Arbeitstag in der Gärtnerei lang und schwer war. Als ich meinen „Friedhof-Tic" hatte und dich fragte, ob du mir Rosen auf meinem Grab pflanzen würdest, wenn ich tot sei, hast du mich nicht ausgeschimpft und gesagt, ich sei verrückt, obwohl du bestimmt wusstest, dass ich zu der Zeit eine Macke hatte. Du hast mir ernsthaft erklärt, dass es keinerlei Anzeichen gebe, dass ich vor dir sterben würde. Aber wenn das doch eintreffen sollte, würdest du mir jeden Tag frische Rosen bringen und mein ganzes Grab mit den schönsten Blumen bepflanzen. Du hättest Wort gehalten, das weiß ich. Du wurdest von Oma oft als schwach hingestellt und bekamst Vorwürfe, dass du dich von deinen Geschwistern hattest übers Ohr hauen lassen, wie Oma sich ausdrückte. Es ging um dein Erbe. Ich hatte immer richtige Wut, wenn jemand auf dir rum hackte. Ich fand dich absolut nicht schwach, im Gegenteil, deine Stärke hat mich oft durchhalten lassen. Du hast oft geschwiegen und ich hätte am liebsten für dich gebrüllt. Du hast mir nur zugezwinkert und wir waren uns einig.

Du hast mich auch nie in die Enge getrieben mit der blöden Fragerei, wen ich wohl am liebsten hätte. Du warst immer stolz auf mich, hast meine Zeugnisse immer ganz lange angesehen. Unsere Schulrektorin war früher eine Schulfreundin von dir und deshalb warst du wohl besonders stolz, dass ich gute Noten hatte.

Ich war dir auch nie schon zu groß, um auf deinen Knien zu sitzen. Auch wenn ich dir mal kein Küsschen mehr gegeben hätte, hättest du die Welt nicht mehr verstanden. Dir zu Liebe habe ich ganz lange ans Christkind geglaubt. Es war so schön, wenn du mir Heiligabend Weihnachtsgeschichten erzählt oder vorgelesen hast, während Oma und Mutti nebenan die Weihnachtsstube schmückten.

Du hast mit mir meinen Hund begraben und ihm Blümchen auf den kleinen Hügel gepflanzt. Du hast mich getröstet und sagtest mir, dass alles zu Staub würde und er später wieder in irgendeiner Lebensform zum Wachstum gelange. Wenn das stimmt, lieber Opi, dann sehen auch wir uns wieder.

Heute noch fällt es mir schwer, Blumen fortzuwerfen, wenn sie verblüht sind. Alpenveilchen erwecken in mir immer eine Assoziation zu dir.

Ich kann mir dich noch ganz genau vorstellen, dein liebes Gesicht, deine ruhigen grau-blauen Augen, die kleinen Leberfleckchen auf deiner Glatze, dein etwas gebeugter Gang, deine schwieligen Hände. Du hast so schön nach Pfeife gerochen. Als du gestorben warst, habe ich immer wieder an deinen Sachen gerochen und einen Pullover von dir auf Seite gebracht. Es war mir ein bisschen Trost, denn ich hatte das Liebste verloren, was ich damals hatte – dich.

Ich hatte dich am liebsten und habe sehr lange um dich getrauert. Oft bin ich auch heute noch traurig, dass es einen Menschen wie Dich nicht mehr gibt. Ich war leider noch so jung, als du gegangen bist. So gern hätte ich dir für alles gedankt. Tröstlich ist für mich, dass ich dir zu Lebzeiten immer meine Liebe hatte zeigen können, zeigen dürfen, weil ich Vertrauen zu dir hatte.

In Liebe deine Anna

Anna hängt noch eine Weile ihren Gedanken an ihren Opa nach. Plötzlich muss sie lachen, weil ihr eine Begebenheit einfällt.

Annas Oma war zu einer Gallen-Operation in der Klinik. Annas Mutter wohnte zu der Zeit schon nicht mehr bei den Eltern. Sie kam zwischendurch und kochte Essen für ihren Vater und Anna. Anna aß für ihr Leben gern Pfannkuchen und bat abends ihren Opa, mit ihr welche zu backen. Opa willigte sofort ein. Also buken die beiden Pfannkuchen aus einem Pfund Mehl und einem einzigen Ei und Wasser. Daraus entstanden natürlich keine Pfannkuchen. Sie fielen in der Pfanne ständig auseinander und sahen aus wie Pappe. Anna fuhr mit dem Fahrrad zu ihrer Mutter, die dann kam und richtige leckere Eierpfannkuchen buk.

Wie gern würde Anna noch einmal mit ihren Opa Eierpfannkuchen backen, zumal sie das jetzt sehr gut kann.

Am nächsten Tag ist Sommerfest in der Senioreneinrichtung mit Basar, Musik und viel Tam-Tam. Das Wetter ist viel versprechend. Fast das gesamte Personal ist im Dienst. Auch Julia kommt, wie jedes Jahr, als ehrenamtliche Helferin. Der Transfer der Bewohner von ihren Zimmern in den Garten nimmt sehr viel Zeit in Anspruch. Viele Angehörige der Bewohner haben ihr Kommen zugesagt. Der Garten ist bereits wunderschön geschmückt mit Girlanden. Die wurden zum Teil von den Bewohnern selbst gebastelt. Große Kreppblumen zieren die Tische, jede in einer anderen Farbe. So finden die mobilen Bewohner, wenn sie zwischendurch den Garten verlassen müssen, schneller wieder zu ihrem Platz zurück. Das ist auch für die verwirrten Bewohner sehr hilfreich.

Es wird anstrengend werden, denn die Angehörigen wünschen Gespräche über die jeweiligen Bewohner, den sie der Einrichtung anvertraut haben. Eigentlich ist das Fest für solche Anliegen nicht geeignet, und es gibt auch reichliche Sprechzeiten für die Angehörigen an normalen Arbeitstagen. Aber es lässt sich kaum vermeiden, dass auch jegliche Feste dazu genutzt werden, Anna in ein Gespräch zu ziehen. Anna geht zeitig schlafen, um dem Ansturm am kommenden Arbeitstag gewachsen zu sein.

Es wird ein schönes Sommerfest. Alle Bewohner nehmen teil. Manche in ihren Liegewagen und Rollstühlen. Einige verwirrte Bewohner können nicht mehr richtig nachvollziehen, um welches Fest es geht, aber sie haben Spaß an den Darbietungen, freuen sich über den leckeren Kuchen. Beim Abendbrot hat kaum jemand noch Appetit. Die Nachtwache schreibt in der folgenden Nacht in die Pflegedokumentation, dass die Nacht sehr ruhig verlaufen sei. Kein Wunder, alle waren zufrieden und müde.

Anna ist noch gar nicht müde, als sie nach Hause kommt, im Gegenteil, sie ist regelrecht aufgekratzt. So entschließt sie sich, weiter an ihrer „Hausaufgabe“, wie sie es nennt, zu arbeiten.

Sonntag, 25. Juli 2004

„Meine liebe Oma,

es fällt mir schwer, diesen Brief zu schreiben. Ich habe immer so ein ambivalentes Gefühl, wenn ich an dich denke. Du hast mich sehr geliebt und für mich gehungert, aber du warst auch sehr streng mit mir. So ’n bisschen „Zuckerbrot mit Peitsche“.

Du bist ein halbes Jahr vor Mutti gestorben, aber noch heute träume ich immer wieder, dass du noch lebst und auf mich wartest, dass ich dich lange nicht besucht habe. Ich wache mit Schuldgefühlen auf, und den ganzen Tag über hängt mir dieser Traum nach.

Heute erst verstehe ich, wie viele Entbehrungen du auf dich genommen hast, damit ich bei euch sein konnte. Ich habe dir oft Kummer gemacht mit meiner Aufsässigkeit in der Schule, wenn ich meine Eltern verteidigte. Die Lehrerinnen haben sich beklagt. Du hast dann erzählt, wie brav ich zu Hause sei, obwohl das nicht so ganz stimmte. Ich habe keinen Menschen so oft und fantasievoll belogen wie dich und dabei das brave Mädchen gespielt, das du haben wolltest. Ich habe dich auch angelogen, wenn es um Mutti ging.

Ohne deine Fürsorge würde ich wahrscheinlich gar nicht mehr leben. Ich verdanke dir so viel und habe es dir gar nicht gezeigt.

Aber ich habe dich trotzdem sehr lieb gehabt. Aber über meine Gefühle konnte ich kaum reden und sie auch nie richtig zeigen. Du hast nach lieben Worten und Liebesbeweisen von mir gelechzt, aber wenn ich dir entgegen kam, hast du vollends gekrallt, und das war einfach zu viel für mich. Ich mochte nicht festgehalten werden. Noch heute reagiere ich total über, wenn jemand mich festhalten oder über mich bestimmen will.

Bei Papa galt ich als von dir verwöhnt. Niemand konnte nachempfinden, wie sehr ich mich immer unter Zensur fühlte. Ich fühle mich total mies, dass ich es so empfunden habe. Aber irgendwann muss ich doch mal zu meinen Gefühlen stehen. Jetzt kann ich dir auch nicht mehr damit wehtun.

Ich hatte keine Ecke, in der ich mal unbeobachtet tun konnte, was ich wollte. Keine Briefe, kein Tagebuch, kein Gedanke war vor dir sicher. Du hast mich geliebt, das weiß ich. Manchmal hast du mich mit deiner Liebe erdrückt. Ich glaubte oft zu ersticken. Alles Sexuelle war tabu. Als ich vierzehn war, erzähltest du einer Nachbarin stolz, dass ich mich 'noch nicht' für Jungen interessieren würde. Diese schaute mich seltsam an; ich schämte mich bei der Vorstellung, dass sie mich nun für rückständig halten musste. Wenn du gewusst hättest, was ich zu dieser Zeit schon für tolle Erfahrungen mit Jungs hatte, wärest du mit mir ausgewandert. Ich hatte zu der Zeit zwar noch keinen Geschlechtsverkehr gehabt, aber immerhin Erfahrungen mit meiner Sexualität.

Einmal sind wir sogar bei unseren sexuellen Erkundungsspielen erwischt worden. Mein Gott, war das ein Aufruhr. Ich habe gleich Mutti gebeten zu kommen, damit du keinen Wind davon bekommen solltest. Ich habe niemals mehr so viele hysterische Mütter auf einen Haufen gesehen. Mutti hat die Situation einigermaßen gerettet.

Mal genüsslich und in Ruhe im eigenen Bett onanieren war auch nicht drin; selbst wenn du nicht im Zimmer warst, fühlte ich mich beobachtet. Du sagtest, davon bekäme man Rückenmarksschwund. Ich habe keinen bekommen und meine Freunde auch nicht.

Was habe ich mir immer für Schauergeschichten anhören müssen, die mich dann verfolgt und geängstigt haben. Die Wirklichkeit, die mir bewusst war, reichte doch eigentlich schon, um mich total zu verunsichern. Irgendwann, als ich gerade sprechen konnte, bin ich aufgewacht und wollte dich nicht an mich ran lassen. Ich habe immerzu gerufen: 'Oma, du hast Klammern an den Füßen.' Das hast du immer wieder erzählt, und es hat mich aus unerklärlichen Gründen geängstigt.

Auch hast du immer wieder deinen Traum erzählt, dass ich ertrunken sei und immer tiefer sank, bis nur noch meine Haartolle zu sehen gewesen sei.

Im Krieg war ich dir während des Evakuierungstransportes auf einem Bahnhof abhanden gekommen. Das hast du auch dauernd erzählt. Aber ich war doch immer noch da. Es wäre doch gar nicht notwendig gewesen, dauernd von Dingen zu reden, die beinahe passiert wären. Die Gegenwart war schon turbulent genug.

Dass Mutti nachts in unserer Straße überfallen worden war, hätte ich gar nicht erfahren brauchen. Fortan setzte ich im Dunklen keinen Fuß mehr auf die Straße und Opa musste mich im Winter, wenn es früh dunkel war, immer abholen. Morgens zur Schule konnte ich ja zusammen mit Mitschülerinnen durch die dunkle Straße gehen. Da wir kein Telefon hatten, ging ich, wenn ich von Papa kam, immer an die Ecke zu Leuten, die ich von einer Schulfreundin her kannte, um Frau Roland anzurufen, die euch dann weitergab, Opa möge mich an der Ecke abholen. Meine Angst war größer als die Scheu, bei den Leuten zu klingeln. Sie waren auch nie abweisend. Im Nachhinein wundert mich das, denn es war ja oft schon spät am Abend.

Dann erfuhr ich, dass Papa, der kurz nach seiner Entlassung aus der Kriegsgefangenschaft mit dem Rad durch den Stadtwald gekommen war, beraubt worden war. Da traute ich mich dann auch nur noch in

Gruppen hin. Wir wohnten gleich am Stadtwald. Er gehörte zu unserem Spielbereich.

Mutti sei nachts die Tante erschienen, am nächsten Tag sei die Tante dann tot gewesen, erzähltest du mehr als einmal.

Mein Leben war immer von Angst vor irgendetwas oder irgendwem überschattet. Auch Angst vor Strafe, denn das, was ich vor dir verbergen konnte, sah der 'liebe Gott'.

Einmal gab es ein Erdbeben. Es geschah, als wir in der Schulklasse waren. Wir rannten alle auf den Schulhof. Ich war total hysterisch und Tage lang nicht zu bewegen, die Schule zu betreten. Ich fühlte mich ganz unwirklich.

Wie oft hast du, wenn ich ruhig war, gefragt: 'Was denkst du?' Manchmal wusste ich selbst gar nicht, was ich in dem Moment gedacht hatte, als du mich fragtest. Ich habe so gern gelesen oder mich hinter meinen Büchern versteckt und geträumt.

Als ihr Sorgen um Mutti hattet, hab ich das alles mitbekommen. Es wurde so viel erzählt, und ich konnte den Sinn nicht verstehen. Und immer wieder wurde ich beschworen, anders zu werden als meine Mutter. Aber ich liebte meine Mutter doch. Hast du das nie begriffen? Sie war doch noch so jung, und es war natürlich, dass sie sich amüsieren wollte.

Du und Opa, ihr wart für mich geschlechtslos. Ich glaube, zwischen euch lief auch in dieser Richtung nichts mehr. Wie und wo auch. In dem zweiten Ehebett musste ich ja schlafen, weil ich Albträume hatte. Ich wollte doch nur nicht allein in einem Zimmer schlafen. Wie gern hätte ich in der Ecke unter der Schräge geschlafen an Stelle von Opa. Da hätte ich meine Ruhe gehabt und auch mal was verstecken können und für mich behalten.

Weihnachten habt ihr mein Kaninchen geschlachtet und gegessen. Nur Opa aß keinen Bissen davon. Ich hatte Stunden bei dem Tierchen verbracht und es immer gefüttert. Niemand hat mich darauf vorbereitet. Ich weiß, es waren schlechte Zeiten. Als Kind konnte ich das aber nicht nachvollziehen.

Du hast mich in die Wohnung eingeschlossen, wenn ihr fortgegangen seid. Ich war verrückt vor Angst und hatte schon den Gedanken, die Bude in Brand zu setzen. Noch heute drehe ich durch, wenn eine Tür klemmt und ich nicht raus kann. Warum durfte ich nicht selbst von Innen abschließen? Ich war doch nicht blöd, sondern in der Lage, einen Schlüssel im Schloss zu drehen. Sonntags allein mit der Bahn zu meinem Vater fahren, das konnte ich doch auch.

Immer wolltest du bestimmen, was ich anziehen sollte. Was habe ich das gehasst. Heimlich habe ich mir im Bad Kniestrümpfe und meine so genannten Sonntagsschuhe versteckt und sie auf dem Schulweg angezogen. Du hast mir so schöne Sachen genäht und gestrickt, aber alles musste immer eine ganze Zeit lang sonntags getragen werden. Ich wuchs aus den Sachen doch viel zu schnell raus. Das habe ich nicht verstanden.

Und dann auch noch die blöden Zöpfe. Der Gipfel war die Haartolle oben auf dem Kopf. Ich kam mir vor wie ein Kleinkind. Auf allen Kinder-Fotos habe ich diese Frisur. Dann wurde dieser geflochtene Haarkranz irgendwann modern. Das war noch schlimmer. Ich sah aus wie frisch von der Alm. Du warst immer voller Freude, wenn dir das Flechten meiner langen Haare besonders gut gelungen war. Ich hatte so schöne Locken. Warum mussten die streng gebändigt werden? Warum durfte ich nicht aussehen, wie es mir gefiel? Vielleicht hätte ich mich dann selbst viel lieber gehabt.

Wenn ich Kinder mitbrachte zum Spielen, hast du das überwacht. Wir hatten mal mit dem Tisch und Stühlen und zwei Decken ein 'Büdchen' gebaut. Aufrecht konnte ich ja nicht hinein, also musste ich kriechen. Rolf kroch hinter mir her. Prompt hieß es, er habe mir unter den Rock gesehen. Von da an sollte ich Rolf meiden. Ich war so zirka neun Jahre alt und wusste gar nicht, was dich so entrüstete. Ich wusste zu der Zeit noch nicht, was es unter meinem Röckchen so Interessantes zu sehen gab. Fünf Jahre später wusste ich es und habe es Rolf freiwillig gezeigt. Rolf war mein Freund. Du hattest mir verboten, mit ihm zu spielen. Ich spielte natürlich weiter mit ihm, brachte ihn nur nicht mehr mit nach Hause.

Als ich zirka dreizehn war, kam dann noch ein Rolf, dann ein Bernd, ein Karl-Heinz, ein Manfred. In alle war ich verliebt. Wir haben damals noch nicht richtig miteinander geschlafen; es war wohl das, was man heute Petting nennt. Und es hat Riesenspaß gemacht. Manchmal war ich auch in eine Freundin oder eine Lehrerin verliebt. Hab auch mit Freundinnen rumgeknutscht. Zum Beispiel mit Wilma und Resi. Freundinnen durften sogar bei mir schlafen. Mittlerweile war ich so gut im Training, vor dir etwas zu verheimlichen, dass du nie was gemerkt hast.

Andererseits, liebe Oma, habe ich sehr an dir gehangen. Ein Leben ohne dich wäre für mich unvorstellbar gewesen. Du warst für mich Sicherheit, Ordnung, Geborgenheit. Ich hatte dauernd Angst, es könne dir etwas zustoßen. Als Papa mich dir aus dem Arm riss und du ohnmächtig wurdest, war das sehr schlimm für mich. Dieses Bild habe ich nie vergessen.

Du hast mich oft in Angst versetzt, begannst dauernd Sätze mit den Worten 'wenn ich mal nicht mehr da bin, ...' Du wusstest gar nicht, wie schlecht ich mich dann fühlte. Ich hatte so viele Ängste. Ich hatte immer das Gefühl, gar nicht richtig zu existieren, verrückt zu sein. Ich rechnete damit, total die Kontrolle zu verlieren oder tot umzufallen. Es war so anstrengend, sich diese Befindlichkeiten nicht anmerken zu lassen und so viele Masken zu tragen. Ich wünschte mir so oft, nicht mehr zu leben, aber gleichzeitig hatte ich Angst nicht mehr zu sein. Es war so verworren, was oft in mir vorging.

Physisch war ich nicht so ängstlich. Ich kletterte in die höchsten Bäume, machte sämtliche Streiche mit, prügelte mich, wenn es sein musste und war überhaupt sehr mutig. Wenn es um zwischenmenschliche Beziehungen ging, war es vorbei. Ich traute mich nie, um etwas zu bitten, mein Recht verbal zu verteidigen. Besonders gegenüber Erwachsenen fiel mir das schwer. Ich dachte immer, dass nur meine Leistungen zählen würden. Je mehr ich jemanden mochte, desto abweisender trat ich ihm entgegen. Ich hatte Angst vor Gefühlen, weil ich glaubte, sie seien schlecht. Viele Jahre später habe ich erkannt, dass es sich bei vielen meiner verdrängten Gefühle, die ich für schlecht hielt, um Liebe handelte. Eine Art kindlicher, reiner Liebe, für die ich mich unsinniger Weise schämte.

Es gab schon einige Menschen, die sich um mich bemüht haben und mir viel Verständnis entgegen brachten. Heute weiß ich, dass diese Menschen die Hintergründe meines Verhaltens erkannt hatten. Ich habe es immer geschafft, sie auf Distanz zu halten, obwohl ich eigentlich gern ihre Nähe gewollt hätte. So gern hätte ich jemanden gehabt, dem ich alles hätte erzählen können. Euch wollte ich nicht beunruhigen.

Oft musste ich die Liebe zu meiner Mutter verbergen, um deine Liebe nicht zu verlieren. In deinen Augen war meine Mutter es ja nicht wert, dass ich sie liebte und vermisste. Sie war doch deine Tochter. Manchmal war sie eifersüchtig auf mich und ich hatte dann das Gefühl, ihr etwas weggenommen zu haben. Nämlich deine Liebe. Du hast mich wahrscheinlich an ihre Stelle gesetzt und wolltest mich so haben, wie du sie gern gehabt hättest. Ich war ja noch formbar, bevor es zu spät gewesen wäre. Was aus mir wurde, war ein ängstliches, unaufrichtiges Kind, das schauspielerte. War es das, was du wolltest? Wohl kaum!

Ein großer Fehler von mir war, dass ich mit dreiundzwanzig Jahren, als die Verlobung mit Klaus endete, wieder zu dir gezogen bin, weil du allein warst. Ich war es mittlerweile gewöhnt, über meine Freizeit zu verfügen und war mir wie ein normaler Mensch vorgekommen. Aber ich konnte dich doch nicht im Stich lassen. Ich war dir so vieles schuldig. Niemals hätte ich dich in ein Altenheim gegeben. Seit Jahren hattest du gebeten, dass ich dich immer bei mir behalten solle. Mein damaliger Freund war davon nicht begeistert, aber eher hätte ich auf der Stelle die Beziehung beendet, als dich allein zu lassen. Das habe ich dann ja auch getan.

Du und ich, wir schliefen zwar nicht mehr im gleichen Zimmer, aber du hattest mich – jetzt mehr auf die sanfte Tour – ganz schnell wieder voll im Griff. Kam ich nachts vom Tanzen oder von meinen Freunden, saßest du noch hellwach mit besorgter Miene in der Stube am Tisch und hattest auf mich gewartet. Wollte ich am Wochenende verreisen oder in Urlaub fahren, hast du mir all meine Sachen gewaschen und gebügelt. Ich freute mich, bis du dann durchblicken ließest, dass du dich ohne mich sehr einsam fühlen würdest, ich mir aber keine Sorgen um dich machen solle. Ich freute mich auf die Zeit, verdammt noch mal. Ich wollte einmal ungestört sein mit meiner Freundin oder meinem Freund. Ich wollte mir schöne Dinge ansehen, rumalbern oder irgendetwas Verrücktes tun, was du nie verstanden hättest.

Während meiner Abwesenheit hatte ich Schuldgefühle. Ich dachte daran, wie undankbar ich war, dich allein zu lassen, wo du mich doch niemals allein gelassen hast. Ich konnte mich gar nicht richtig freuen, weil diese Gedanken in meinem Hinterkopf schwirrten und nicht abzuschalten waren. Heute sehe ich das etwas anders, ohne gleich Schuldgefühle zu bekommen. Ich denke, dass es doch ein Unterschied ist, ob man ein halbwegs erträgliches Kind um sich hat oder eine Oma im Schlepptau. Na, ein bisschen gemein komme ich mir bei der Feststellung doch vor.

Du warst auch immer sehr stolz darauf, dass ich als Baby so früh sauber war. Prima getrimmt von dir. Sauber, das war immer äußerst wichtig. Und bloß nicht zugeben, wenn etwas in der Familie nicht in Ordnung war. Dabei fällt mir die Begebenheit ein mit deinen Großneffen ein, die mir ihre Penisse in den Mund gesteckt haben. Ich bekomme jetzt noch Panik, wenn ich daran denke. Damals wusste ich noch nicht, was das war, womit sie mich bematscht hatten. Ich musste das ja auch ganz schnell vergessen, verdrängen, ohne Rücksicht darauf, was an Stelle der Erinnerung in mir wuchs. Du hast mir nicht geglaubt, als ich es dir erzählte. Ein kleines Kind erfindet so etwas nicht. Als ich es dir erzählt hatte, fürchtete ich um dein Leben, weil die Jungs gesagt hatten, dass sie dich 'totmachen' würden, wenn ich sie verraten sollte. Ich war noch so klein und bestand mehr aus Angst als aus Fleisch und Blut.

Wenn ich dir von den Exhibitionisten erzählte, die sich früher im Stadtwald herumtrieben, hast du gesagt, dass ich da nicht hin sehen dürfe. Ich hatte manchmal das Gefühl, dass es meine Schuld sei, dass sie ihre ganze Herrlichkeit vor uns Kindern auspackten. Als ich zirka elf Jahre alt war, sah ich im Stadtwald in den Büschen einen Mann, der sich selbst befriedigte. Meine Freundin Trudi, die nicht ängstlich war, war bei mir. Wir haben uns das Ganze seelenruhig angesehen und wussten dann endlich, wie so ein Ding bei einem erwachsenen Mann aussieht, vorher und nachher. Abends zu Haus habe ich mich kaum getraut, dir in die Augen zu sehen.

Die erste Frau, die ich richtig liebte, hast du noch hautnah miterlebt. Carol. Die liebe, süße Carol. Du hast einen von mir begonnenen Brief an sie gelesen. Du hattest kein Recht dazu, ich war dreiundzwanzig Jahre alt. Ich habe dir erzählt, dass Carol und ich diese Texte aus Büchern abschreiben würden, dass das keine Liebesbriefe seien. Du hattest gedroht, zu Carols Eltern zu gehen und ihnen von unserem Treiben zu erzählen. Carol war erst neunzehn Jahre alt. Wir überlegten ernsthaft abzuhauen. Am darauf folgenden Sonntag gingst du die Straße am Stadtwald entlang in Richtung zu Carols Elternhaus; wir liefen parallel zur Straße, die an den Stadtwald grenzte, auf dem Reitweg und atmeten erleichtert auf, als du an Carols Straße vorbei gingst und Kurs auf die Wohnung einer Bekannten nahmst. Ich hatte ein ganz komisches Gefühl in mir, Traurigkeit, Mitleid, Schuld. Du kamst mir so einsam vor, als du da auf der Straße gingest. Das Laufen fiel dir schon etwas schwer und du hinktest ein bisschen. Ich hatte dich in dem Moment unheimlich lieb. Am nächsten Tag hast du dich bei Carol für deine Verdächtigungen entschuldigt. Carol hat fast geweint, weil sie nicht damit fertig wurde, dass eine alte Frau sich bei ihr entschuldigt für etwas, was sie richtig interpretiert hatte. Ich hatte ebenfalls ein furchtbar schlechtes Gewissen und fühlte mich sehr mies. Du tatst mir wieder so Leid und ich hatte dich sehr lieb. Schließlich hatten wir dich getäuscht, und du hattest dich auch noch erniedrigt. Das passte so gar nicht ins Bild, das ich von dir hatte. Ich hatte dich schon oft belogen, aber diesmal war es etwas ganz anderes.

Als ich wieder bei dir wohnte, sind wir bald darauf umgezogen, weil das Haus den Besitzer wechselte. Du warst sehr traurig und ich auch. Ich bekam ein schönes Zimmer, das ich mir nett einrichtete. Wir waren beide nicht glücklich mit der Wohnlage, weil sie sich auf der anderen Rheinseite befand, die uns sehr fremd war. Mein Weg zur Arbeit war nun viel weiter. Du hast dich einsamer gefühlt als vorher, und mit deiner Einsamkeit wuchsen meine Schuldgefühle. Nachts schlief ich mit Licht, weil ich ständig befürchtete, dir könne etwas zustoßen. Wenn morgens noch keine Bewegung hinter deiner Schlafzimmertür, die eine Mattglasscheibe hatte, zu bemerken war, hatte ich Angst, dich tot im Bett vorzufinden.

Nachdem wir umgezogen waren, hast du nicht mehr lange gelebt, liebe Oma. Meine Befürchtungen waren also begründet. Du bist sehr krank geworden. Du warst während deiner Krankheit sehr tapfer und geduldig. Oft musstest du allein sein, weil ich ja arbeiten ging. Du spürtest, dass du nicht mehr lange leben würdest und hast Carols Mutter gebeten, sich um mich ein bisschen zu kümmern, wenn ich allein zurück bleiben würde. Bei deiner Beisetzung, wo mich auch Carol mit ihren Eltern begleitete, lebte Mutti noch; sie war aber schon sehr krank. Wir, Mutti und ich, hielten uns an den Händen, als wir an deinem Grab standen. Ich wusste, dass Mutti dir bald folgen würde. Meine Gefühle, die ich hatte, sind nicht zu beschreiben.

Ich war so oft ich konnte und auch bis zu deinem letzten Atemzug bei dir in der Klinik und habe dir noch für alles danken können. Du hast meine Hand gedrückt. Carol war bei mir und ihre Eltern fingen mich auf.

Nach deinem Tod gab es gar keine Verpflichtungen mehr für mich, niemand gängelte mich. Ich konnte tun und lassen, wonach mir der Sinn stand. Ich schäme mich, das zu schreiben. Aber irgendwie war ich trotz meiner Trauer, die ich lange um dich empfand, erleichtert. Eine schwere Last glitt von mir, aber gleichzeitig blieb eine große Leere und Sehnsucht in mir bestehen. Ich dachte oft an dich. Ich hatte vorgehabt, dir eine kleine Erholungsreise zu finanzieren und irgendwann einen Fernseher zu kaufen, damit du etwas Unterhaltung haben solltest. Ich verdiente nicht viel und hatte vor deiner Krankheit das Geld noch nicht zusammen gehabt. Du warst einmal in Rondorf in einer Altenerholung gewesen. Diese wurde von der Caritas finanziert. Es hatte dir so gut dort gefallen.

Ich habe Dir einen langen Brief geschrieben, liebe Oma. Viel lieber hätte ich zu Deinen Lebzeiten offen mit Dir reden mögen. Es hätte noch so viel zu sagen gegeben. Was mich noch heute sehr belastet, ist, dass ich so viel von dir träume. Immer geht es darum, dass du auf mich wartest, dass ich lange nicht mehr bei dir war. Ich war doch immer bei dir. Lass mich doch jetzt ohne Schuldgefühle leben.

In Liebe deine Anna“

Anna sitzt erschöpft vor der Kladde, in welche sie die Briefe schreibt. Doch dann überkommt sie ein wildes Verlangen, als nächstes ihrer Mutter zu schreiben. Sie hat das Bedürfnis, das sofort zu tun.

Sonntag, 25. Juli 2004

„Liebe Mutti,

in meiner Erinnerung bist du wie ein bunter Schmetterling, einer von denen, die es kaum noch gibt und für die jedes Jahr in meinem Garten das Stückchen Schmetterlingswiese bestimmt ist. Du hast mir gesagt, ich sei hübsch und habe eine tolle Figur. Ich habe das nie so richtig geglaubt und gedacht, du wolltest mir nur eine Freude machen. Ich mochte mich nicht so besonders, weil es immer hieß, dass ich meinem Vater gleiche. Als er mich einmal ins Gesicht schlug und schrie, ich würde ihn genau so frech ansehen wie du es getan hättest, war ich richtig stolz. Auf dich und auf mich. Nun weiß ich, dass ich dir mehr gleiche.

Du hast dir eigentlich nicht viel aus mir gemacht. Heute weiß ich das. Andernfalls hättest du dich um das Personensorgerecht gekümmert. Du bist einfach nicht hin gegangen, als darüber entschieden wurde. Es gab immer Wichtigeres für dich als mich. Du warst zu jung für ein Kind. Ich war für dich wie eine Puppe, der du Locken drehen konntest, um die man dich bewunderte. Aber dann legtest du mich wieder beiseite und warst innerlich ganz weit von mir weg. Ich habe mir oft Ersatzmütter erträumt, Mütter, für die ich ihr Ein und Alles sein konnte. Immer wieder habe ich für Frauen geschwärmt, die Wärme ausstrahlten, hab mich in Lehrerinnen, Mütter meiner Freunde verliebt. Ich begehrte sie gar nicht sexuell; ich wollte einfach nur in den Arm genommen werden wie ein Kind. Taten sie es dann, konnte ich gar nicht umgehen mit der Situation und machte mich steif wie eine Statue. Du hast mich auch in den Arm genommen, mich geküsst. Dabei war immer das Gefühl, ja die Gewissheit in mir, dass du mich ganz schnell wieder loslassen würdest. Und so geschah es dann auch.

Egal, wie du warst, ich hatte dich immer lieb. Daran konnte niemand etwas ändern. Wenn wir zusammen waren, dann war es schön. Ich konnte als Kind über alles mit dir reden. Ich war noch nicht mal sauer auf dich, als du versucht hattest, meinen Verlobten anzumachen. Ja, das hast du getan. Vielleicht konnte ich dir das verzeihen, weil ich ihn gar nicht so richtig liebte und zu dieser Zeit bereits in seine Schwester verliebt war.

Hätte ich bei dir gelebt, wärst du damit total überfordert gewesen. So sahen wir uns selten und lachten viel, wenn wir allein waren. Wie zwei Schwestern waren wir. Wir hatten unsere Geheimnisse vor Oma und deinem Mann. Das hat mir viel bedeutet.

Ich will dich so in Erinnerung behalten, wie ich dich immer gesehen habe und gar nicht erst das hochkommen lassen, was ich nicht sehen wollte. Du warst schön, begehrenswert, klug und fröhlich. Du hattest die Leichtigkeit, die mir oft fehlt.

Ich wünsche mir, du wärst noch da. Meinetwegen könntest du jede Woche einen anderen Mann anbaggern, wenn sie mich in Ruhe lassen würden und nur Dich hätten haben wollen. Hauptsache, du hättest zwischendurch Zeit für mich, Zeit, mich wirklich kennen zu lernen. Ich glaube, du hast mich gar nicht so richtig gekannt. Sonst hättest du doch merken müssen, wie unglücklich ich oft war.

Einmal da war ich wahnsinnig stolz auf dich, als du mit mir bei dem Chefarzt in der Klinik warst und ihm die Meinung gesagt hast. Mensch, war das ein tolles Gefühl. Meine Mutter setzte sich für mich ein. Was ich schlimm fand, war, dass du dich nicht dafür eingesetzt hast, dass ich von meinem Vater fort kam, nachdem er mich so zugerichtet hatte. Du hättest doch auch an Stelle von Opa zum Jugendamt gehen können. War dir das so egal? Dir wäre das nicht so nahe gegangen wie Opa. Lange habe ich mir Vorwürfe gemacht und mich schuldig gefühlt an seinem Tod. Fast hätte ich mich auch noch an deinem Tod schuldig gefühlt, weil ich dir in der letzten Zeit deines Leidens nicht beistehen konnte. Gab es denn für dich trotz deiner Krankheit keinen einzigen Weg, mir eine Nachricht zukommen zu lassen über deinen Aufenthalt? Ich hätte dir mehr Fragen stellen sollen. Ich wusste nie, was du gedacht oder gefühlt hast.

Ich habe dir nicht viel vorzuwerfen, aber ich habe auch keinen Grund, dir dankbar zu sein dafür, dass du meine Mutter warst. Du hättest meine große Schwester sein können. In meinen Träumen warst du das auch oft. Eine gemeinsame Mutter dachte ich mir dann dazu. Und einen Vater.

In Liebe deine Anna“

Anna geht, nachdem sie den Brief an ihre Mutter geschrieben hat, ins Badezimmer und nimmt ein heißes Bad. Ihr ist eiskalt. Dann geht sie ohne Abendbrot ins Bett und fällt in einen traumlosen Schlaf.

Am nächsten Tag hat Anna noch frei. Sie bleibt länger liegen, holt sich ein Tablett mit ihrem Frühstück ins Bett. Gestern war sie noch traurig; jetzt fühlt sie sich erleichtert. Frau Siegel ist eine kluge Frau. Sicher wusste sie, dass es Anna gut tun würde, sich einiges von der Seele zu schreiben. Sie liest die Briefe nicht mehr durch. Das, was sie gestern so spontan geschrieben hat, soll nicht verändert werden. Nach dem Frühstück macht Anna einen langen Spaziergang in den nahen Park. Dort begegnet sie einigen Hundebesitzern, die sie kennt. Es macht ihr Spaß, für die Hunde Stöckchen zu werfen und mit ihnen herumzutoben.

Als Anna wieder zu Hause ist, nimmt sie eine Mittagsmahlzeit ein und setzt sich wieder an den Schreibtisch. „Jetzt schreibe ich meinem Vater“, murmelt sie. „Ich bin so richtig gut drauf, um das jetzt zu tun.“ Sie stellt sich eine heiße Schokolade und ein paar Kekse zurecht und macht sich ans Werk.

Montag, 26. Juli 2004

„Hallo Papa,

Zeit deines Lebens habe ich dich mit 'Papa' angesprochen. Als ich erwachsen war, kam ich mir dabei oft reichlich blöde vor. Als ich dir mit sechzehn Jahren aus dem Internat schrieb, ob nicht 'Vater' oder zumindest 'Vati' angebrachter sei, hast du darauf gar nicht reagiert. Alle sagten Papa, meine Halbgeschwister und selbst deine Frau. Ich hätte dich einfach so nennen sollen, wie ich wollte, aber das traute ich mich nicht. So blieb es bei Papa. Warum sollte ich es jetzt ändern?

Es ist ein seltsames Gefühl, an einen Toten zu schreiben. Wenn ich nach deinem Tod zu deiner Frau in euer Haus kam, begrüßte sie mich im Gegensatz zu früher meist freundlich, oft hatte sie bereits auf Julia und mich gewartet. Dann vermisste ich dich in dem Haus. In den letzten Jahren warst du ja zugänglicher geworden, so dass ich manchmal sogar ein bisschen von meinem früheren Papa aus meiner Kinderzeit wiedererkannte.

Wenn ich an dein Grab ging, war ich traurig. Das Grab selbst hasste ich. Es mutete wie eine Kultstätte an, wie ein Grundstück, protzig, wie alles, was ihr hattet. Euer Haus, auf das ihr so stolz wart, gefiel mir auch nicht. Viel zu groß, zu viel Marmor, so kalt wie ihr beide. Und dann all der Kitsch, den deine Frau anschleppte, um damit die Zimmer zu dekorieren. Aber es passte zu euch. Zu dir und Mutti hätte es nicht gepasst. Aber sie hätte es fertig gebracht, sogar den kalten Marmor zu erwärmen. Und das wusstest du.

Seit ich erwachsen war, spürte ich, dass auch du nicht glücklich warst. Vielleicht habe ich es auch schon früher als Kind gespürt. Vielleicht hast du mir deshalb immer leidgetan.

Ich weiß gar nicht, warum ich regelmäßig zu Mechthild ging, noch lange nach deinem Tod. Pflichtgefühl, weil deine Schwiegermutter vor ihrem Tod zu mir sagte: 'Du bist ein gutes Kind. Kümmere dich bitte auch später um Mechthild.' Ich versprach es. Bin ja eine so sentimentale Kuh und nach wie vor verrückt darauf, ein gutes Kind zu sein. Ich kümmerte mich um deine Frau, die mich bis zu deinem Tod am liebsten umgebracht hätte.

Fast wäre ich bei Euch ja auch ums Leben gekommen, als Du mich so durch die Backstube gehetzt hast, dass ich in den Lastenaufzug zum Keller fiel. Es war nur ein angeknackter Kiefer und viele Prellungen. Ich hatte Glück, dass noch Mehlsäcke im Aufzug standen und den Aufprall milderten. Der Kiefer macht mir heute noch Probleme.

Du hattest damals auch ganz schnell vergessen, dass Deine Frau mir den Hals zugehalten hatte, so dass noch Tage lang die Abdrücke ihrer Nägel zu sehen waren. Als ich das der netten Dame vom Jugendamt erzählt habe, hast du mich fast totgeschlagen und mich eine Lügnerin genannt. Es war aber die Wahrheit. Noch niemals bin ich so viel Hass begegnet. Und du wusstest es, du warst so feige.

Jetzt ist es mit dem Kümmern endlich vorbei. Ich will ich sein und keine Maske mehr tragen. Mir ging es nicht gut, wenn ich dort war. Ich wurde auch weiterhin gedemütigt, jetzt nur subtiler. Aber es reichte mir. Ich sehe weder die Alte noch meine Halbgeschwister. Die dürfen mit mir nicht verkehren, sonst werden sie enterbt. Sollen sie eben erben, wenn das wichtiger ist. Dass ich meine beiden Schwestern nicht mehr sehe, das tut noch weh. Sehr weh. Ich habe sie immer sehr geliebt.

Was warst du für ein lieber Papa, als du nach dem Krieg zurückkehrtest. Einmal hatte ich sogar Angst um dich. Der Krieg war vorbei. Unsere Häuser waren zum Teil zerstört. Damals gehörten sie noch deinen Eltern. Vor dem einen Haus war auf der Straße ein Riesenloch von einem Bombeneinschlag. Du bist in das Haus gegangen. Wir standen ganz lange auf der Straße und warteten auf deine Rückkehr. Die Leute erzählten, dass sich im Keller des Hauses Gesindel aufhalten würde und dass zudem für das Haus Einsturzgefahr bestünde. Ich hatte fürchterliche Angst um dich und habe bitterlich geweint. Ich dachte, dass du nun ein für alle Mal fort sein würdest, denn ich hatte weder dich noch Mutti während der Kriegsjahre gesehen bis auf deinen kurzen Heimaturlaub, damit ihr heiraten konntet. Als du wieder aufgetaucht bist aus dem Keller, habe ich vor Freude weiter geheult. Du hast mich auf den Arm genommen und mir meine Tränen getrocknet.

Die Zeit nach eurer Scheidung, bevor Mechthild auftauchte, war auch noch schön. Du hast dich gefreut, wenn ich am Wochenende zu dir kam. Hast mir Fahrrad-Fahren unter Beachtung der Verkehrsregeln beigebracht. Einmal bist du mit mir mit dem Zug nach Koblenz gefahren zu einem Verwandtenbesuch. Ich habe mich auf dem Weg vom Bahnhof zu ihnen bei dir untergehakt und war mächtig stolz auf meinen jungen Papa.

Mit Mechthild kam die Entfremdung. Ich sollte 'Mutti' zu ihr sagen. Was hast du da von mir verlangt? Ich hatte doch eine Mutter, die ich liebte. Du durftest deine Gefühle zu mir nicht zeigen. Mechthild lehnte mich so sehr ab. Und als sie dir drei Kinder geschenkt hatte, waren gar keine Gefühle mehr für mich da. Immer habt ihr nur über meine Mutter geschimpft. Ich kann deine Enttäuschung über Mutti zum Teil verstehen. Du hast sie bestimmt geliebt, und offensichtlich konntest du nie so richtig aufhören, sie zu lieben. Wenn du getrunken hattest, hast du es auch gesagt. Leider hat deine Frau das mitbekommen. Ich musste dann deren Reaktion aushalten. Sie hat mich gehasst.

Du wolltest immer, dass ich dir vertrauen sollte. Du hast es regelrecht eingefordert. Mit welchem Recht eigentlich? Du hast doch ständig versucht, mir das Rückgrat zu brechen. Ich sollte nur auf dich angewiesen sein. Unter Alkohol hast du mir gesagt, dass du immer für mich da sein wolltest, dass ich immer zu dir kommen könne, egal, was ich 'ausgefressen' hätte. Ich hatte doch kaum Gelegenheit, etwas auszufressen. Und wenn, dann wäre ich eher vor dir geflüchtet. Du wolltest, dass ich meine Mutter verachten sollte. Umso mehr habe ich zu ihr gehalten, auch wenn sie mich oft enttäuscht hat. Aber das hätte ich dir nie gesagt.

Manchmal hast du mir leidgetan, weil du so viel Gewalt anwenden musstest und damit so viel Schwäche zeigtest. Oft habe ich mich dann zurückgezogen, soweit das bei uns möglich war, und habe mir einen anderen Vater erträumt. So einen, wie du mal in meiner frühen Kindheit warst. Ich hatte dich sehr, sehr lieb, als ich noch klein war.

Als Kind musste ich dich jeden Sonntag besuchen. Auf den Weg von der Haltestelle der Straßenbahn bis zu deinem Haus überkam mich jedes Mal das Gefühl, mich nicht mehr zu spüren, mir selber fremd zu sein, eine richtige Depersonalisation. Alles war unwirklich. Ich habe immer wieder andere Wege ausgesucht, bin früher aus der Bahn gestiegen; aber es half nicht. Niemals habe ich mit jemandem darüber gesprochen. Manchmal dachte ich, dass ich vielleicht gar nicht richtig auf der Welt sei und alles nur träumen würde. Es hatte fast etwas Beruhigendes für mich.

Ich musste kommen, auch wenn du gar nicht zu Hause warst oder keine Zeit hattest, weil Mechthild da war. Du wolltest auch kein Begrüßungsküsschen mehr, wenn Mechthild dabei war. Wenn ich bei euch übernachten musste, sollte ich neben dir schlafen in euren Ehebetten. Mechthild hatte es so angeordnet. Es war mir peinlich. Eher hätte ich noch neben Mechthild liegen können, obwohl sie mir zuwider war. Ich war immer froh, wenn ihr beide weggegangen seid; dann konnte ich zu deiner Mutter oder zu meiner Freundin Brunhild gehen. Brunhild hatte ein richtiges schönes Zuhause. Die Eltern nahmen mich oft mit; wir haben viel gemeinsam unternommen. Ich schwärmte sehr für Brunhilds ältere Schwester Mary. Brunhild ist mit siebzehn Jahren tödlich verunglückt. Es war, als ob ein Teil von mir verloren gegangen sei. Ich fühlte mich regelrecht amputiert.

Du hast nie zu mir gehalten. Du hast mitgeschimpft, wenn jemand etwas Negatives über mich sagte. Bei den Nonnen im Internat hast du über meine Mutter geschimpft. Im Beisein von Mechthild – ohne sie ging ja rein gar nichts. Ich bekam es dann von den Nonnen zu spüren mit Bemerkungen wie: 'Du trittst noch in die Fußstapfen deiner Mutter.' Ich wurde aufsässig und patzte zurück: 'Ich will genauso werden wie meine Mutter.'

Wie oft hast du deinen Besuch im Internat angesagt und bist dann doch nicht gekommen. Ich hatte dem anderen Teil meiner Familie schweren Herzens abgesagt. Weißt du, wie mir zu Mute war, als nach und nach alle Kinder an die Pforte gerufen wurden, weil ihr Besuch dort wartete. Zum Schluss saß ich alleine da. Die Nonnen machten mit ihren zynischen Bemerkungen das Maß noch voll. Ich habe mich im Park versteckt über der Grotte, habe auf den Rhein geschaut und geträumt, alles sei anders.

Als ich zu den Sommerferien – wie von dir befohlen – zu euch nach Hause kam, hattet ihr gerade die Koffer gepackt für eure Urlaubsfahrt. Die Kinder freuten sich, als ich kam, weil sie dachten, ich würde mitfahren. Ich zitterte auch schon ganz zaghaft vor Freude. Mechthild klärte die Situation ganz schnell auf ihre Art: 'Für dich ist kein Platz mehr im Auto.' Zack. Ich reagierte mit meinen bekannten Abwehrmechanismen, indem ich behauptete, sowieso nicht mitfahren zu können, da ich Mutti und Thomas versprochen habe, mit ihnen nach Spanien zu fahren. Die haben mich zwar auch nicht mitgenommen; aber ich wollte dir nicht zeigen, wie verletzt und traurig ich war, wie erbärmlich und wertlos ich mich fühlte.

Am schlimmsten waren die Weihnachtsfeste bei euch. Anstelle von liebevoll ausgesuchten Geschenken hatte ich einen Umschlag mit Geld oder einem Scheck auf dem Weihnachtsteller liegen. Meine Geschwister packten ihre Überraschungen aus. Oft steckten sie mir heimlich noch Süßigkeiten zu. Später hatte ich gar keinen Weihnachtsteller mehr dort stehen, weil Mechthild schon alles in eine Tüte gepackt hatte. Sie hätte mir genauso gut die Tüte gleich an der Tür geben und sich meinen weiteren Anblick ersparen können. Wenn die beiden Mädchen nicht gewesen wären, ich hätte den Kontakt längst abgebrochen. Immer musste ich euch auch noch dankbar sein für eure Grausamkeiten. Am liebsten hätte ich euch alles vor die Füße geworfen. Aber ich war ja so gut erzogen, gefror ein Lächeln in mein Gesicht, heuchelte, und das Jahrzehnte lang. Nach dem 'Fest der Liebe' mit Untermalung von Country-Musik bei euch fuhr ich zu meiner Mutter. Oma war auch dort. Und dann begann Weihnachten.

Es war mir eine Genugtuung, als meine beiden Halbschwestern voller Vertrauen zu mir kamen und aufgeklärt werden wollten, weil ihre verklemmte Mutter das nicht schaffte. Uli wollte sich das Leben nehmen, weil sie dachte, sie sei schwanger. Sie hatte mit einem Jungen geknutscht. Mechthild hatte ihr gesagt, wenn man mit einem Jungen 'unten zusammen' käme, würde man schwanger. Das Mädchen war fünfzehn Jahre alt.

Mechthild bekam ja schon einen hysterischen Anfall, wenn eines der Mädchen nur mit einem Hemdchen und Höschen bekleidet aus dem Bad kam. Gut, dass ich nicht bei euch aufgewachsen bin, sonst wäre ich vielleicht noch neurotischer als ich es bereits bin. Und noch verklemmt dazu.

Das eine Jahr bei euch hat mich fast umgebracht. Kein gutes Wort, keine Anerkennung. Ich konnte tun, was ich wollte, es war falsch. Eimerweise hast du mir Wasser in die Backstube geschüttet, wenn ich nach Hause zu den Großeltern wollte. Ich musste alles mit einem Feudel aufputzen. Hatte ich mich besonders hübsch gemacht, die Fingernägel lackiert, wurde ich von dir in die Backstube geschickt, Bleche säubern. Ohne Handschuhe, ganz klar.

Wenn ich dir ein gutes Zeugnis zeigte, kam kein Wort der Anerkennung von dir. Du wolltest es gleich bei meiner Ankunft sehen, obwohl du noch in der Backstube warst. Dann hieltest du das Zeugnis mit deinen bemehlten Händen, was mich schon maßlos fuchste, und stiertest ausdruckslos drauf. Mein zaghafter Hinweis, dass ich die besten Leistungsnoten der Klasse hatte, glitt an dir ab. Ich fühlte mich dann wieder mir selbst entfremdet und dachte, dass das gar nicht meine Noten seien. Ich kam mir ganz winzig vor, so als würde ich mich jeden Moment ganz auflösen. Vielleicht hätte ich das gern gehabt.

An der Tür zur Backstube stand deine Frau und wollte auch das Zeugnis sehen. Sie hielt sich dann an der Note für Betragen fest. Die war nicht die beste der Klasse. Wie auch? Wenn ich nicht reden wollte, redete ich nicht. Das machte die Nonnen wütend und mich – wie ich glaubte - unangreifbar.

Später beim Essen sagtest du dann vor versammelter Mannschaft: 'Es ist eine Selbstverständlichkeit, dass du die besten Noten hast. Wir zahlen das teure Internat.' Du hattest vergessen, dass du vom Jugendgericht dazu gezwungen worden warst, mich in ein Internat zu geben, nachdem du mich fast totgeschlagen hattest. Ich erlaubte mir einzuwenden: 'Wenn das aber alle Eltern so sehen würden.' Fast hätte ich meine Gabel im Rachen gehabt, so schnell kaum deine Hand auf mein Gesicht zu.

Einmal hast du mich mit einer Freundin mit zum Funkenball genommen. Ich war echt happy darüber und hatte mir ein hübsches Kostüm besorgt. Als ich im Foyer mit drei jungen Männern in eine Unterhaltung vertieft war, kamst du vorbei – schon ziemlich angetrunken – und machtest lautstark eine Bemerkung: 'Bekommst du auch den Hals nicht voll – wie deine Mutter.' Ich hätte in den Boden versinken mögen. Die jungen Männer waren drei schwule Freunde von mir.

Viel, viel später, als ich begann, immer mehr meiner Mutter zu gleichen, hast du mich oft so merkwürdig angesehen. Es löste in mir ein Gefühl der Angst aus. Ich war gar nicht gern mit dir allein im Zimmer, wenn du getrunken hattest. Du sagtest mir dann, dass ich hübsch sei, dass ich die Figur meiner Mutter hätte. Du gabst plötzlich zu, früher stolz auf mich gewesen zu sein, dass du mich bewundert hättest, weil ich unbestechlich gewesen sei. Den Charakter hätte ich wohl von dir. Nein, Papa, du warst ein feiges Arschloch.

Oft warst du sogar zerstörerisch, so als ob du mich vernichten wolltest, weil du meine Mutter nicht vernichten konntest oder weil sie meine Liebe besaß. Mit achtzehn Jahren hatte ich mir einen Ferienjob besorgt als Kinderbetreuung und mich tierisch auf dessen Ausführung gefreut. Ich sollte mit einer Familie und ihren zwei kleinen Mädchen zum Starnberger See fahren. Die Familie hatte dort ein Haus. Leider hatte ich ihnen deine Telefonnummer gegeben, falls sie mich erreichen oder mir etwas ausrichten lassen wollten. Als die Frau anrief, hast du ihr gesagt, dass sie sich lieber ein anderes Kindermädchen suchen sollten, auf mich könne man sich nicht verlassen. Du hast es mir lachend mitgeteilt. Ich habe an deinem Verstand gezweifelt. Überall war ich als besonders zuverlässig bekannt, hatte eine diesbezügliche Bemerkung im Zeugnis stehen. Es war mir unbegreiflich, wie ein Vater so etwas tun konnte. Ich war wie versteinert. Wie sehr hatte ich mich auf diese Reise gefreut, denn ich kam doch nirgends hin.

Niemals hätte ich vor dir gewinselt, eher hätte ich mich totschlagen lassen. Ich habe gelächelt, wenn ich innerlich geschrien habe. Später habe ich lange nicht mehr richtig weinen können, wenn ich verletzt wurde. Und Vertrauen, das du in mich rein prügeln wolltest, habe ich nur noch ganz selten. Ihr Männer gleicht euch zu sehr – bis auf leider sehr wenige Ausnahmen. Oder ich geriet immer an die falschen. Sobald ein Mann mich an dich erinnert, habe ich Probleme. Mein Chef erinnert mich an dich. Auch wenn mich jemand festhält – wenn auch nur im Scherz – gerate ich in Panik.

Schade, dass du tot bist. Ich hätte dir so gern mal meine Wut und Enttäuschung gezeigt. Vielleicht ginge es mir jetzt viel besser. Du hast es noch nicht mal geschafft, über deinen Tod hinaus für mich zu sorgen, obwohl du mir den Unterhalt für einundzwanzig Jahre schuldest. Ich soll nach wie vor auf deine Frau angewiesen sein. Das bin ich aber nicht. Ich pfeife auf euer Geld.

Alles, was ich geschafft habe, geschah ohne dein Zutun und trotz der Stolpersteine, die ihr mir in den Weg legtet. Ich habe die Begabten-Sonderprüfung gemacht, um beruflich weiterzukommen. Niemals habe ich deine Hilfe gebraucht und bin trotzdem nicht in der Gosse gelandet, wie du es mir vorausgesagt hattest.

Warum war ich so traurig, wenn ich an deinem Grab stand? Deine anderen Kinder gingen kaum noch auf den Friedhof. Meine Schwester Uli behauptete, dass du mich besonders lieb gehabt hättest. Das hättest du ihr mal gesagt, als du betrunken gewesen seiest. Du feiger Hund, warum hast du das nicht gezeigt?

Gesagt hast du viel, wenn Mechthild nicht zuhörte und ich bei dir Wache hielt, bis du endlich ins Bett gingst. Mechthild lag dann bereits auf dem Boden vor dem Bett ihres Sohnes, weil sie Angst hatte, du wolltest was von ihr. Sie wollte, dass ich bei dir im Zimmer in ihrem Bett schlafen solle. O Gott, war das eine Familie! Wenn ich dich endlich in dein Bett verfrachtet hatte, habe ich mich angekleidet auf die Couch im Wohnzimmer gelegt. Gott sei Dank übernachtete ich nicht allzu oft bei euch.

Das Schlimmste, was du mir angetan hast, war, dass du mich küssen wolltest, so wie ein Mann eine Frau küsst. Du hattest mich für meine Mutter gehalten in deinem Suff.

Jetzt bin ich auch traurig. Vielleicht, weil ich erkannt habe, dass dein Leben eigentlich viel erbärmlicher war als meins. Nacht für Nacht hast du die letzten Jahre in deinem großen Haus auf der Couch gesessen und nachgegrübelt, was du am besten mit deinem ganzen ererbten Reichtum machen könntest. Gut, dass du nicht mehr erleben musst, wie jetzt alles den Bach runter geht. Mechthild verkauft ein Haus nach dem anderen. Sie muss ihre Kinder bei Laune halten Ich habe das baufälligste Häuschen als Abfindung bekommen, einen Erbverzicht unterschrieben und mich von allem distanziert. Das Haus konnte ich gar nicht halten, es war zu marode. Mein Pflichtteil, hätte ich ihn damals beantragt, wäre auf Grund eures Vermögens weitaus höher gewesen. Ich hätte auch das Haus nicht bekommen, wenn ich nicht gesagt hätte, dass ich eine junge Frau adoptieren wolle. Die wäre ja dann in die Erbfolge getreten.

Es geht mir gut dabei. Ich geh nicht mehr zu deinem Grab. Nicht, weil ich dich nicht besuchen will, sondern weil ich niemandem von der Familie jemals noch begegnen möchte, obwohl mir meine Schwestern sehr fehlen.

Im Übrigen mache ich mir nichts aus Gräbern. In der Kindheit waren sie für mich ein Symbol der Freiheit und Unangreifbarkeit, jetzt sind sie für mich nur ein mehr oder weniger gepflegter Hügel.

Du tust mir zwar leid, aber ob ich dir je verzeihen kann, weiß ich nicht. Heute noch nicht.

Deine Tochter Anna

Dieser Brief hat Anna sehr aufgewühlt. Sie muss raus ins Freie. Erst nach einer Fahrradfahrt durch den nahegelegenen Park geht es ihr besser. Eine Hausbewohnerin, die gleichzeitig auch Annas Mitarbeiterin ist, klingelt und bittet Anna, zu ihr zum Kaffee zu kommen. Anna sagt mit Freuden zu.

Abends überkommt Anna eine richtige Lust, ihre Wut auf Mechthild zum Ausdruck zu bringen, indem sie ihr das schreibt, was sie nie sagen durfte.

Montag, 26. Juli 2004

„Mechthild,

ein Jahr in eurem Haushalt hat mich gelehrt, besser mit der Kälte umzugehen als mit Liebe. Meine Gefühle musste ich oft tief in mir einfrieren, damit es nicht so schmerzte. Ich wurde immer nur hin und her geschleudert von dem, was die, die zu eurer Familie gehörten, wollten. Wenn ich versuchte, das zu durchbrechen, um herauszufinden, was ich selber wollte, entdeckte ich, dass die Person, die Anna hieß, verschwand. Allein war ich niemand mehr. Die Gegenwart zog sich für mich dahin wie eine Eisenbahn, die ständig die gleiche Strecke hin und her fährt ohne anzuhalten. Ich bekam bei euch keinen Boden unter die Füße, weil du ihn immer wieder weggezogen hast. Heute im Rückblick ist mir klar, dass ich trotzdem eine Wahl getroffen und mein Leben später in selbst gewählte Bahnen gelenkt habe, auch wenn ich mich oft durchsichtig fühlte vor Angst. So muss es einer Fliege zumute sein, die am Fliegenfänger klebt.

Solange ich bei euch lebte, musste ich um meine emotionale Großbaustelle einen mentalen Grenzschutz bauen. Ich floh in Tagträume, in die Poesie, die Musik und manchmal auch in den Schlaf. Ich schrieb meine Gedanken in mein Tagebuch und schleppte dieses überall mit mir herum, weil niemand meine Intimsphäre respektierte. Eines Nachts hast du es unter meinem Kopfkissen weggenommen und meinem Vater vorgelesen. Von da an wurde meine Lage hoffnungslos. Du quältest mich, wo du nur konntest. Du warst ein Eisblock. Und mein eigener feiger Vater schaute zu, wie meine Bedürfnisse, die alle von euch weggewischt wurden und auf dem Boden landeten, von dir genüsslich zertrampelt wurden. Er sah zu, wie meine zaghaft aufkeimende Lebensfreude von dir erstickt wurde. Mein Vater, der bei dir zum Alkoholiker geworden war, war nicht im Stande, mir auch nur ansatzweise beizustehen, geschweige mich zu trösten, weil er deinen Zorn fürchtete. Solch eine Macht hattest du. Ich traute mich nicht mehr, etwas klar und offen zu sagen, meine Bedürfnisse zu benennen, meine Meinung kundzutun, ohne es mit sanfter Stimme zu kaschieren und immer startbereit aus Angst, mir eine Ohrfeige oder noch mehr einzufangen.

Deine Existenz und deine Vorstellung vom Leben prägte viele meiner Lebensjahre. Du hattest die Fähigkeit, andere dazu zu bringen, alles, was ihnen richtig erschien, in Frage zu stellen. Dieses Zuhause erschien mir immer als Ort, wo ich nicht willkommen war. Ich traute mich nicht einmal, ein Wasserglas aus dem Schrank zu nehmen. Schon kamst du hektisch angerannt mit den Worten: „Komm, ich gebe dir eins." Ich kenne keinen Menschen, der so verdammt überzeugt von sich und so selbstgefällig ist in seinem statischen Wissen darüber, was als das Richtige zu gelten hat.

Im Laufe meiner Therapie erkenne ich, wie schwach dein Selbstwertgefühl gewesen sein muss. Dir war so wichtig, was 'die Leute' dachten. Ständig befürchtetest du, dass die Kunden darüber reden könnten, dass mein Vater trank. Taten sie auch. Aber dabei kam mein Vater besser weg als du.

Wie viel Energie musstest du wohl einsetzen, um mich so abgrundtief zu hassen. Jetzt erkenne ich allmählich, warum das so war. Du musstest zeitlebens um die Hauptrolle im Leben meines Vaters kämpfen. Aber in seinem Bühnenbild spielte immer noch meine Mutter die Hauptrolle. Wenn Papa getrunken hatte, wurde er leutselig und erzählte, wie lustig es mit meiner Mutter immer gewesen sei, wie sie ihn immer hatte zum Lachen bringen können. Ich selbst erinnere mich, wenn ich an die Ehe meiner Eltern denke, leider nur an die Szenen kurz vor der Ehescheidung.

Du übertrugst deine Eifersucht und deine Abneigung auf mich, weil du der eigentlichen Konkurrentin nichts anhaben konntest. Schließlich war ich das Produkt der angeblich glücklichen Zeit meiner Eltern. Meine Mutter hatte meinen Vater auch nicht vergessen und sprach später während ihrer nicht sehr harmonischen Ehe mit mir über meinen Vater. Keiner von ihnen wusste, was sie mir damit antaten. Manchmal habe ich sie alle gehasst. Wenn sie sich so lieb gehabt hatten, hätten sie doch zusammen bleiben und mir ein schönes Elternhaus geben können.

Ich habe mir immer gewünscht, dass du vor meinem Vater sterben solltest. Auch meinen Schwestern wäre das wahrscheinlich lieber gewesen. Wie traurig war Uli, weil sie zum Zeitpunkt deines Ablebens Streit mit euch hatte und lange nicht mehr bei euch gewesen war. Ich habe sie getröstet, denn ich konnte sie verstehen. Du hast unserem Vater nicht geholfen, als es ihm so schlecht ging. Er ging runter ins Schlafzimmer und hielt sich die linke Seite in Herzhöhe fest. Du hast Stunden lang nicht nach ihm geschaut. Als du endlich ins Schlafzimmer gegangen bist, war er tot. Du hättest ihn retten können. Du hast dich ja auch ganz schuldig gefühlt hinterher, und ich blöde Kuh habe dich noch beruhigt. Ich weiß ja, wie es ist, sich schuldig zu fühlen. Es hätte mir doch eine Genugtuung sein müssen. Ich verstehe mich oft selbst nicht.

Du bedeutest mir zu wenig, als dass ich dich hassen könnte. Manchmal kommen zwar immer noch Gefühle der Abneigung und Wut in mir hoch, aber selbst diesen Energieaufwand hast du nicht verdient. Du bist für mich jetzt eine verbitterte alte Frau, die immer noch Liebe mit Abhängigkeit in Verbindung bringt. Du machst deine Kinder finanziell von dir abhängig, damit sie dich überhaupt wahrnehmen. Sie könnten auch ohne dein Geld gut auskommen, aber es ist ja so verführerisch. Das einzige, was mich manchmal traurig macht, ist, dass meine beiden Halbschwestern für mich so gut wie tot sind. Ich habe die beiden immer sehr lieb gehabt. Nur ihnen zuliebe bin ich immer wieder zu euch gekommen. Und wegen Finn, Ulis Sohn, der so ein feiner Kerl ist. Mein Bruder war sowieso nicht ansprechbar, auch für dich nicht wirklich. Er lebte in seiner Welt, die sich um Astrologie und Computer drehte. Er hatte gute Freunde. Manchmal dachte ich, dass er schwul ist. Ich erinnere mich noch, dass er in ganz jungen Jahren mal eine Freundin hatte. Als diese anrief, hörte ich dich sagen, dass dein Sohn nichts von ihr wissen wolle. Dein Sohn war für dich die Welt. Aber du nicht für ihn.

Anna, die Tochter deines Mannes“

Und dann folgt auch noch ein Brief an Thomas.

Montag, 26. Juli 2004

„Thomas, du Schwein,

du hast so viel in mir kaputt gemacht mit deinen perversen Gelüsten, deinen groben Händen. Du hast mir meine Flügel ausgerissen, wenn ich gerade mal wieder begann etwas abzuheben, etwas froh zu sein. Du hast mir meine Mutter entfremdet. Und als sie im Sterben lag, durfte sie mich nicht sehen.

Du hast mir Angst gemacht mit deinen Blicken. Ich fürchtete mich vor dir, deinen zudringlichen Händen, ekelte mich so vor mir selbst, als du mich einfach genommen hast. Meine Mutter lag nebenan todkrank in den Scherben, die du hinterlassen hattest, nachdem sie dir keinen blasen wollte. Ich weiß nicht, aus welchem Grund du so ein Mensch geworden bist. Aber man sollte die Welt vor solchen Menschen schützen. Ich kann keine Worte mehr für dich finden. Du bist wie ein Dämon, der lange über mir schwebte und mich auch in den Nächten noch heimsucht. Lass mich in Frieden.“

Anna

Anna legt erschöpft den Stift nieder und klappt ihre Kladde nachdrücklich zu. „Ach, hätte ich doch damals schon Frau Siegel als Therapeutin gehabt; mir wäre vieles erspart geblieben“, seufzt Anna.

Dienstag, 27. Juli 2004
Nachts hat Anna folgenden Traum, den sie in ihr Traumbuch schreibt: „Julia und ich gehen über den Friedhof und suchen verzweifelt die Gräber, das von meiner Mutter als auch die Gräber von Oma und Opa. Da es sich um Einzelgräber handelt, liegen sie weit voneinander entfernt. Ich bin voller Schuldgefühle und mein schlechtes Gewissen schreit zum Himmel. In der Realität ist es ja so, dass ich mich um die Gräber nicht viel gekümmert habe. Mittlerweile sind sie längst nicht mehr da. Ich hatte nicht die Mittel, ein Familiengrab zu kaufen. Auch hatte ich nie eine Beziehung zu Gräbern. Als Kind hatte ich zwar einen 'Friedhofs-Tic', wie ich es später nannte. Aber ich denke, dass ich es mit der Liebe verband, wenn die Eltern eines verstorbenen Kindes traurig am Grab standen und weinten. Die Gewissheit, dass unter den Bepflanzungen geliebte Familienangehörige von mir verfaulen, war für mich unerträglich. Deshalb werde ich für mich auch eine Seebestattung wählen.

Im Traum hatte ich auf dem Friedhof Angst, jemand könne mir 'erscheinen'. Diese Art Träume habe ich oft. In der Realität befürchte ich auch, dass mir Verstorbene erscheinen könnten. Bei uns zu Hause wurde so viel davon gesprochen. Meiner Tante war die Muttergottes erschienen. Ich fand das alles sehr gruselig.“

Gegenübertragung

Was im weinenden Auge mir oft die Träne zurück hält,
ist ein spielendes Kind oder ein Vogel im Flug.

Justinus Kerner

Auch die längsten Ferien gehen einmal vorüber. Anna eilt freudig zu ihrer Therapiestunde. Es ist warm, die Sonne scheint seit Tagen, die Bäume und Sträucher im Park, an dem Anna vorbei kommt, blühen und viele haben späte Früchte. Sie riecht den Spätsommer regelrecht. Eine riesige Trauerweide lässt ihre Zweige fast bis zum Boden baumeln. Vertrauensvoll, so als brauche sie nicht zu befürchten, dass jemand mit Füßen darauf treten wird.

Als Frau Siegel Anna begrüßt, hat Anna den Eindruck, dass Frau Siegel sich freut, sie wiederzusehen. Das macht Anna froh und aufgeschlossen. Sie hat Frau Siegel einen schönen Blumenstrauß mitgebracht. Strahlend überreicht sie ihn und kuschelt sich in ihren Sessel. Ein bisschen fühlt sie sich heute wie ein Kind, dem geholfen wird. Sie übergibt Frau Siegel die Kladde, in der sich die Briefe an ihre Familienangehörigen befinden. „Sie lächeln", sagt die Therapeutin, „woran denken Sie?" Frau Siegel beugt sich etwas vor und schaut Anna interessiert an. „Mir fiel gerade die Trauerweide ein", antworte Anna. „Früher, als ich noch klein war, wohnten wir in der Nähe des Stadtwaldes. Gegenüber von unserem Haus, in dem wir wohnten, stand eine Trauerweide. Sie ließ ihre langen, dicht belaubten Äste wie eine grüne Kaskade über die Mauer des Grundstückes, auf dem sie stand, üppig auf den Gehweg fallen. Wir Kinder malträtierten sie sehr, indem wir uns wie Tarzan an ihre seilartigen Äste hängten und hin und her schaukelten. An einem Sommerabend kam ich die unbelebte Straße entlang an der Trauerweide vorbei: Der Boden unter ihr war mit abgerissenen Blättern bedeckt, viele Zweige hingen – wie mir schien – nackt und traurig herunter. Ich war ganz schockiert und weinte innerlich mit der Trauerweide. Ich hatte regelrecht das Gefühl, dass sie mit mir sprach und mich um Hilfe bat. Da versprach ich ihr, dass ich ihr niemals mehr wehtun und auch nicht mehr an ihren Zweigen schaukeln würde."

Dieses Versprechen hielt Anna und sie konnte ihre Freunde davon überzeugen, dass auch ein Baum Schmerz empfinden kann. Diese Trauerweide war Jahre lang, genau wie Anna, misshandelt worden, und es hat sicher auch bei dem Baum eine geraume Zeit gedauert, bis die Spuren nicht mehr erkennbar waren. Anna hatte das intuitiv wahrgenommen.

Aber die Peiniger der Trauerweide waren unbekümmerte Kinder.

Hat ein Baum eine Seele? Anna hat eine Seele. Wachsen Seelen nach?

Anna erzählt heute von ihrem Ärger mit dem Heimleiter. „Erinnert er Sie an jemanden?" fragt Frau Siegel. Anna überlegt. „Von seiner Gestalt und Physiognomie her nicht", antwortet Anna, „aber seine Art erinnert mich manchmal an meinen Vater. Der konnte sich auch so hinter seiner Autorität verstecken wie hinter einer Mauer und damit jeder Diskussion den Boden nehmen. Ja, vielleicht habe ich eine Assoziation zu meiner Kindheit, wenn Herr Heinen mich so runter macht oder einfach über mich verfügt."

Nach einer Weile lächelt Anna und sagt, dass ihr Chef auch manchmal freundlich sein kann. Dabei erwähnt sie die personelle Umstellung. Frau Siegel fragt, ob Anna oft mit ihren Vorgesetzen im Clinch gewesen sei. Anna verneint das und berichtet über die schönen Jahre im Pflege- und Erziehungsheim bei den Ordensschwestern.

Dann fällt ihr ein: „Doch einmal hatte ich Probleme. Das war während meiner Zeit als Schwesternschülerin. Ich hatte zunächst in Köln mit der Ausbildung angefangen. Im zweiten Jahr war ich für drei Monate zum Nachtdienst beordert. Ich betreute eine Kinderstation und eine Privatstation mit Frauen. Früher waren die Stationen ja noch nach Geschlechtern getrennt. Auf der Kinderstation lagen unter anderem drei frisch operierte Kinder, nach denen ich oft nachschauen ging. Bei den Nachtdiensten war immer auch eine examinierte Kraft anwesend für Notfälle. Die ging aber nur in die Zimmer, wenn es sich wirklich um einen Notfall handelte. Intensivstationen gab es zu dieser Zeit noch nicht. Auf der Privatstation lag eine Frau, die ständig klingelte. Sie war etwas verwirrt und verwechselte den Klingenknopf mit dem Knopf fürs Licht. Beide befanden sich an der Wand, an der das Bett längs stand. Auch das war früher so. Als ich mindestens zwanzigmal zu ihr gelaufen war, zog ich das Bett etwas tiefer runter, so dass die Patientin nur noch an den Knopf für die Lampe kam. Ich ging dann ständig nachschauen, aber musste nicht immer von der Kinderstation wegrennen, wenn ich dort Hilfe leistete. Ich schrieb den Verlauf der Nacht auch ins Nachtwachenbuch – es gab zu der Zeit noch keine Dokumentationsmappen für die Patienten so wie heute - und ließ es von der examinierten Pflegekraft absegnen. Am nächsten Tag wurde ich unsanft aus dem Schlaf gerissen. Ich war gerade eingeschlafen, da ich ja zwischendurch tagsüber auch am theoretischen Unterricht teilnehmen musste. Früher gab es keine Blockzeiten. Ich solle sofort zum Chefarzt kommen. Dieser hatte bereits bei meinem Vater angerufen, weil mein Vater und seine Frau Privatpatienten von ihm waren.

Als ich in sein Büro trat, zeigte er hoheitsvoll zu einem Besuchersessel, auf dem ich mich dann niederließ. Und dann ging es zur Sache. Freimütig erzählte er mir, dass er zunächst mit meiner ´Stiefmutter´ gesprochen habe. Ich hasste das Wort Stiefmutter im Zusammenhang mit Mechthild, weil der Wortteil 'Mutter' darin vorkommt. Mechthild soll lachend gesagt haben, dass das ja zu erwarten gewesen sei. Ich sei die Tochter ihres Mannes und stehe unter dem schlechten Einfluss meiner Mutter. Mechthild habe gesagt: 'Schmeißen Sie sie doch einfach raus!' Als er sagte, dass er das ja wohl auch tun müsse, habe ich mich erst gar nicht auf ein weiteres Gespräch eingelassen und mich höflich verabschiedet. Er rief mich zurück, aber darauf habe ich nicht reagiert. Ich wollte vor ihm nicht weinen.

Meine Mutter wohnte in der Nähe des Krankenhauses. Ich bin zu ihr geflüchtet und traf sie auch alleine an. Sie ließ mich berichten, zog ihren Mantel an und sagte 'Komm.' Wir gingen zusammen zur Klinik und wurden auch zum Chefarzt vorgelassen. Meine Mutter war fünfunddreißig Jahre alt und sah entzückend aus. So verblüfft hatte ich Professor Roth noch nie gesehen. Er erklärte meiner Mutter, dass er doch nur von mir erwarte, dass ich mich bei der Privatpatientin entschuldige, ansonsten sei er gezwungen, mich zu entlassen. Meine Mutter wollte wissen, warum. Er kam ins Schleudern. Sie half ihm nach und sagte: 'Weil es eine Privatpatientin war? Sollte meine Tochter wegen ihr die Kinder vernachlässigen, die ihrer Hilfe bedurften. Und was ist mit der examinierten Kraft, die zur gleichen Zeit wie meine Tochter Nachtdienst hatte? Ist die nur als Dekoration vorgesehen, um dem Personalschlüssel Genüge zu tun? Die hätte doch auch mal dem Klingeln folgen können.' Dann wandte sie sich - ohne eine Antwort abzuwarten mir zu und sagte: 'Kind, das hast du nicht nötig. Ich bin stolz auf dich. Du hast richtig gehandelt. Du kannst überall lernen. Du bist zu schade für dieses Krankenhaus.' Ich glaube, mir stand der Mund offen. Dr. Roth wollte einrenken und rannte uns auf dem Weg zur Tür fast über den Haufen vor Eifer, aber meine Mutter ging stolz aus der Tür und ich folgte ihr nicht weniger stolz. Ich hatte meine Mutter noch nie so erlebt, wenn es um mich ging und war richtig glücklich. Sie hatte zu mir gestanden.

Ganz schnell hatte ich eine neue Klinik, in der ich meine Ausbildung zu Ende machen konnte. Die Ordensschwestern halfen mir, in einer ihrer Kliniken wieder in die Ausbildung einzusteigen. Allerdings lag diese Klinik in der Eifel. Meinen Vater fragte ich gar nicht erst, ob er einverstanden sei. Ich glaube, ich hätte den beiden meine Verachtung und meinen Hass vor die Füße geknallt. In dieser Klinik kannte kein Arzt ihn und seine gehässige Frau. Sie konnten mir keine Steine in den Weg rollen."

Frau Siegel lächelt. „Sie waren diesmal nicht nur stolz auf Ihre Mutter, weil sie jung und schön war, sondern weil sie sich so verhalten hatte, wie es eigentlich eine Mutter tut?" „Ja", erwidert Anna und erlebt im Nachhinein noch die Genugtuung und die Freude, die sie damals verspürte. Sie verabschiedet sich von Frau Siegel mit einem festen Händedruck. Ein Hauch von Würde umstrahlt Anna.

Frau Siegel spricht Anna in der nächsten Stunde auf die Briefe an, die Anna an die verstorbenen Familienangehörigen geschrieben hat. Anna geht darauf ein und erzählt von dieser Zeit. Aber sie ist in einer ruhigen Grundstimmung und weint nicht. Sie kann ganz sachlich darüber reden. Vielleicht zu sachlich?

Beim Abschied sagt Frau Siegel, dass Anna sehr schöne blaue Augen habe. Anna schwebt die Treppe hinunter und auf Wolken wieder am Park vorbei in Richtung ihrer Wohnung. Im Hausflur begegnet ihr Alex, die im gleichen Haus wohnt und seit einem halben Jahr geschieden ist. Sie hat sich in eine Frau verliebt. Alex studiert noch und arbeitet nebenbei als Pflegehelferin bei Anna in der Senioreneinrichtung. Sie ist äußerst zuverlässig und lernfähig. „Wie bist du denn drauf?" fragt sie munter in ihrer lockeren Art. Anna schaut sie verklärt an. „Frau Siegel hat gesagt, ich hätte schöne blaue Augen", haucht Anna. Alex grinst. „Na, wenn das mal nicht ‚ne Gegenübertragung ist", flötet sie und ist raus aus der Tür. „Tschüssi, bis heute Abend", ruft sie noch, während sie die Außenstufen zum Vorgarten runter hüpft. „Na, du musst es ja wissen, studierst ja das Zeug", ruft Anna ihr noch gut gelaunt hinterher.

Anna hat gleich am übernächsten Tag wieder eine Therapiestunde. Frau Siegel fragt Anna: „Haben Sie schon mal etwas von einer Gegenübertragung gehört?" „Ja, vorgestern noch", antwortet Anna spontan. Dann wird ihr bewusst, was Frau Siegel da fragt. Natürlich weiß Anna, was eine Gegenübertragung ist. Hat sie längst nachgelesen. Sie weiß gar nicht, wo sie hin schauen soll.

Frau Siegel erklärt Anna nun, dass sie zurzeit selbst bei ihrem Chef Stunden nimmt, um ihr Gefühl zu Anna abzuklären. Sie gibt ohne weiteres zu, dass sie sich auf die Stunden mit Anna freue und dass sie letztens, als Anna ihr den Blumenstrauß überreicht hatte, versucht gewesen sei, sie in den Arm zu nehmen. Anna bebt innerlich vor Freude, aber auch vor Angst, dass nun vielleicht die Therapie beendet werden muss. Sie will ihre Therapeutin nicht verlieren. Das wäre das Schlimmste, was ihr zurzeit widerfahren könnte. Die Stunde verläuft sehr ruhig. Anna ist froh, dass es sich heute nicht um eine Doppelstunde handelt, obwohl Frau Siegel ihr beteuert, dass die Therapie nicht enden wird.

„Gut, dass ich mir für heute nichts mehr vorgenommen habe“, denkt Anna auf dem Heimweg. Sie muss zu Hause in Ruhe nachdenken. Irgendwie ist sie glücklich. Frau Siegel mag sie auf jeden Fall, das weiß sie jetzt. Aber das spürte sie auch schon vorher. Doch da war das nicht erwähnenswert. Wenn man nicht ein bisschen Draht zu einer Klientin hat, würde eine therapeutische Arbeit sicher schwierig sein.

Schrecken der Kindheit

Immer horch ich, ob jemand mich ruft.
wie ein Fenster, auf das unablässig
Der Regen herab rinnt,
liegt mein Gesicht unter meinen Tränen

Paul Ludwig

Als Anna Frau Siegel zum ersten Mal sah bei dem üblichen Vorgespräch, war diese ihr gleich sympathisch. Sie hatte etwas, was Anna sehr an jemanden erinnerte. Anfangs wusste sie nicht, was es war. Frau Siegel wurde für Anna Mutter, Schwester, Freundin, alles gleichzeitig. Ein großes Gefühl der Liebe und des Vertrauens überwältigt Anna. Die Mutter, die sie sich früher immer erträumt hatte, gleicht sehr ihrer Therapeutin.

Folgenden Traum trägt Anne in ihrer Kladde ein und erzählt ihn auch in der nächsten Stunde ihrer Therapeutin:

Montag, 20. September 2004
„Meine Mutter schaut durch ein Fenstergitter zu mir und will nach mir rufen. Aber es kommt kein Ton heraus. Ich will zu dem Fenster, aber komme nicht vom Fleck. Da höre ich Gelächter hinter mir und sehe Mechthild, wie sie mit Schmutzklumpen auf das Fenster zielt und meine Mutter auch trifft. In dem Moment verschwindet das Gesicht meiner Mutter vom Fenster. Ich bücke mich und nehme einen Stein auf und werfe ihn nach Mechthild, treffe sie aber nicht. Mein Vater taucht auf und schlägt mich ins Gesicht. Ich trete ihn in die Weichteile und er fällt um und gibt kein Lebenszeichen mehr von sich. Mechthild sagt: 'Jetzt hast du ihn getötet. Dann brauche ich das nicht zu tun.' Ich schreie nach meiner Mutter und kann auch zur Mauer laufen. Dort versuche ich mich hochzuziehen am Fenster. Als ich durch die Scheiben sehen kann, zie-

hen zwei Wärter meine Mutter an den Beinen nach draußen. Sie rührt sich nicht. Ich lasse mich einfach runterfallen und werde wach.

Der Traum geht mir sehr nahe. Ich muss Ihnen etwas erzählen, worauf der Traum wohl basiert: „Ich war sieben oder acht, das weiß ich nicht mehr genau. Es war auf dem Weg zur Schule. 'Mit dir darf ich nicht mehr spielen', erklärte mir meine beste Freundin Liesel. Sie hatte nicht wie sonst an der Ecke, sondern ein Stückchen weiter im Schutz eines Baumes auf mich gewartet. Ich glaubte, nicht richtig gehört zu haben und schaute sie verblüfft an. Liesel wiederholte die Worte. 'Warum?' frage ich. 'Weil deine Mutter eine Räuberbraut ist. Das hat Fräulein Bronner meiner Mutter erzählt.' Ich ging weiter, ruhig, mechanisch; ich fühlte mich wie eine Puppe. Fräulein Bronner war unsere Lehrerin. Wie kam sie jetzt darauf. Die Sache war über zwei Jahre her, kurz nach meiner Einschulung. Es stand in der Zeitung. 'Walter und die Räuberbraut.' Ich machte kehrt und ging nicht wie sonst mit Liesel zur Schule aus Angst, dass alle es wissen und mich ablehnen würden. Ich ging zur Stadtwaldwiese, dort, wo es noch einigermaßen belebt war tagsüber. Ich wünschte mir zu sterben. Nicht, weil meine Eltern dann um mich trauern würden, diesmal war eine solche Ausweglosigkeit in mir, eine solche Finsternis, aus der ich glaubte nie mehr herausfinden zu können."

Anna schweigt, schluckt und setzt dann wieder an: „Ich vertraue Ihnen und möchte heute erzählen, was damals passiert ist. Mitten in der Nacht hatte es geschellt. Meine Mutter, die damals noch mit mir bei den Großeltern lebte und in der Stube auf der Couch schlief, öffnete die Tür. Zwei Polizeibeamte traten in die Wohnung. Sie hatten einen Hausdurchsuchungsbefehl und einen Haftbefehl für meine Mutter. Sie räumten alle Schränke aus, fanden aber nichts Verdächtiges. Trotzdem nahmen sie meine Mutter mit in Untersuchungshaft. Die bereits verpackten Weihnachtsgeschenke und die Weihnachtsstollen und Plätzchen, die meine Oma gebacken hatte, wollten sie beschlagnahmen. Das war das erste und letzte Mal, dass ich meinen Opa laut werden hörte. Ich saß in meinem Bett und weinte. Es war ungefähr eine Woche vor Weihnachten. Die Plätzchen und Stollen blieben im Haus. Ich war untröstlich.

Zwei Tage später schellte es Sturm. Meine Großmutter öffnete. Mein Vater stürzte ins Zimmer, riss mich an sich und rannte mit mir auf dem Am die Treppe herunter. Ich schrie: 'Papa, ich hab doch noch meine Hausschuhe an.' Er wendete. Oben auf dem Treppenabsatz vor der Stubentür stand meine Oma, kreideweiß im Gesicht, die ganze Frau Entsetzen und Verzweiflung. Ich sah, wie sie langsam in sich zusammenfiel. Ich schrie in Angst um sie. Die Hausbewohnerin unter uns wurde aufmerksam und rief einen Arzt. Gemeinsam legten sie meine Großmutter auf ihr Bett. Der Arzt setzte mich, nachdem er meine Oma untersucht hatte, zu ihr ins Bett und sagte zu meinem Vater: 'Lassen Sie das Kind hier. Ich garantiere sonst für nichts.' Ich hatte fürchterliche Angst. Mein Vater fuhr ohne mich weg. Ich hatte ganz zwiespältige Gefühle; einerseits Bedauern, dass er wieder fort war, andererseits Erleichterung, in meiner Umgebung bleiben zu können. Oder war es mehr das Gefühl der Verpflichtung, Oma beistehen zu müssen? War es Enttäuschung, dass mein Vater nicht ernsthaft um mich kämpfte? Ich fühlte mich oft so zerrissen, so zwiespältig und hatte ständig Schuldgefühle.

Meiner Mutter schrieb ich kleine unbeholfene Briefchen ins Gefängnis und malte Bilder und Herzchen für sie. Weihnachten schickte ich ihr ein Päckchen mit Plätzchen, die ich selbst mit Zuckerguss und Liebesperlen verziert hatte, und einen Milchzahn von mir, den ich bis dahin wie einen Schatz aufbewahrt hatte. Es war ein trauriges Weihnachtsfest. Mein Vater, den ich jeden Sonn- und Feiertag besuchen musste, hielt mir vor, wie tief meine Mutter gesunken sei. Es geschehe ihr Recht. Sie hätte ja bei ihm bleiben können. Sie stecke bis zum Hals im Dreck. Und das wegen dieses Kerls. Vor meinem geistigen Auge entstand ein Bild von einem Kerker oder Verlies mit schlammigem Boden. Ich hatte nachts viele wilde Albträume. Oft sah ich meine Mutter immer tiefer im Schlamm versinken. Eines Tages sahen nur noch ihre Augen raus, und ich schrie das ganze Haus zusammen.

Niemand sagte mir, was passiert war und meiner Mutter vorgeworfen wurde. Es musste etwas Schlimmes gewesen sein. Die meisten Kinder aus meiner Schule durften nicht mehr mit mir spielen, taten es aber trotzdem. Die Strolche und die Barackenkinder so wie einige andere Kinder durften offiziell mit mir verkehren. Ihre Eltern waren lieb zu mir und luden mich ein. Aus Dankbarkeit half ich den Kindern bei den Schulaufgaben. Nach wenigen Wochen stellte sich heraus, dass meine Mutter unschuldig war. Sie hatte einen Freund, der mit einem seiner Freunde nachts Einbrüche verübt hatte. Meine Mutter wusste davon nichts. Es dauerte lange, bis ich wieder anerkannt wurde. Die Erwachsenen taten sich damit schwerer als meine Schulkameraden. Zu dieser Zeit lernte ich, mich durch Musik, Malen, Lesen und Schreiben von meinen Gefühlen der Einsamkeit und des Zurückgewiesen-Seins abzulenken. Manchmal träumte ich in meinen Tagträumen, meine Mutter sei tot oder sie sei meine große Schwester und wir hätten eine andere Mutter. Ich liebte sie und hatte dann große Schuldgefühle.“ Frau Siegel nickt. Anna fühlt sich gut, nachdem sie endlich darüber gesprochen hat.

Im Rückblick: Internatszeit und Ausbildung

Stört nicht den Traum der Kinder, wenn eine Lust sie herzt
Ihr Weh schmerzt sie nicht minder als dich das deine schmerzt
Es trägt wohl mancher Alte, des' Herz längst nicht mehr flammt,
im Antlitz eine Falte, die aus der Kindheit stammt.

Julius Hammer

Der Sommer ist vorbei. Anfang Dezember kommt Elke und kann eine Woche lang bleiben. Die Freundinnen unterhalten sich angeregt, lachen viel und nutzen die Zeit, sich Wohnungen anzusehen. Der Zufall hilft Ihnen. Anna hatte bereits Aushänge angefertigt für die Supermärkte in ihrer Nähe. Darauf hatten sich im Laufe der Woche bereits zwei potentielle Vermieter gemeldet. Diese Wohnungen schauen sich die beiden zuerst an. Bei der ersten passt der Preis nicht zur Größe. Die zweite Wohnung gefällt Elke auf Anhieb gut. Sie liegt nicht weit von Annas Wohnung entfernt.

Elke hat ihre Bewerbungsunterlagen mitgebracht, so dass Anna sie montags gleich dem Heimleiter vorlegen kann. Eigentlich ist ja alles schon abgesegnet. Freitag erhält Elke einen Vorstellungstermin. Herr Heinen ist von ihrer Person und ihren Zeugnissen sehr angetan und stellt sie zum Quartalsbeginn ein. Elke muss bei ihrer alten Stelle die Kündigungsfrist einhalten. Abends begleitet Elke Anna zur Praxis von Frau Siegel. Sie verabreden sich zum Ende der Stunde in der nahe gelegenen Eisdiele.

Anna erzählt Frau Siegel von Elke, und Frau Siegel freut sich mit Anna, fragt sie, woher sie Elke kennt. Anna berichtet Frau Siegel über die Zusammenhänge. Dann schweigt sie eine Weile. Frau Siegel fragt plötzlich: „Wie war die Internatszeit für Sie?" „Internat?" Anna schreckt auf, überlegt und lächelt dann. „Eigentlich hatte ich mich gefreut, in ein Mädcheninternat zu kommen. Ich stellte es mir schön vor, mit vielen anderen Mädchen in einem Haus zu leben. Es war mir auch lieb, meinem häuslichen Umfeld für eine längere Zeit zu entkommen. Mein Vater war nach den Misshandlungen vom Jugendrichter vor die Wahl gestellt worden, mich wieder bei meiner

Oma, die nun alleine wohnte, leben zu lassen oder mich in einem Internat unterzubringen. Auf keinen Fall sollte und wollte ich mehr im Haushalt meines Vaters leben. Für eine Erziehungsanstalt, die Mechthild vorschlug, war keinerlei Indikation gegeben. Das hatten alle Tests einwandfrei ergeben zum Ärger von Mechthild. Die Kosten musste mein Vater allein übernehmen. Ich war dort von 1955 bis 1957.

Das Internat lag im Kreis Bornheim gleich am Rhein und war nicht weit von Köln entfernt. Es wurde von Ursulinen geführt. Ich teilte mir mit zehn anderen Mädchen aus meiner Schulklasse und einer Nonne einen Schlafsaal. Dieser war in Zellen aufgeteilt, rechts und links dünne Holzwände, am Kopfende des Bettes eine Wand mit einem halben Fenster. Die andere Hälfte gehörte zur Nebenzelle. Vorn befand sich ein weißer, gestärkter Leinenvorhang, der tagsüber akkurat in Falten gelegt und seitlich befestigt werden musste mittels einer Schlaufe. Die Zellen waren spartanisch eingerichtet mit einem weißen, schmalen Bett, einem Hocker und einer Wäschekommode. Kleiderschränke befanden sich außerhalb der Zellen. Es handelte sich um schmale Schränke mit unseren jeweiligen Namen auf der Tür. Wir mussten uns abends entscheiden, was wir am nächsten Tag anziehen wollten. Sommers wie winters mussten wir uns abends eine Porzellankanne mit kaltem Wasser holen, die wir in der Frühe in die dazu gehörigen Waschschüsseln füllten. Abends durften wir uns mit warmem Wasser waschen. Dafür hatten wir eine größere Emaille-Schüssel und zwanzig Minuten an Zeit zur Verfügung. Zähne putzen durften wir an den Waschbecken, die sich im hinteren Teil des Schlafsaales nebeneinander reihten. Wehe, wir vergaßen, zu diesem Zweck unsere Bademäntel anzuziehen. Das wurde mit Strafe geahndet. Wir durften uns nicht in Nacht- oder Unterwäsche zeigen. Das galt als unkeusch. Wir fanden das spaßig und machten unsere Witze darüber.

Wir hatten die netteste Schlafsaalschwester, die es im Internat gab. Sie war gleichzeitig unsere Handarbeitslehrerin. Ich konnte plötzlich innerhalb kurzer Zeit stricken, häkeln und sogar Knopflöcher nähen und Socken stopfen. Mit meinen Mitschülerinnen verstand ich mich gut. Ich lernte schnell und gern. Leider machten ein paar Ordensschwestern mir das Leben etwas schwer. Sie monierten, dass meine Eltern geschieden waren und nun mit den neuen Partnern in wilder Ehe lebten. Meine Oma schrieb mir regelmäßig und legte mir von ihrem bisschen Geld einen Schein in den Umschlag. Sie vermisste mich sehr. Ich hatte ein furchtbar schlechtes Gewissen, weil ich lieber ins Internat gewollt hatte als wieder bei ihr zu wohnen und in Köln die Handelsschule zu besuchen.

Es gab auch sehr einfühlsame Ordensschwestern, die mich aufmunterten. Schlimm waren die Wochenenden. An zwei Wochenenden im Monat hatten wir Heimaturlaub, an den dazwischen liegenden Wochenenden durften wir sonntags Besuch empfangen. Oft meldete mein Vater sich an, doch meist kam er dann doch nicht. Wir hielten uns, wenn wir auf unsere Familien warteten, im Gartenpavillon auf. Nach und nach wurden die Mädchen gerufen, wenn ihre Besucher eingetroffen waren. Zum Schluss saß ich dann oft alleine dort. Besonders traurig machte es mich, dass ich meiner Oma und meiner Mutter gesagt hatte, dass mein Vater kommen wolle. Später ging ich dazu über, meinem Vater mitzuteilen, dass ich lernen müsse. Mechthild kam auf die boshafte Idee, im Internat anzurufen, um sich nach meinem Wissensstand zu erkundigen. Sie hatte gehofft, ich sei auf dem Wege, mit meinen Leistungen abzufallen. Bei dieser Gelegenheit erfuhr sie, dass ich gute Noten hatte. Mein Vater hat mich für diese Lüge mit Worten mehr geschlagen als jemals zuvor mit seinen Händen. Das Harmloseste war noch Lügenmaul und Hure. Ich versuchte mit ihm zu reden, zu erklären. Er hörte gar nicht zu.

In den kurz darauf folgenden Osterferien bin ich im Internat geblieben. Außer mir waren noch einige Mädchen von Botschaftsangehörigen dort. Es waren schöne Ferien. Im Schlafsaal war ich mit Schwester Josefine allein. Wir unterhielten uns oft abends noch lange. Am Tag habe ich viel gelesen und gemalt und mit den ausländischen Kindern Deutsch gepaukt.

Während der Schulzeiten bekamen wir zweimal pro Woche Anstandsunterricht. Das war oft sehr lustig. Ein Höhepunkt war auch das einmal wöchentliche Baden im Badehaus. Eine Schwester stand vor der Tür, nachdem sie überprüft hatte, dass das Wasser nicht zu warm war und gerade so bis zum Nabel reichte. Zwanzig Minuten wurden uns zugestanden fürs Baden einschließlich Haare waschen. Föhnen konnten wir draußen im Flur, ohne Spiegel natürlich.

Nach der Internatszeit bin ich in die Krankenpflegeschule gegangen. Ich war achtzehn Jahre alt. Zu dieser Zeit war man erst mit einundzwanzig Jahren volljährig. So war mein Berufswunsch wieder mit einem Kampf zwischen meinem Vater und mir verbunden. Er gab dann aber zu meinem eigenen Erstaunen nach. Ich bekam sogar von ihm eine Bescheinigung, dass ich zu Hause ein Jahr im Haushalt geholfen habe. Das war Bedingung für die Aufnahme in die Schwesternschule.

Die Begabten-Sonderprüfung habe ich erst viel später gemacht. Ich wollte gern wenigstens Sozialpädagogik studieren. Und für eine Fachhochschule reichte dieser Abschluss. Ich war auch in Heidelberg bereits angenommen. Allerdings hätte ich etwas finanzielle Unterstützung gebraucht, denn ich konnte nebenher keine Dienste in Krankenhäusern übernehmen, weil ich gegen Desinfektionsmittel und noch einige andere Substanzen allergisch geworden war und Asthmaanfälle hatte. Deshalb ging ich auch später in den Seniorenbereich ins Management. Mein Vater verwehrte mir seine Unterstützung mit der Begründung, dass mein Bruder im Schwarzwald studiere und er nicht Rockefeller sei. Von meinen Schwestern erfuhr ich, dass unserem Bruder ein großes Eckzimmer finanziert wurde, welches eigentlich für zwei Studenten vorgesehen war. Außerdem bekam er von den Eltern einen nagelneuen Porsche, damit er am Wochenende schnell nach Hause kommen konnte, um seine Wäsche von Mechthild waschen und bügeln zu lassen.

Ach ja, Internat. Eigentlich hat die Zeit im Internat mir nicht geschadet; ich war mal aus allem raus und musste nicht dauernd Angst vor Schlägen und Sanktionen haben. Das Lernen fiel mir leicht."

Am Ende der Stunde lacht Anna und sagt: „Nun habe ich noch einen schönen Abend vor mir. Elke ist für ein paar Tage da. Wir treffen uns in der Eisdiele. Eis esse ich ja zu allen Jahreszeiten." Beschwingt hüpft Anna die Stufen von der Praxis zur Haustür hinunter.

Teil II

Verlobung mit Klaus. Liebe zu Maria

Und meine Seele spannte weit ihre Flügel aus
flog durch die stillen Lande als flöge sie nach Haus

Joseph von Eschendorff

Mit neunzehn, nach dem Wechsel zu einem Krankenhaus in der Eifel, lernte Anna Klaus kennen. Er studierte in Köln Sozialarbeit und machte in dem Krankenhaus, in dem Anna als Schwesternschülerin lernte, sein Praktikum. Das Krankenhaus lag in der Eifel in Klaus' Heimatdorf. Klaus war ein gut aussehender Mann; alle Schwesternschülerinnen – und nicht nur diese – fanden ihn toll, heute würde man sagen „geil" oder „cool". Klaus hatte nur Augen für Anna, die das zunächst gar nicht realisierte. Anna war sehr zurückhaltend und scheu. Wenn jemand ihr ein Kompliment machte, legte sie erst mal die Ohren an und schaute in die Runde, ob sie auch wirklich gemeint sei. Klaus war sehr einfühlsam. Gerade weil Anna so scheu war und als Einzige nicht mit ihm flirtete, gefiel sie ihm. Anna war natürlich stolz, dass Klaus gerade sie auserwählt hatte. Sie schätzte ihn auch sehr und vertraute ihm. Sie traf sich gern mit ihm, und sie unternahm mit Klaus, seinen Freunden und deren Freundinnen viele schöne Radtouren und Ausflüge; sie gingen zusammen tanzen und waren fröhlich und ausgelassen. Anna konnte ein richtiger Clown sein, wenn sie glücklich war. Sie mochte Klaus sehr und freute sich auf jede Stunde mit ihm. Aber ob es Liebe war, das wusste sie nicht so richtig. Es war schön, einen Freund zu haben – und später mal ganz viele Kinder. So dachte Anna damals.

Klaus stellte Anna seinen Eltern und Geschwistern vor. Der Vater war der Bürgermeister vom Ort. Er mochte Anna auf Anhieb. Die Mutter führte ein kleines Lebensmittelgeschäft. Auch mit ihr verstand sich Anna gut.

Anna hatte mit Rauchen begonnen während des Nachtdienstes und es fiel ihr bereits schwer, mehrere Stunden ohne Nikotin zu sein. Klaus bat sie, bei seinen Eltern nicht zu rauchen, die seien da strikt gegen. Nur die Männer hatten dieses Privileg. Und wie!

Nach dem Kaffee und Mutters selbst gebackenem Kuchen, den alle ununterbrochen loben mussten, ob sie gerade den Mund voll hatten oder nicht, saßen alle noch gemeinsam in der guten Stube um den runden Tisch herum. Die Damen bekamen ein Likörchen, die Männer ein Schnäpschen. Letztere gaben sich zusätzlich dem blauen Dunst hin. Anna litt. Wie gern hätte sie jetzt eine Zigarette geraucht, nachdem sie die erste Musterung überstanden hatte. Klaus sah sie beschwörend an. Bruno, der ältere Bruder von Klaus, grinste.

Plötzlich stürzte Bruno zur Tür und verkündete: „Da kommen Sabine und Richard!" Nun kam Leben in die Runde. Es wurden wieder Kuchen und Kaffee aufgetischt aus schier unerschöpflichen Quellen, wie es Anna schien. Sabine schaute Anna an und sagte: „Du, wir kennen uns doch. Bist du nicht die Anna Scholl?" Anna dämmerte etwas. „Ja, Sabine Weiß, Ursulinen-Internat." Die beiden rückten zusammen und schwelgten gleich in Erinnerungen. „Weißt du noch, wie wir die Heringsgräten an Fäden gebunden und am oberen Podest zur Klausur der Ordensschwestern befestigt haben?" Anna erinnerte sich gut. Um Strom zu sparen, wanderten die Schwestern morgens im Dunkeln betend die Treppe runter zur Kapelle. War das ein Gaudi, als sie dabei die Heringsgerippe streiften. Die Mädchen hielten dicht und die Schwestern haben nie erfahren, wer die Übeltäterinnen waren.

Auf Grund dieser Begegnung mit Sabine und die Gespräche über das Internatsleben dachte Anna wieder mit etwas gemischten Gefühlen an die Internatszeit. Es war nicht so einfach als Kind von geschiedenen Eltern, es den Schwestern recht zu machen. Sie wurde ewig zum Vorbeten herangezogen, weil sie ja allen Grund habe zu beten: für ihre gestrauchelte Mutter, für ihren in wilder Ehe lebenden Vater, für sich, damit sie nicht auch so werde wie ihre Eltern. Ihr einziges Plus war, dass sie eine gute Schülerin war. Doch dann verscheuchte Anna die trüben Erinnerungen und konnte mit Sabine herzlich lachen über die schönen Dinge, die sie gemeinsam erlebt hatten.

Sabine steckte sich eine Zigarette an. Anna lief das Wasser im Munde zusammen, sie bekam regelrechte Entzugserscheinungen und schaute so verlangend, dass Sabine Anna die Packung hin hielt mit der Frage: „Möchtest du auch eine?" „Nein danke, ich rauche nicht", wehrte Anna ab und errötete heftig, zumal Bruno sie wieder angrinste und ihr zuzwinkerte. „Noch ein Likörchen?" Klaus' Vater kam mit der Flasche zu den beiden rüber. „Ich hätte lieber einen Klaren!" entschied Sabine ohne mit der Wimper zu zucken. Klaus' Mutter, die gerade in die Richtung der beiden Mäd-

chen schaute und Sabines Wunsch gehört hatte, schlug es fast die Kaffeekanne aus der Hand. Der Vater goss Sabine mit etwas verkniffenem Lächeln einen Korn ein. Anna hätte nach der Kuchenorgie auch lieber einen Klaren getrunken. Resigniert nippte sie brav an ihrem Likör. Auf jeden Fall lockerte der Alkohol ihre innere Spannung etwas. Die Stimmung wurde heiter. Anna und Klaus mussten erzählen, wie sie sich kennen gelernt hatten.

Klaus gab gerade eine gemeinsame Story zum Besten, Anna hörte lächelnd zu und nahm sich ganz nebenher eine brennende Zigarette, die auf dem Rand eines in der Nähe abgestellten Aschenbechers abgelegt war, lehnte sich entspannt zurück und nahm einen tiefen Zug. Erst da wurde ihr bewusst, dass sie sich – Macht der Gewohnheit – die ihr am nächsten liegende Zigarette genommen und gar nicht darüber nachgedacht hatte, dass sie ja Nichtraucherin war. Klaus sah sie an und verstummte. Nun wurden auch seine Eltern aufmerksam. Sabine rettete die ganze Situation und sagte lächelnd: „Komm, Kleine, lass das mal schön. Heute brauchst du mir nichts mehr zu beweisen." Anna hatte im Internat sehr für die drei Jahre ältere Sabine aus der Oberstufe geschwärmt und sie ihre „große Schwester" genannt. Als Sabine nach dem Abitur das Internat verließ, war Anna sehr traurig.

Klaus drängte kurz nach diesem Vorfall darauf, mit Anna noch einen Spaziergang zu machen. Sabine und Richard schlossen sich an. Endlich konnte Anna ungestraft rauchen, musste sich aber noch eine Gardinenpredigt von Klaus anhören. Sabine und Richard waren da anderer Meinung; sie vertraten die Ansicht, dass jeder selbst entscheiden sollte, was er tut oder lassen möchte. „Und unter Zwang wird sich niemand das Rauchen abgewöhnen. Sie muss es selbst wollen!" beendete Sabine die Debatte.

Anna und Klaus verlobten sich, nachdem Anna mit gutem Erfolg ihre Abschlussprüfung gemacht hatte und nun bis zum Diplom ihr vorgeschriebenes praktisches Jahr absolvierte. So richtig glücklich, wie eine Braut sich fühlen sollte, fühlte Anna sich nicht. Klaus war der jüngste Sohn und durfte als Einziger der Geschwister studieren. Er war seinen Eltern sehr dankbar dafür, was darin gipfelte, dass er niemals etwas getan hätte, was ihnen hätte missfallen können. An den Wochenenden kam er nach Hause, wo er dann bei seinen Eltern wohnte. Wenn Anna dienstfrei hatte, traf sie sich mit der Familie vor der Kirche zum Gottesdienst um sieben Uhr; meist gingen der Vater und die Geschwister um zwölf Uhr noch ins Hochamt, während die Mutter kochte. Nachmittags fand im Ort eine Andacht statt, die natürlich auch besucht werden musste. Anna war gläubig, aber das war ihr zu viel. Sie und Klaus hatten kaum Zeit füreinander. In der ersten Zeit, als Anna die

Eltern noch nicht kannte, hatten sie so viel unternommen. Jetzt, wo Klaus in Köln studierte und nur am Wochenende zu Hause war, mussten sie fast alles gemeinsam mit den anderen absolvieren oder zu Hause bei den Eltern sitzen. Anna hatte sich immer ein schönes, intaktes Elternhaus gewünscht, aber ihre Vorstellung hatte keine Ähnlichkeit mit dem, was ihr nun beschert wurde. Wieder musste sie sich verstellen und lachen, wenn ihr zum Weinen war. Sie wollte endlich einmal das tun, was ihr Freude machen würde und nicht immer nach den Regeln anderer leben.

Eines Tages hieß es „Maria kommt zu Besuch für eine ganze Woche." „Wer ist Maria?" fragte Anna Klaus. „Das ist meine zweite Schwester, sie ist Nonne." „Auch das noch", dachte Anna.

Gemeinsam mit Klaus pflückte sie einen Feldblumenstrauß, mit dem sie Marias Zimmer schmückten. Anna war neugierig. Sie fuhr mit zum Bahnhof. Als der Zug einlief, sah sie schon einen Schleier aus dem Zugfenster flattern, und dazwischen strahlte ein hübsches Gesicht sie freundlich an. „Du bist also die Anna", war Marias Begrüßung, der eine herzliche Umarmung folgte. Anna wäre am liebsten gar nicht mehr aus dieser Umarmung aufgetaucht. Etwas zog sie unheimlich zu Maria hin, und sie spürte instinktiv, dass auch Maria sie auf Anhieb mochte.

In der Folge war Anna nie mehr so gern bei Klaus' Eltern zu Hause wie in dieser Woche. Anna befand sich in einem Zustand, den sie noch nie erlebt hatte. Die Arbeit ging ihr von der Hand. Sie alberte auf der Kinderstation mit ihren Schützlingen herum, tröstete die Kleinen, die frisch operiert oder nach einem Unfall eingeliefert worden waren, sprang auch zwischendurch im OP ein. Anna hatte eine Energie und einen Elan, die nicht zu bremsen waren. Klaus war schon wieder zum Studium nach Köln. So traf sich Anna in ihrer Pause oder am späten Nachmittag nach Dienstschluss mit Maria, so oft es ging. Sie spazierten durch die Felder, die zum Teil Marias Eltern gehörten, machten eine Fahrt zum Ruhrsee und warfen dort übermütig Steinchen ins Wasser.

Zwei Tage vor Marias Abreise waren sie wieder am Ruhrsee. Maria war sehr ruhig und schaute Anna immer wieder verstohlen von der Seite an. „Sie hat was", dachte Anna, „sie will mir etwas sagen." Sie hatten sich beide am Ufer ins Gras gesetzt, aus dem schon Feuchtigkeit empor stieg, und schwiegen. Anna brach als Erste die Stille und fragte: „Maria, ist etwas nicht in Ordnung? Du bist heute so schweigsam." Maria schaute Anna lange an, nahm dann ihre Hand und erwiderte: „Anna, ich muss dir etwas sagen. Ich weiß nicht, ob es richtig ist, wenn ich dir das sage." „Bitte, sag es", bettelte Anna. Ihr Herz schlug bis in die Haarspitzen. „Was willst du mir sagen?" „Dass ich dich sehr lieb habe", flüsterte Maria. „Aber das ist doch gut; ich habe dich auch sehr lieb", stammelte Anna. Sie wusste, es war nicht gut, nicht für die Gesellschaft, nicht für ihren Verlobten, nicht für den Orden, dem Maria angehörte. Niemand würde es gut heißen. Es war nicht die Norm.

Anna wurde nach all ihren Versuchen, wie ein ganz normales Mädchen zu leben, einen Freund zu haben, einen Mann zu lieben, nun deutlich bewusst, dass sie Frauen liebte. Sie hatte immer für irgendwelche Lehrerinnen geschwärmt, während ihre pubertierenden Mitschülerinnen den Mathelehrer und den jungen Kaplan anhimmelten. Sie „ging" auch wie alle anderen Mädchen mit einem Jungen, weil das eben so üblich war. Doch hatte sie insgeheim für die größeren Mädchen geschwärmt und bei ihnen Schutz und Geborgenheit gesucht. Das konnte als „pubertäre Phase" durchgehen. Aber dies jetzt - das war etwas anderes! In dieser Intensität hatte Anna noch nie empfunden. Maria füllte jede Zelle ihres Körpers, sie floss durch ihre Adern.

Schweigend fuhren die beiden zurück, jede in ihre eigenen Grübeleien vertieft. Kurz vor dem Ortseingang hielten sie an und stellten ihre Räder an einen Zaun. Anna wusste, dass sie eine Entscheidung treffen musste. Sie konnte so nicht weiter leben. Sie konnte nicht lügen und Klaus etwas vormachen, auch wollte sie vor seinen Eltern nicht mehr die angepasste und fromme Anna spielen. Sie hasste diese Rolle. „Maria, ich geh mit dir", stieß sie – noch atemlos von der Bergauffahrt – hervor. Bald habe ich mein Diplom. Krankenschwestern werden überall gebraucht. Ihr benötigt doch bestimmt auch welche. Ich bin dann auch viel näher an Köln und kann meine Familie öfter sehen." Anna redete und redete und suchte nach immer wieder neuen Vorteilen, die ein Umzug mit sich bringen würde. Maria legte ihre Hand ganz leicht auf Annas Mund, schaute sie an und sagte nur ein einziges Wort: „Ja."

Anna setzte alle Hebel in Bewegung, um an dem Wochenende, welches für Marias Rückfahrt vorgesehen war, frei zu bekommen. Ihre Freundin Uschi tauschte mit ihr den Dienst. So konnte sie mit Maria gemeinsam den Zug nehmen bis Bonn. Maria nahm sie am gleichen Tag mit zum Krankenhaus. Anna war begeistert, obwohl es sich um ein ganz altes Hospital handelte. Sie hätte in jeder Hütte gearbeitet, wenn ihr dabei die Nähe von Maria sicher gewesen wäre.

Anna fuhr zu ihrer Mutter und erzählte ihr von ihren Plänen. Annas Mutter reagierte ganz ruhig. „Hauptsache, du bist glücklich", war ihr Kommentar. „Aber wie geht es jetzt mit Klaus weiter? Weiß er schon da-

von?" „Um Gottes Willen", schrie Anna fast, „der darf das nicht wissen. Ich muss das langsam auslaufen lassen. Auch die Eltern dürfen das nicht erfahren." Nun wurde Annas Mutter doch etwas nachdenklich. Auch sie hatte Klaus schätzen gelernt und hätte ihn gern als Schwiegersohn in die Familie aufgenommen. „Mach das, wonach dir ist. Du bist noch jung und hast noch Zeit, dich zu orientieren. Erzähl Oma noch nichts davon. Die vergöttert Klaus und sieht sich schon von Urenkeln umgeben. Sie würde der Schlag treffen", gab sie Anna noch mit auf den Weg.

Maria rief bereits nach zwei Wochen an und teilte Anna mit, dass eine Stelle auf der Kinderstation frei würde mit der Möglichkeit, später die Station als Stationsschwester zu leiten. Zu dieser Zeit benötigte man noch keine Zusatzausbildung für diesen Dienstgrad. Anna erhielt ihr Diplom und kündigte ihren Dienst. Ihre Freundinnen Gudrun und Uschi weinten fast und versprachen, ihr in absehbarer Zeit zu folgen. Klaus' Eltern konnten es erst nicht begreifen, verstanden aber dann doch, dass Anna gern näher bei ihrer Familie und – wie sie glaubten – bei Klaus sein wollte, der ja noch in Köln studierte. Anna kam sich so verlogen und schlecht vor. Aber das andere Gefühl war stärker.

So begann Annas erste Frauenliebe, eine Liebe im Verborgenen. Es war schön und aufreibend. Es war schrecklich, wenn Klaus kam. Sie hatte mit Klaus noch keinen Sex gehabt, weil er den Standpunkt seiner Eltern übernommen hatte, dass eine Frau unberührt in die Ehe gehen müsse. Anna hatte zwar oft gemerkt, dass es ihm schwer fiel, diese Einstellung aufrecht zu erhalten, aber da sie kein sexuelles Verlangen ihm gegenüber verspürte und eigentlich nur kuscheln wollte, erinnerte sie ihn an die Grenzen, wenn sie merkte, dass er erregt war.

Die Liebe mit Maria gestaltete sich sehr schwierig, obwohl sie im gleichen Haus schliefen. Anna hatte ihr Zimmer gleich über der Kinderstation. Dort musste Maria abends vorbei, wenn sie in die Klausur ging. Sie konnten nie eine Nacht miteinander verbringen. Der körperliche Kontakt bestand nur aus Küssen und Zärtlichkeiten. Urlaub gab es für Maria nur eine Woche im Jahr, und den widmete sie ihren Eltern, die schon ziemlich betagt waren. Jedenfalls kamen sie Anna, die so extrem junge Eltern hatte, immer sehr alt und antiquiert vor. Anfangs sprach Maria davon, aus dem Orden auszutreten und mit Anna zusammen zu leben. Doch das hätte zur Folge gehabt, dass ihre Eltern sie „verstoßen" hätten. Sie waren so glücklich, dass eine ihrer beiden Töchter Ordensfrau geworden war und sie so eine „Fürbitterin vor dem Herrn" hatten.

Anna liebte ihre Arbeit mit den Kindern, war aber oft erschöpft und ausgelaugt, weil sie den schweren Beruf nicht mit einem ausgefüllten Privatleben kompensieren konnte. Sie machte immer mehr Überstunden, freiwillige Wochenenddienste, nur damit sie nicht auf ihrem kleinen Zimmer herum saß. So viel sie auch nachdachte und plante, es ergab keine Perspektive für ihr Privatleben. Während des ersten Urlaubs flüchtete Anna regelrecht zu ihrer Mutter nach Köln. Dort sagte sie auch Klaus, dass sie sich von ihm trennen wolle, weil sie ihn nicht so liebe, wie er es verdiene. Klaus sah sie mit seinen schönen dunklen Augen an wie ein wundes Reh. Der Blick verfolgte Anna noch lange. Anna dachte lange nach, wie es mit Maria auf Dauer sein würde, welche Möglichkeiten sie hatten. Keine. Anna verdiente noch nicht viel und Maria hätte, wenn sie den Orden verlassen würde, keinerlei finanziellen Rückhalt. Auch war der Altersunterschied sehr groß. Anna war Anfang 20, Maria 41 Jahre alt.

Nach dem Urlaub sagte Anna auch Maria Lebewohl. Sie weinten beide, klammerten sich aneinander, aber wussten auch beide, dass es nicht so weiter gehen konnte. Maria hatte ihre „ewigen Gelübde" abgelegt, sie war Ordensfrau. Es war schon viel zu viel geschehen. Marias Eltern wären zusammen gebrochen, wenn Maria aus dem Orden ausgetreten wäre, und die ganze Familie hätte sich von ihr losgesagt. In dieser Beziehung war Anna die Stärkere und traf die Entscheidung. Sie kündigte im Krankenhaus und zog in ihre Heimatstadt, wo sie sofort eine Stelle als Kinderschwester annahm.

Oma und Mutti sterben im gleichen Jahr

Der Tod ist groß.
Wir sind die Seinen lachenden Mund's.
Wenn wir uns mitten im Leben meinen,
wagt er zu weinen mitten in uns.

Rainer Maria Rilke

Anna erzählt in der nächsten Therapiestunde von ihrer Zeit mit Klaus und Maria. „Sie sagten, dass Sie den Arbeitsplatz gewechselt hatten nach der Trennung von Maria. War es ein guter Arbeitsplatz? Wie ging es Ihnen in der Zeit nach der Trennung?", fragt Frau Siegel Anna. „Dass ich den Arbeitsplatz gewechselt hatte, war nicht zu meinem Schaden. Ich arbeitete bei einem Psychotherapeuten-Ehepaar als Kinderschwester. Erst war ein neu geborenes Mädchen in meiner Obhut, ein Jahr später kam noch ein kleiner Junge hinzu. Ich liebte die Kinder und fühlte mich dort sehr wohl. Der Mann hatte seine Praxis im gleichen Haus, in dem die Familie lebte. So empfing ich auch oft die Patienten und erledigte Schreibarbeiten für ihn. Mittags kochten wir beide am Anfang oft zusammen. Ich lernte bei ihm ganz ausgezeichnet kochen und backen. Seine Frau arbeitete als Psychologin in einer Erziehungsberatungsstelle und kam mittags nach Hause zum Essen.

Mit dem Ehepaar konnte ich über alles reden. Sie vertrauten mir ihre Kinder an, wenn sie in den Urlaub fuhren. Meine damalige Freundin Carol durfte mit in der Wohnung übernachten während der Abwesenheit des Ehepaares. Die Kinder waren für mich, als wären es meine eigenen gewesen. Wenn ich mit ihnen in die Stadt fuhr, war ich immer ganz stolz, weil die Leute sicher dachten, dass es meine Kinder seien.

Die schöne Zeit bei dieser Familie wurde getrübt durch den Tod meiner Großmutter und meiner Mutter. Beide hatten einen bösartigen Tumor und lagen zur gleichen Zeit in verschiedenen Krankenhäusern. Ich jagte mit dem Fahrrad am späten Nachmittag von einer Klinik zu anderen und erfand immer wieder gute Nachrichten. Meiner Mutter erzählte ich, dass es Oma schon wieder besser ginge, meiner Oma berichtete ich, dass Mutti auf dem Weg der Besserung sei.

Als Erste verstarb meine Oma. Carol und ich saßen, so oft es ging, bei ihr, auch als sie starb. Ich redete Stunden lang ganz leise mit meiner Oma, bedankte mich für alles, was sie für mich getan hatte, sagte ihr, dass es mir sehr leid tue, wenn sie sich meinetwegen hatte Sorgen machen müssen. Ich hielt ihre Hand und spürte manchmal einen leichten Druck. Sie hörte mich. Es war ganz schlimm, sie so zu sehen, meine resolute Oma, die mich mit ihrer Liebe fast erdrückt hatte. Aber sie hatte mich geliebt und mir Werte vermittelt. Sie quälte sich, und dann kam mir ein Gedanke. Ich sagte zu ihr, dass sie ganz ruhig gehen könne, Mutti käme bald nach. Kurz darauf tat sie ihren letzten Atemzug und sah ganz friedlich aus.

Meine Mutter, der es schon sehr schlecht ging nach den Radium-Einlagen und Kobalt-Bestrahlungen, wollte unbedingt mit zur Beerdigung ihrer Mutter. Hand in Hand stand ich mit meiner Mutter am Grab der Großmutter. Als der Pfarrer den üblichen Satz sagte: 'Nun lasset uns beten für denjenigen, der dem Verstorbenen folgen wird', drückte meine Mutter ganz fest meine Hand. Lange standen wir noch am offenen Grab und schwiegen, nachdem die Trauergäste uns kondoliert hatten. Wir wussten beide, wer als Nächste folgen würde.

Ein halbes Jahr später starb meine Mutter. Es war schlimm für mich. Zwischen den Bestrahlungen und Radiumeinlagen konnte meine Mutter immer wieder für einige Zeit die Klinik verlassen. Ich nahm meine Mutter und deren Mann Thomas in die Wohnung auf, in der ich zuletzt gemeinsam mit meiner Großmutter gelebt hatte. Die Krankheit meiner Mutter war bereits sehr fortgeschritten, und die Absonderungen aus der Scheide rochen ganz penetrant. Wenn ich abends nach Hause kam, bezog ich meiner Mutter das Bett, machte ihr Essen und säuberte die Aschenbecher, die fast überliefen, putzte mit Desinfektionsmitteln, obwohl ich dabei ununterbrochen husten musste auf Grund meiner Allergie. Der Geruch der Absonderungen blieb.

Thomas trank nur noch. Mehrmals in der Nacht stand er in meinem Zimmer vor meinem Bett. Die Tür war nicht verschließbar. Ich bettelte: 'Lass mich schlafen, Thomas. Ich muss doch morgen arbeiten und du auch.' Thomas wollte reden. Oft stand ich auf und unterhielt mich im Wohnzimmer leise mit ihm. Ich hatte Angst vor ihm. Er schaute mich oft so seltsam an, machte Bemerkungen, die auf meinen Körper zielten und auf seine Männlichkeit.

Eines Abends, es war schon spät, kam Klaus ziemlich betrunken nach Hause und unterhielt sich lautstark mit meiner Mutter. Plötzlich gab es einen fürchterlichen Radau. Entsetzt sprang ich auf. Was ich sah, ließ mir das Blut gefrieren. Thomas war nackt. Die Decken von Muttis Bett lagen auf dem Fußboden, zwei Stühle waren umgekippt. Thomas bedrängte meine Mutter und sagte immer wieder: 'Wenn du mir keinen blasen willst, nehme ich deine Tochter. Ich bin ein Mann. Ich brauche das.' Meine Mutter wehrte ihn hilflos ab und weinte.

Ich stürzte mich auf Thomas und riss ihn vom Bett weg. Da trat Thomas mit voller Wucht gegen das kleine Tischchen, welches am Kopfende vom Bett meiner Mutter stand. Alles, was sich darauf befand, schepperte auf den Boden. Ich schrie Thomas an, er soll ins Wohnzimmer gehen und auf der Couch schlafen. Zu meiner Verwunderung ging er auch. Ich beruhigte meine Mutter und räumte auf. Dann schleppte ich mich zitternd und müde in mein Bett. Ich stellte von innen einen Stuhl vor die Tür und klemmt die Türklinke unter die Stuhllehne, weil ich Angst hatte.“ Anna zittert und schweigt erschöpft. Doch dann erzählt sie ihrer Therapeutin das schreckliche Erlebnis dieser Nacht: „Ich wachte auf, als der Stuhl von der Tür, die sich nach innen öffnete, weg geschoben wurde. Thomas sagte kein Wort, kam einfach zu mir ins Bett und hielt mir den Mund zu. Was hätte es mir auch genützt zu schreien. Meine Mutter konnte mir nicht helfen. Sie hätte sich nur aufgeregt. Thomas hatte einen Gürtel dabei und schlang ihn um meinen Körper. Dann schloss er ihn so, dass ich meine Arme nicht befreien konnte. Ich weinte nicht einmal, als er in mich eindrang. Der Schmerz war tierisch. Aber der Ekel noch größer. Thomas keuchte und biss mich in die Brust. Ich spürte es nicht. Ich war starr, ich war das nicht, ich wollte das nicht sein. Plötzlich erschlaffte sein Körper und sank schwer auf meinen. Ich bekam kaum Luft. Thomas war auf mir eingeschlafen. Da kam Leben in mich. Ich wand mich mühsam unter ihm raus, langsam, darauf bedacht, ihn nicht zu wecken, ließ mich am Bettrand auf den Boden gleiten und bewegte mich – immer noch den Gürtel um meinen Körper geschnallt – wie eine Schlange aus dem Zimmer. In der Diele wand ich mich aus meinen Fesseln, nahm diese als Waffe mit ins Bad und schloss mich dort ein. Den Rest der Nacht verbrachte ich in der randvoll mit Wasser gefüllten Badewanne. Am liebsten hätte ich mich auch noch von innen gereinigt, so schmutzig kam ich mir vor. Gegen Morgen – ich war gerade mit runzeligen Händen und Füßen aus der Wanne gestiegen und zitterte vor Kälte - kam Thomas und wollte ins Bad. Als er die Tür verschlossen vorfand, rüttelte er wie wild an der Türklinke und schrie: 'Mach auf oder ich dreh dir den Hals um, du frigide

Sau.' Ich stand – bewaffnet mit dem Gürtel – im Bad und rechnete schon damit, dass er die Tür eintreten würde, da hörte ich, wie er gegen die Tür pinkelte. Ich musste mich übergeben.

Langc hörte ich nichts. Dann hörte ich ihn in der Küche rumoren. Nach einiger Zeit, es kam mir wie eine Ewigkeit vor, fiel die Wohnungstür ins Schloss. Trotzdem traute ich mich nicht, das Bad zu verlassen. Erst als ich sicher sein konnte, dass Thomas wohl zur Arbeit gefahren sein musste, lief ich zum Fenster, welches zur Straße raus ging. Unten stand Thomas' Auto nicht mehr. Also war er fort. Ich machte meiner Mutter Frühstück. Diese schaute mich unsicher an. Es kostete mich sämtliche Kraftreserven, mit meiner Mutter normal zu sprechen. Sie fragte auch nichts. Ich hoffte, dass sie nicht mitbekommen hatte, was passiert war. Essen konnte ich den ganzen Tag nichts. Ich ekelte mich vor allem und vor mir selbst.

Es war gut zu arbeiten. Die Kinder taten mir gut und kompensierten meinen Schmerz etwas. Der kleine Jo schlang seine Ärmchen um mich und sagte: 'Ich hab dich sooo lieb.' Und die kleine Gela hatte für mich ein schönes Bild gemalt. Ich war dankbar für diesen Arbeitsplatz.

Später, als die Mutter der Kinder von der Arbeit heimkehrte, vertraute ich mich dem Ehepaar an. Sie waren bestürzt und boten mir an, bei ihnen zu wohnen. Ich wollte jedoch meine Mutter nicht im Stich lassen."

Frau Siegel schaut Anna erschüttert an, sagt aber nichts. Anna fährt fort: „Ich ging zu Carol. Sie stand zu mir und schlief von nun an mit in meiner Wohnung. Wir teilten uns ein Bett, verrammelten abends die Tür mit einer Kommode, die wir zu zweit gut davor schieben konnten. Thomas machte keine Anstalten mehr, in das Zimmer einzudringen. Er hatte einen sadistischen Plan.

Eines Abends kamen Carol - meine erste Beziehungsfreundin - und ich von der Arbeit und fanden die Wohnung zum Teil geräumt. Von meiner Mutter keine Spur. Mein erster Gedanke war, dass es meiner Mutter schlechter gegangen sein musste und Thomas sie ins Krankenhaus gebracht habe. Ich rief in der Uniklinik an. Nein, meine Mutter war nicht aufgenommen worden. Ich rief sämtliche Freundinnen und Bekannte meiner Mutter an. Negativ. In eine andere Klinik konnte meine Mutter nicht gegangen sein, da alle Befunde sich in der Uniklinik befanden und dort auch die Bestrahlungen und Radiumeinlagen verabreicht wurden. Ich war verzweifelt und konnte kaum einen klaren Gedanken fassen. Zur Polizei zu gehen, kam mir damals nicht in den Sinn. Im Nachhinein bedauere ich, das nicht getan zu haben. Ich wusste, wo Thomas arbeitete, und die Polizei hätte ihn veranlassen können, den Aufenthalt meiner Mutter zu benennen.

Nach zwei Wochen voll banger Erwartung und großer Hoffnungslosigkeit hatte ich immer noch keine Ahnung über den Verbleib meiner Mutter. Ich sprach mit meinem Vermieter, der so nett war und mir die Kündigungszeit erließ. Carol und ich lösten die Wohnung vollständig auf und gaben einen Teil der Sachen, die meiner Großmutter gehört hatten, an eine Institution, die Kleider für finanziell minder bemittelte Menschen sammelte.

Es war das Jahr 1963. Carol und ich suchten uns im vertrauten linksrheinischen Stadtteil, in dem ich aufgewachsen war, eine kleine Wohnung und bezogen diese gemeinsam. Da wir beide nicht viel Geld zur Verfügung hatten, übernahmen wir die Möbel meiner Großmutter und strichen sie an. Aus allem machten wir etwas. In mühsamer Kleinarbeit bauten wir ein Bücherregal, schmirgelten dafür Bretter, dübelten Halterungen ein, legten selbst Teppichboden. Es wurde ein gemütliches Heim. Carols Eltern wohnten nicht weit entfernt. Carols Mutter kam oft vorbei und füllte den Kühlschrank, brachte Selbst-Gebackenes und Eingemachtes mit. Bis wir eine eigene Waschmaschine hatten, durften wir bei Carols Eltern waschen. Meine Großmutter hatte keine Waschmaschine gehabt, und mir wurde jetzt erst bewusst, wie viel Arbeit sie wohl mit der Wäsche gehabt haben musste. Wenn ich abends nach Hause kam, lag alles gebügelt im Schrank."

Anna schweigt eine Weile schuldbewusst. Frau Siegel wartet, bis Anna weiter berichtet. „Ich wohnte nun auch näher an meinem Arbeitsplatz. Doch das konnte mich nicht von der Sorge um meine Mutter ablenken. Zirka zehn Tage nach unserem Einzug in die neue Wohnung fand ich im Briefkasten eine Nachricht von meiner Großtante vor. Dieser Brief war erst an die alte Adresse gegangen und dann nachgesendet worden. Sie schrieb mir, dass ich mich bei ihr melden solle. Ich fuhr zu ihr. Sie war die Schwester meiner kürzlich verstorbenen Oma. Tante Gertrud empfing mich liebevoll und brach in Tränen aus. Sie sagte mir, dass meine Mutter im Sterben liege. Sie sei am Morgen in die Uniklinik gekommen.

Ich fragte sie, warum sie mir erst jetzt Bescheid gesagt habe und wo meine Mutter bis heute gewesen sei. Dann erfuhr ich, dass Thomas meine Mutter zu seiner Schwester gefahren hatte. Ich wäre auf alles gekommen, jedoch niemals auf diesen Aufenthaltsort. Die Schwester von Thomas hatte drei kleine Kinder und sehr wenig Platz. Ich war zwei Jahre zuvor mit zu der Familie gefahren. Ich habe keine weiteren Besuche mehr dort gemacht, obwohl sie niedliche Kinder hatte. Die häuslichen Verhältnisse waren katastrophal. Es war sehr schmutzig, überall lag Wäsche herum und es roch nach Urin. Ich wollte gar nicht daran denken, wie es meiner kranken Mutter dort ergangen sein musste. Auch diese hatte den Umgang mit der Familie vermieden. Der Ehemann von Thomas Schwester hatte oft Gefallen an meiner Mutter, seiner Schwägerin, gezeigt. Seine Frau war übermäßig dick und ungepflegt. Sie trank den ganzen Tag Kaffee, rauchte fast ununterbrochen und ließ die Wohnung und die Kinder verwahrlosen. Meine Mutter legte Wert auf Sauberkeit und bot immer einen erfreulichen Anblick.

Ich ging am gleichen Tag zur Uniklinik, um meine Mutter zu sehen. An ihrer Zimmertür war ein Hinweis angebracht, dass man sich vor dem Eintreten im Schwesternzimmer melden solle. Ich wusste, was das bedeutete. Ich ging zum Schwesternzimmer, in dem sich drei Krankenschwestern aufhielten. Ich kannte alle von den wiederholten Klinikaufenthalten meiner Mutter. Und alle kannten mich, auch besonders durch den Umstand, dass ich bei früheren Klinikaufenthalten meiner Mutter für sie immer frische Eier brachte, die ich bemalte und beschriftet hatte mit lieben Worten. Dort erfuhr ich, dass mein Stiefvater verboten habe, mir Zugang zu meiner Mutter zu gewähren. Er beschuldigte mich, ich hätte meine Mutter im Dreck liegen lassen, mich nicht um sie gekümmert. Deshalb habe er sie von mir weggebracht. Mir verschlug es die Sprache. Die Schwestern konnten sich nicht vorstellen, dass ich so gehandelt haben sollte. Sie sprachen mir gut zu.

Es begann eine Zeit, die für alle sehr anstrengend war. Um meine Mutter zu schonen, trafen wir die Abmachung, dass ich mich vor Betreten des Zimmers immer bei den Schwestern melden sollte. Diese schauten, ob sich Thomas im Zimmer befand. Wenn ich bei meiner Mutter war, behielten die Schwestern abwechselnd den Parkplatz im Blick. Traf er ein, wurde ich umgehend benachrichtigt und verschwand über den Balkon in ein anderes Patientinnen-Zimmer. Auch den Frauen dort war nicht verborgen geblieben, was sich im Nebenzimmer abspielte. Sie nahmen mich oft in den Arm und trösteten mich. Manche hatten keine Kinder. Ich gewöhnte mir an, auch für eine der Frauen im Nebenzimmer Besorgungen zu machen.

Als ich meine Mutter zum ersten Mal wiedersah, erkannte ich sie nicht und erschrak, als sie flüsterte: 'hier bin ich.' Sie war bis auf die Knochen abgemagert, ihre Haare waren grau und glanzlos, in ihren Augen kein Funke Lebenswille mehr zu sehen. Sie lag ganz flach im Bett an einem Tropf. Am Rand der Zudecke sah ich einen Dauerkatheter, der in ein Auffanggefäß mündete. 'Mama', konnte ich nur sagen. Lange hielt ich die Hand meiner Mutter; wir schwiegen beide lange Zeit. Plötzlich zog meine Mutter mich zu sich herunter. Ich legte mein Ohr an ihren Mund und hörte die matte Stimme, die sagte: 'Er hat gesagt, du oder er.' Ich erschrak, nickte meiner Mutter unter Tränen zu: 'Ja, ist okay Mutti. Jetzt bin ich ja da.'

Nach einer Stunde wurde meine Mutter unruhig und schaute immer wieder zur Tür. Ich wusste, dass sie sich Sorgen machte, ihr Mann könne jeden Moment das Zimmer betreten. Ich verabschiedete mich von ihr.

Einige Tage später wollte der Arzt mich sprechen. Er sagte mir, dass er bei meiner Mutter eine Notoperation vornehmen müsse. Durch die Bestrahlungen habe sie starke Verbrennungen davongetragen, so dass Harn und Kot nicht mehr getrennt ausgeschieden werden könnten. Es solle eine Plastik gemacht werden, um die Harn- und Kotausscheidung voneinander zu trennen. Ich war entsetzt. 'Das überlebt sie nicht!' sagte ich zu dem Arzt. 'Nein, das kann ich Ihnen nicht versprechen. Aber wenn wir nichts machen, das ist noch schlimmer und wird mit einer Infektion einhergehen, woran Ihre Mutter noch qualvoller sterben wird.' Ich sagte etwas, was ich hinterher selber nicht versehen konnte. 'Vielleicht wird sie gar nicht mehr wach. Das wäre ein gnädiger Tod für meine Mutter.'

Es war an einem dunklen, regnerischen Novembertag, als meine Mutter starb. Sie wachte aus der Narkose nicht mehr auf, und bei allem Schmerz, den ich über den Tod meiner noch so jungen, einst so schönen und fröhlichen Mutter empfand, freute ich mich für sie. Ich war sehr traurig, dass ich nun gar kein Zuhause mehr hatte, in dem ich zumindest einem Elternteil willkommen war, aber das hatte es schon fast ein Jahr lang nicht mehr gegeben. Es war ein langer, schmerzlicher Abschied. Ich war erst 25 Jahre alt und fühlte mich keineswegs so erwachsen wie ich nach außen erschien. Mir fehlte nicht die Mutter, eher meine „große Schwester“, auf die ich immer ein bisschen aufpassen musste. Als Mutter hatte ich sie nie empfunden, den Part hatte Oma Zeit ihres Lebens.

Thomas organisierte die Beisetzung. Er hatte alle Unterlagen und Berechtigungen. Er war ja ihr Ehemann. Ich erfuhr von meiner Großtante die Termine von Trauerfeier und Beerdigung. In Begleitung von Carol und deren Eltern nahm ich an allem teil. Wir gingen im strömenden Regen am Ende des Trauerzuges. Als Letzte traten wir an das offene Grab. Ich ließ meine roten Rosen auf den Sarg gleiten und verabschiedete mich von meiner Mutter. Bei den Worten des Priesters, der wieder mit den Anwesenden für den der Toten Folgenden betete, fiel mir die Situation am Grabe meiner Großmutter ein, als ich mit meiner Mutter Hand in Hand dort gestanden hatte. Ich drückte Carols Hand, hielt mich an ihr fest. Ich hielt mich am Leben fest. Da ich wegen des Regens die Kapuze meines Dufflecoats über den Kopf gezogen hatte, erkannte mich zunächst niemand. Doch einige Trauergäste blieben stehen und wunderten sich über die Gestalt, die schluchzend am Grab stand. Als ich mich mit Carol und deren Eltern zum

Gehen wandte, wurde ich von Freundinnen meiner Mutter erkannt. Sie kamen und sprachen liebevoll mit mir. Alle kannten Thomas und mich gut und wussten, dass das, was er über mich erzählte, nicht stimmen konnte. Sie wollten uns überreden, mit zum Restaurant zu kommen. Ich wollte nicht; ich ging mit Carol und ihrer Familie nach Hause."

In der Folge erfuhr Thomas die Adresse von Carol und mir und stand oft vor der Tür. Er wollte mit mir sprechen und sich mit mir versöhnen. Jedes Mal, wenn er sich über die Sprechanlage meldete, war er betrunken. Ich hatte Angst, ihm vor der Tür zu begegnen, wenn ich von der Arbeit kam. Einmal sah ich ihn von der Ecke aus, wie er am Haus stand. Ich machte kehrt und ging ins Kino. Später war er verschwunden. Irgendwann hörte ich nichts mehr von ihm. Ich weiß gar nicht, ob er überhaupt noch lebt." Anna schaut Frau Siegel mit großen, traurigen Augen an und sagt: „Wie hätte ich dem denn verzeihen können?!" Frau Siegel nickt und hält beim Abschied wieder Annas Hand länger als üblich.

Zu Hause kommt Anna auf die Idee, im Telefonbuch nachzuschauen, ob Thomas Rufnummer dort steht. Nichts. „Vielleicht wohnt er nicht mehr in Köln oder er hat sich tot gesoffen", denkt Anna sarkastisch.

Annas Traum in dieser Nacht:
Donnerstag, 7. April 2005
„Ich hatte einen Traum, in dessen Verlauf die Personen die Identität wechselten. Ich war in meinem Garten und deckte den Kaffeetisch, weil ich Besuch erwartete von der Familie, bei denen ich als Kinderschwester gearbeitet habe. Das Mädchen war jetzt sechs Jahre alt und der Junge knapp fünf. Die Familie traf ein. Wir setzten uns alle an den Tisch und warteten noch auf Julia, die ebenfalls kommen wollte. In der Realität hat sie diese Kinder niemals kennen gelernt, weil ich zu der Zeit noch mit Carol liiert war. Auch sind die Kinder zum jetzigen Zeitpunkt längst erwachsen und haben schon eigene Kinder. Es klingelte und Julia und ich gingen zusammen zur Tür. Niemand war dort. Als wir in den Garten zurückkamen, war die Familie nicht mehr da. Aber es waren andere Kinder anwesend und zwar die früheren Nachbarskinder, auch ein Junge und ein Mädchen. Das war zu meiner Zeit mit Julia. Wir waren beide irritiert. Ich zweifelte sehr an meiner Wahrnehmungsfähigkeit. Plötzlich läuft Julia zum Eingang mit den Worten: 'Was ist denn da draußen los?' Ich hatte nichts gehört. Als Julia zurückkam, führte sie an jeder Hand ein Kind. Es waren die beiden Enkelkinder von meiner Freundin Gesine, ebenfalls ein Mädchen und ein Junge, die auch jetzt in

Wirklichkeit noch Kinder sind. Die kleine Enkelin von Gesine, meiner Ex-Freundin nach Julia, schaute mich traurig an und sagte: 'Wir sind doch auch noch da. Hast du uns vergessen?'

Diese Geschwisterpaare haben alle drei in meinem Leben eine große Rolle gespielt. Es war bei allen Geschwisterpaaren die gleiche Konstellation: das Mädchen war jeweils die Ältere. Diese Kinder waren mir in der Vergangenheit alle in irgendeiner Form anvertraut worden. Zuerst die Kinder, deren Kinderschwester ich war, dann die Nachbarkinder, die früher oft bei Julia und mir zu Gast waren und die wir während der Abwesenheit der Eltern hüteten. Die Enkel von Gesine wurden mir von deren Tochter anvertraut. Ich litt nach der Trennung von Gesine sehr darunter, dass ich die Kinder nicht mehr sehen konnte. Im Traum fand ich es schön, dass die Kinder alle allein da waren. Ich hatte kleine Törtchen belegt zur Freude der Kinder. Als ich auch davon aß, verschluckte ich mich und musste fürchterlich husten. Ich wurde wach, weil ich wirklich husten musste. Schade. Ich hätte gern noch weiter geträumt."

Kinderwunsch. Sexuelle Orientierung

Glück ist Liebe, nichts anderes.
Wer lieben kann, ist glücklich.

Hermann Hesse

In der nächsten Stunde erzählt Anna viel über sich und über das, was sie gern tut. Frau Siegel ermuntert sie, über ihre Hobbys und Aktivitäten zu berichten. „Ich war nach langer Zeit wieder reiten. Eigentlich soll ich das nicht, weil meine Netzhaut sehr dünn ist und schon gelasert wurde. Aber beim Galopp und Leichttraben gibt es keine Erschütterungen. So mach' ich's halt ab und zu mal wieder. Es ist ein tolles Gefühl diese Verbundenheit mit dem Tier, viel schöner als Autofahren. Als Schwesternschülerin habe ich nebenher immer Sitzwachen gemacht. Die wurden gut bezahlt. Von dem Geld habe ich dann Reitstunden genommen. Mit meiner Freundin Carol bin ich oft über die Felder geprescht." „Carol?" hakt Frau Siegel nach,. „Den Namen habe ich letztens immer wieder von Ihnen gehört, als wir vom Ableben Ihrer Mutter sprachen. Ich wollte Sie da nicht unterbrechen. War das eine große Liebe?" „Ja", lächelt Anna, „das war meine erste richtige Beziehungsfreundin. Sie arbeitete beim Rundfunk. Wir waren sechs Jahre zusammen. Carol ist vier Jahre jünger als ich. Als wir uns kennen lernten, war sie neunzehn und ich dreiundzwanzig. Es war nach meiner Liaison mit der Ordensschwester Maria und einem halbherzigen Versuch, mich auf einen Mann einzulassen auf Grund meines Kinderwunsches."

„Wollen Sie mir erzählen, wie Sie sich kennen gelernt haben?" „Es war im Winter, kurz vor Karneval. Ich hatte gerade Peter kennen gelernt und war sogar ein bisschen verliebt in ihn. Er war so, was man softy nennt. Er machte mir keine Angst. Meine Oma hatte mir ein wunderschönes Karnevalskostüm genäht. Ich tanzte sehr gern und hatte mich deshalb entschlossen, Karneval in Köln mit Peter zu feiern. Aber dann kam alles ganz anders. Früher traf man sich nachmittags in Eisdielen. Ich hatte zwar keine Verabredung an dem Nachmittag, aber – wie eigentlich immer – Appetit auf ein

Eis. Eis könnte ich wahrscheinlich noch am Nordpol essen. So steuerte ich die Eisdiele an und stellte mich an die Theke. Hinter mir rief eine Stimme: 'Hallo Anna!', ich drehte mich um und erkannte Roswitha, die mit einer jungen Frau an einem der Tischchen saß. Vor ihnen standen Rieseneisbecher. Vergessen war mein bescheidenes Hörnchen, was ich mir genehmigen wollte. Ich folgte der Aufforderung der beiden, mich zu ihnen zu gesellen. Zwei wunderschöne blaue Augen unter einem blonden Pony schauten mich intensiv an. Die Augen von Carol. Ich stürzte mich in diese Augen. Es war Liebe auf den ersten Blick. Unsere Blicke hielten sich Sekunden lang fest. Ihr Lächeln erschien mir, als falle die Sonne aus den Wolken.

Ich hörte von Carol und Roswitha, dass die beiden über Karneval zum Skilaufen in die Eifel fahren wollten und vorhatten, in einer Jugendherberge zu übernachten. 'Komm doch mit', forderte Roswitha mich auf. Ich schwankte innerlich. Dann sah ich Carols strahlendes Gesicht, ein Zwinkern in ihren Augen, und sagte zu. Ich würde es Peter erklären, beschwichtigte ich mein schlechtes Gewissen.

Es wurden vier schöne Tage in der Eifel. Der Schnee fiel fast ununterbrochen. Wir liefen Ski, kugelten uns übermütig im Schnee und bewarfen uns mit Schneebällen. Zwischendurch suchten wir eine Skihütte auf und wärmten uns mit Grog oder Glühwein. Sobald unsere Sachen etwas trockener waren, ging es weiter. Ein bisschen bekamen wir in der Skihütte auch vom Karneval zu spüren, aber es hielt sich alles in einem angenehmen Rahmen.

Zwei Tage nach der ersten Begegnung lud Carol mich zu einem Cafébesuch ein. Ich war freudig erregt und wählte ganz sorgfältig meine Garderobe aus. Wir saßen uns lange schweigend gegenüber. Carol holte einen Notizblock aus ihrer Tasche und schrieb etwas auf. Dann gab sie mir den Zettel. Ich schüttelte den Kopf, weil ich nicht lesen konnte, was auf dem Zettel stand. Der Text war in russischer Sprache verfasst. Carol machte gerade einen Russisch-Kurs. Natürlich wollte ich unbedingt wissen, was sie geschrieben hatte, doch Carol ließ mich zappeln. Später beim Abschied übersetzte sie mir den Text: 'Du bist ein schönes Mädchen'. Ich schwebte auf Wolken. Abends rief Carol an: 'Meine Eltern sind übers Wochenende verreist. Magst du zu mir kommen und bei mir übernachten?' Mein Herz schlug Purzelbäume. 'Ja klar', brachte ich heiser hervor.

Noch drei Tage. Ich machte einen Friseurtermin und ließ mir meine Haare kurz schneiden. Ich wollte so aussehen, wie Frauen, die Frauen lieben. So stellte ich mir das Aussehen jedenfalls vor.

Carol traf fast der Schlag, als sie mich dann an der Tür empfing. 'Warum hast du denn deine schönen Locken abschneiden lassen?' fragte sie mich und schaute mich fassungslos an. Ich stotterte: 'Ich wollte dir ähnlicher sein. Ich dachte, du freust dich.' Carol war verwirrt. Sie hatte sich doch gerade in mich verliebt, weil ich, wie sie sagte, aussah wie ein 'Vamp'. 'Na ja, die Haare wachsen ja wieder', beruhigte sich Carol. 'Du bist ja noch die gleiche, auch mit kurzen Haaren.' Es wurde ein wunderschönes Wochenende und der Beginn einer sechsjährigen Beziehung.

Carol hatte keinerlei sexuelle Erfahrungen und betrat mit mir Neuland. Der Moment, in dem man sich der Gefühle füreinander bewusst wird, ist immer ein Moment des Erstaunens. Carol erschien mir als die Zusammenfassung und Erfüllung aller Sehnsüchte und Träume. Doch die Beziehung wurde belastet durch meine Beziehung zur Welt. Statt mit erwachsener Liebe war ich mit den Fesseln der kindlichen Angst und Abhängigkeit an Carols Liebe gebunden. Ich lebte in ständigen Verlustängsten. Ich war zu diesem Zeitpunkt noch nicht im Stande, eingefahrene Verhaltensweisen zu verlassen und zeigte oft die kalte Schulter, wenn ich mich eigentlich lieber angelehnt hätte. Dabei hätte ich in Carols Liebe geborgen sein können. Auch brachte ich es nicht übers Herz, mit Carol über unsere Sexualität zu sprechen. Carol kam mit mir zur sexuellen Entspannung, jedoch ich nicht mit Carols Technik. Ich gab mir selbst die Schuld und hielt mich für frigide. Ich machte Carol etwas vor und tat alles, damit es für Carol schön war und sie zum Höhepunkt kam. Heute weiß ich, dass eine Beziehung nur wachsen kann, wenn man ehrlich ist, sich gegenseitig sagen kann, was einem missfällt. Normalerweise wird sie dadurch belebt und positiv verändert. Heute weiß ich das." Anna schweigt nachdenklich.

„Und warum haben Sie sich getrennt?" holt Frau Siegel Anna in die Gegenwart zurück. „Warum, ja warum trennt man sich?" Anna überlegt eine Weile. „Carol war ein sensibles, kluges Mädchen, hörte gern Klassik, las viel und war sehr einfühlsam. Ich wurde in Carols Familie sehr herzlich aufgenommen und auch zu vielen Wochenendfahrten, die Carol mit ihren Eltern machte, eingeladen. Carol und ihre Familie standen mir bei, als meine Mutter und Oma schwer erkrankten und verstarben. Das habe ich Ihnen ja bereits erzählt.

Carol und ich pflegten regen Kontakt mit anderen Lesbenpaaren und verkehrten in der Szene. Wir waren noch jung, gingen viel aus. Es gab damals noch keine richtigen Frauenlokale. Entweder verkehrten zu vorgerückter Stunde dort dann auch Prostituierte oder es waren Lokale für Schwule allgemein. Wir konnten uns nicht outen. Wir waren – wie man heute sagen würde – 'Schranklesben'. Ich wurde im Dienst schon blöd angemacht, weil ich immer nur mit Frauen gesehen wurde.

Carol war eine wunderbare Frau. Ich hatte meinen Kinderwunsch noch nicht so ganz begraben. Es ging so weit, dass wir beabsichtigten, mit einem schwulen Männerpaar eine Familie zu gründen. Wir hatten viele gute Freundinnen und Freunde. Christian und Stephan wollten auch gern Kinder. Stephan war beim Theater und ein bisschen tuntig. Christian machte einen männlichen Eindruck. Wir einigten uns, dass Christian und ich 'in die Produktion gehen' sollten, so nannten wir den Vorgang. Vorher wollten wir noch ein gemeinsames Haus beziehen, wo unsere Kinder glücklich hätten aufwachsen sollen. Wir vier waren begeistert von der Lösung. Carol, die auf Grund ihrer beruflichen Tätigkeit als Pressearchivarin jeden Tag alle Zeitungen in die Hände bekam, suchte nach dem passenden Haus.

Zwei Tage, nachdem wir uns bereits fünf Häuser gemeinsam angesehen hatten, klingelte es mitten in der Nacht an unserer Tür. Ich öffnete. Vor mir stand ein total erschütterter Christian. Ich habe noch nie einen Mann so weinen sehen. Nachdem er sich bei einem heißen Tee einigermaßen gefangen hatte, konnte ich mir aus seinem Gestammel zusammenreimen, was passiert war. Stephan war nicht nach Hause gekommen. Christian machte sich Sorgen und ging zur Schwulenkneipe in der Nähe. Dort erfuhr er, dass Stephan mit einem Kollegen vom Theater dort gewesen sei und mit diesem gemeinsam das Lokal verlassen habe. Sie wollten noch woanders hin, wo mehr los wäre, seien Stephans Worte gewesen. Christian wusste, wo um diese Zeit noch was los war und ging dort hin. Gleich beim Eintreten sah er Stephan in inniglicher Umarmung mit einem ihm unbekannten jungen Mann. Für Christian brach eine Welt zusammen. Stephan war seine große Liebe, er hatte ihm immer vertraut. Sie lebten zusammen seit acht Jahren. Christian war durch seinen Beruf als Arzt oft abwesend. Stephan empfing ihn jedes Mal liebevoll, wenn er erschöpft vom Dienst kam. 'Bleib heute Nacht hier', bot ich Christian an. Es gab keinen Trost. Jedes Wort hätte banal geklungen. Die Situation war so offensichtlich. Bis zum Morgengrauen unterhielten wir uns. Dann ging Christian traurig nach Hause. Von Haus-Beziehen und Kinder-Kriegen war keine Rede mehr."

„Sie weichen aus. Ich frage, aus welchem Grund Sie sich trennten", erinnert Frau Siegel. Anna versucht, die Frage zu beantworten. „Carol und ich waren froh miteinander, und trotzdem lebten wir uns mit den Jahren auseinander und hatten kaum noch Sex. Carol hatte ständig Angst, dass ich auf Grund meines Kinderwunsches irgendwann zu einem Mann überwechseln könnte. Ich selbst hatte die Lust am Sex verloren, weil ich mit ihr nicht zum

Orgasmus kam. Eines Tages lernten wir ein Frauenpaar kennen, das zirka zwanzig Jahre älter war als wir. Ich fühlte mich sehr zu der femininen Anja hingezogen, die etwas kränkelte und nicht mehr arbeitete. Ihre Freundin Renate, die wohlhabend war, hatte ihr in unserer Nachbarschaft eine schöne Wohnung eingerichtet und sorgte auch finanziell für sie. Carol und Renate freundeten sich schnell an - platonisch. Sie hatten viele gemeinsame Interessen und konnten Stunden lang über politische Themen diskutieren. Sie besuchten gemeinsam Veranstaltungen und hatten nichts dagegen, wenn ich bei Anja blieb.

Anjas und meine Gefühle beruhten auf Gegenseitigkeit. Anja war eine erfahrene Frau, bei der ich sexuell voll auf meine Kosten kam und Zugang zu meiner eigenen Sexualität fand. Ich empfand es wie Tanzen, bei dem man nicht jeden Schritt überlegt, sondern sich nach einer Melodie im Rhythmus bewegt. Wir lebten im Sturm der Gefühle, jeder Quadratzentimeter Haut vibrierte vor Wonne, wenn wir uns spürten. Anja hat mir meinen Körper geschenkt, und das war vielleicht das Größte, was mir bis dahin physisch widerfahren war.

Es konnte keine dauerhafte Beziehung sein, das wussten wir beide. Der Rausch mit Anja verging, sie gehörte zu Renate. Meine Fähigkeit zur Erotik blieb mir erhalten. Anja hinterließ keine Wunden in meinem Herzen. Sie hatte mich auf Grund meiner Jugend und Unerfahrenheit als Lustobjekt empfunden und ich sie ein bisschen als Lehrmeisterin und nachsichtige Geliebte. Sie zog mit Renate nach Bonn.

Carol lernte eine gleichaltrige Frau kennen und lieben. Wir trennten uns in Harmonie. Ich blieb eine Weile allein. Jahre lang waren wir noch in freundschaftlichem Kontakt. Leider haben wir uns aus den Augen verloren. Carols Freundin möchte den Kontakt nicht."

Anna schweigt. „Möchten Sie mir noch mehr über Ihre Beziehungen mitteilen", fragt Frau Siegel. Anna nickt.

„Auf einer Karnevalsveranstaltung lernte ich Jutta kennen. Sie war eine Berufskollegin. Gemeinsam mieteten wir ein kleines Landhaus im Bergischen, wo wir Hunde und Katzen halten durften. Jutta liebte wie ich die Natur und gestaltete uns einen wunderschönen Garten. Wir traten einem Hundeclub bei und trainierten mit unseren Tieren. Alle machten die Schutz- und Gebrauchshundeprüfung. Ab und zu fuhren wir zu Ausstellungen und brachten schöne Preise mit.

Jutta hatte Charakter. Sie verstellte sich nie und machte niemandem etwas vor. Dadurch wirkte sie auf andere oft schroff. Wenn ihr etwas nicht behagte, sagte sie es klipp und klar, manchmal mit einer verletzenden Ehrlichkeit. Sie kam aus einer ähnlichen Familienkonstellation wie ich. Ihre Mutter hatte wieder geheiratet und mit dem zweiten Mann einen Jungen. Jutta hing zärtlich an dem Halbbruder und beklagte sich nie, dass er alles bekam, wovon sie nur träumen konnte. Die Eltern nahmen den Jungen über die Weihnachts- und Neujahrsfeiertage auch mit zum Skilaufen und boten Jutta nie an, mitzufahren.

Aus unserer ähnlichen Biografie resultierten auch ähnliche Abwehrmechanismen, mit denen wir uns gegenseitig das Leben schwer machten. Jutta konnte von einer auf die andere Minute eine Andere sein. Sie war von Natur aus zärtlich und fürsorglich, aber sie konnte auch grob sein. Oft faszinierte mich, wie Jutta mit ihren relativ großen Händen so zart eine Blume oder ein kleines Tier umfassen oder streicheln konnte. Das erinnerte mich an meinen Opa.

Manchmal sah Jutta mich nur an und hatte eine Frage in den Augen, die an der Schwelle zur Traurigkeit stand. Ich bemühte mich lange, ihre Sprache über ihre Gestik zu begreifen, denn sie verbalisierte ihre Gefühle nicht. Und ich bemühte mich, auch selber klar zu sein, damit auch sie verstehen sollte, was ich wirklich meinte. Ich hatte lange die Hoffnung, dass wir irgendwann die gleiche Sprache sprechen würden. Jutta sprach gern dem Alkohol zu. Und sie wusste, dass ich es wusste. Wenn ich sie bat, weniger zu trinken, trank sie aus Trotz noch mehr.

Lange noch war bei mir ein Faden da, ein Verlangen, zu verstehen. Nach sechs Jahren war sie nicht mehr die Frau, die ich geliebt hatte. Ich spürte einem aus Verlust entstandenen Vakuum nach. Ich wollte mit ihr reden, ihr helfen, ihr einen Weg zeigen zur professionellen Hilfe. Ich sah in ihre Augen und sah oft, dass sie gar nicht mehr auf mich gerichtet waren. Ich konnte mich ihr nicht mehr verständlich machen. Es war oft, als sähe sie in mir einen Feind. Jutta sperrte sich ein, innerlich und äußerlich. In der Garage hatte sie sich eine Minikneipe eingerichtet und verbrachte dort meist ihre Abende. Ich konnte sie nicht mehr erreichen. Einmal wollte Jutta im betrunkenen Zustand zärtlich zu mir werden. Die Assoziation, die in diesem Moment in mir aufstieg, ließ mich erstarren. Als Jutta handgreiflich wurde, bin ich gegangen.

Unsere Verbindung blieb bestehen. Jutta ging durch die Hölle, aber sie hat auch aus der Hölle wieder herausgefunden. Ich verlor sie nicht aus den Augen und hätte ihr jeder Zeit geholfen. Nun konnte sie auch wieder mit mir sprechen und rief mich oft an, wenn sie unsicher war oder Kummer hatte. Wir wurden gute Freundinnen.

Die Stunde ist zu Ende. Anna kommt in die Gegenwart zurück und lächelt Frau Siegel vertrauensvoll an, erhebt sich und sagt ganz locker „Ciao bis übermorgen.“ Frau Siegel lacht.

Sommer 2005. Anna teilt dem Pflegeteam mit, dass eine neue Stationsleitung eingestellt worden ist und in zwei Wochen die Station von Barbara übernehmen wird. Barbara wird somit Annas Stellvertreterin. In Zukunft wird Anna mehr Zeit haben für die interne Fortbildung des Pflegepersonals. Sie freut sich bereits sehr darauf, denn schon die Vorbereitung der Seminare macht ihr Spaß.

Wenn Elke sich eingelebt und Barbara sich mit ihrer neuen Tätigkeit vertraut gemacht hat, möchte Anna zunächst mal in Urlaub fahren. Diesmal allein.

Der junge Pfleger Michael, der die Station 2 während der Abwesenheit von Barbara leitet, ist offensichtlich enttäuscht, dass Anna ihm nicht die Leitung der Station übertragen wird. Anna hat eine lange Unterredung mit ihm und legt ihm nahe, eine Fortbildung mit dem Schwerpunkt Mitarbeitermotivation und Mitarbeiterführung zu absolvieren. Sie will sich dafür einsetzen, dass die Einrichtung einen Teil der Kosten übernimmt. Sie weiß aus Erfahrung, dass Fortbildungen sehr ins Budget schlagen, aber wie wichtig sie auch sind. Anna stellt in Aussicht, dass er zu einem späteren Zeitpunkt die Leitung einer anderen Station übernehmen kann. Zwei Stationsleitungen werden in den nächsten zwei Jahren pensioniert, so dass diese Posten neu besetzt werden müssen. Der Kollege ist einverstanden.

„Uff, das hätten wir dann auch geregelt“, seufzt Anna erleichtert, als der Kollege zufrieden gegangen ist. Sie freut sich sehr auf Elke. Sie freut sich auf sie als Kollegin. Ihre Gefühle von einst sind einem Gefühl der Freundschaft und Vertrautheit gewichen.

Abends stöbert Anna in ihren Fotos. Sie sortiert einen kleinen Stapel aus, den sie in der nächsten Stunde mit zur Therapie nehmen möchte. Sie hat jetzt das unbändige Verlangen, sich ihrer Therapeutin mitzuteilen. Die Schrecken der Kindheit sind nun lange genug angeschaut worden. Anna will weiter kommen auf ihrer Therapiereise. Anna liebt Fotos. Sie halten einen Augenblick fest, der vorbei ist und nie wiederkommen wird. Fotos bringen die Zeit zum Stillstand. Eins der Bilder zeigt Anna mit ihrer Freundin Sally.

Mit Sally war Anna zusammen, nachdem sie Jutta verlassen hatte. Sie sehen beide fröhlich aus, so als wollten sie aus dem Bild heraus und ertrügen die Begrenzung nicht. Es war eine große Liebe und ein Kampf zwischen zwei starken Charakteren. Auch dort haben sie die Begrenzung nicht ertragen können. In ihrer Verliebtheit sahen sie die Gefahren ihres Verhaltens nicht. Sie gingen viel zusammen aus, sie tanzten, feierten, trafen sich mit Freundinnen. Beide waren gut aussehende, feminine Frauen, die nicht unbemerkt blieben. Sie stachelten sich gegenseitig auf und machten die Andere eifersüchtig. Dabei wäre das gar nicht nötig gewesen, denn sie liebten sich wirklich. Es gab Zeiten aufflammender Freude, aber auch Zeiten lauernder Traurigkeit. Vielleicht hatten sie das, was zwischen ihnen war, zu sehr gebraucht, um es zu genießen. Es war schade um diese Liebe. Vielleicht hätten Sie ihre Liebe genießen können, wenn sie sich nicht so sehr gebraucht hätten. Die Liaison dauerte nur vier Jahre.

„Sally", sagt Anna leise und streichelt über das Foto. Dann legt sie es zu den anderen.

Anna erzählt Frau Siegel beim nächsten Termin von der Zeit mit Sally und zeigt ihr die Fotos, die sie mitgebracht hat. Frau Siegel fragt: „Stehen Sie mit all Ihren ehemaligen Partnerinnen und Partnern noch in Kontakt?" „Nein, nicht mit allen", antwortet Anna schnell, „Nur mit Julia, die wie eine Lieblingsschwester für mich ist. Mit Jutta bin ich befreundet und Sally habe ich lange nicht mehr gesehen. Wir haben den gleichen Freundeskreis. Warum sollten wir uns nicht mehr kennen. Die Tatsache, dass wir nicht mehr ein Paar sind, hat uns doch nicht verändert. Vieles hat uns verbunden, was wir jetzt auf einer freundschaftlichen Ebene ausleben. Julia sehe ich oft. Ich fühle mich nach wie vor der Familie zugehörig und werde zu allen Familienfesten eingeladen. Und da gibt es ja auch noch Marc, an dessen Erziehung ich zumindest einen ganz kleinen Anteil hatte. Julia nennt es allerdings Verwöhnung."

Nach einer kurzen Weile schaut Anna Frau Siegel etwas kampflustig an und stellt klar: „So viele waren es ja nun auch wieder nicht. Als Sie eben gefragt haben, hörte sich das an, als ob ich dauernd meine Partnerinnen wechseln würde. Ich habe ja schon ein langes Leben gelebt." Frau Siegel lacht und sagt: „Ich dachte schon, Sie hätten das nicht mitgekriegt, als ich 'alle Ihre' sagte." „Ich kriege alles mit", antwortet Anna etwas patzig…

Auszug aus Annas Traumbuch in der gleichen Woche:
Mittwoch, 22. Juni 2005
„Mein Chef eröffnet mir, dass ich fristlos entlassen bin. Als ich nach dem Grund frage, grinst er nur. Ich drehe mich um und will wortlos den Raum verlassen. Die Tür ist verschlossen. Eine Weile bleibe ich mit

dem Gesicht zur Tür stehen. Dann schaue ich über die Schulter zurück ins Zimmer und erstarre. Der Chef sieht plötzlich aus wie mein Vater. Er kommt auf mich zu und macht Anstalten mich zu küssen. Ich wache auf und kann in dieser Nacht auch nicht mehr einschlafen.“

Eine glückliche Zeit: Julia

Niemand kann dir nehmen, was du aus Liebe
Gedacht, gefühlt und getan hast.
Niemand kann dir geben, was du aus Angst vor ihr
Nicht gedacht, nicht gefühlt und nicht getan hast.

Eve Herzogenrath

Samstags besucht Anna Julia. Es wird ein schöner Nachmittag, der darin gipfelt, dass sie gemeinsam in ihr früheres Lieblingsrestaurant essen gehen. Da Anna nicht gern im Dunklen fährt, übernachtet sie bei Julia. In beiden kommt ein Gefühl der alten Vertrautheit und der Geborgenheit auf. Julia macht liebevoll das Abendbrot fertig. Sie schauen sich zusammen einen Fernsehfilm an. Julia hat noch die Betten aus ihrer gemeinsamen Zeit mit Anna. Jede schläft in ihrem „alten" Bett. Morgens frühstücken sie in Ruhe, bis beide sich auf den Weg zur Arbeit machen. Lange noch winken sie sich zu, als sich ihre Wege trennen.

Manchmal kann Anna nicht verstehen, dass diese Beziehung enden konnte. Es war eine Beziehung, die von Liebe und Vertrauen getragen wurde. Und dann gibt es wieder Momente, wo sie es versteht. Es war mit der Zeit des langen Zusammenlebens eine Art Verwandtschaftlichkeit entstanden, eine Inzestschranke. Oft hatten sie zu Gunsten der Harmonie die eigenen Neigungen übergangen. Sie hatten ihre Chance, sich weiter zu entwickeln, oft verschenkt. Sie wurden unachtsam. Julia zeigte oft zu wenig von ihren Bedürfnissen und nahm damit Anna die Möglichkeit, sie zu verstehen. Julia und Anna hatten auch große Phasen der Übereinstimmung und kamen sich den anderen gegenüber oft unangreifbar vor. Sie unternahmen viel Schönes gemeinsam. Aber sie führten oft auch Machtkämpfe aus, ereiferten sich über Probleme, die gar keine hätten sein dürfen. Ihre Meinungen waren unterschiedlich, aber sie trennten sie nicht wirklich. Sie waren ehrlich und haben einander auch belogen, meist um die andere nicht zu verletzen.

Eines Tages brach dann doch alles zusammen. Anna hatte unendlich gelitten, weil sie glaubte, Julias Liebe verloren zu haben, bis sie sich eingestehen musste, auch sie liebte Julia nicht mehr wirklich leidenschaftlich. Damals erkannten beide noch nicht, dass nach achtzehn Beziehungsjahren etwas viel Kostbareres sie verband, dass jede Liebe irgendwann in ruhigen Bahnen verläuft und erst dann Liebe genannt werden kann. Sie hatten einander gespiegelt. Jede lebte von der Identität der anderen, weil ihre eigene dabei war zu verblassen. Sie sahen sich selbst nicht mehr als einzelnes und einzigartiges Individuum. Julia und Anna lebten in einer völligen Symbiose. So wie sie die Außenwelt wieder an sich heran ließen, bröckelte die Beziehung. Anna war es, die ausbrach und autonom werden wollte; die am liebsten allein oder mit Freundinnen zu Veranstaltungen ging. Julia war es, die sich während eines Urlaubes in einem Frauenlandhaus einer anderen Frau zuwandte.

Julia und Anna haben ihre liebevollen Gefühle füreinander nie verloren. Sie sind nicht verschüttet worden. Heute empfindet jede für die andere immer noch eine Art Liebe, die anders ist als früher, aber viel wertvoller, intensiver. Beide sind reifer geworden und haben gelernt, sich verzeihen zu können ohne die kleine Reserve im Hintergrund, die irgendwann eingeklagt wird. Sie verschlingen sich nicht, sie bereichern sich. Sie erfüllen sich gegenseitig und zehren sich nicht aus. Ohne etwas in ihrem Leben umzustülpen, ohne andere weg zu schieben haben sie sich gegenseitig den Platz in der Anderen geschaffen. Und sie möchten das nie mehr missen. Wenn sie schweigen, ist es ein Schweigen, welches die Andere einschließt. Manchmal schafft man etwas Neues, wenn man etwas anderes opfern muss. Der Einklang ihrer Gesinnung, ihre Wesensverwandtschaft und das Gefühl ihrer inneren Zusammengehörigkeit begründen ihre Freundschaft.

In der nächsten Nacht hat Anna folgenden Traum:
Montag, 27. Juni 2005
„Ich war eine Puppe und saß – nur mit einem Söckchen bekleidet – in einem Schaufenster. Viele Passanten blieben stehen und schauten mich an. Ich lächelte mein eingestanztes Puppenlächeln und hätte am liebsten geweint, weil ich mich so nackt und hilflos fühlte. Schräg vor mir saß ein dunkelbrauner Teddybär. Plötzlich erlosch die Schaufensterbeleuchtung. Die Leute gingen weiter. Da rückte der Teddybär ganz langsam immer näher. Ich spürte seine Wärme. Als er vor mir saß, da dreht er sich zu mir um und schaute mich an. Er hatte die Augen meines Opas.

Ich kuschelte mich an ihn. Es war ein wunderbares Gefühl. Ich habe mich ganz dem schönen Gefühl hingegeben. Es hüllt mich schon den ganzen Tag ein und ich möchte, dass es bleibt."

Zu Beginn der nächsten Sitzung beginnt Anna sofort von Julia zu erzählen: „Zuerst lebten Julia und ich sechs Jahre lang mit Julias Sohn Marc in einer schönen, großen Mietwohnung. Danach zogen Julia und ich in ein Jugendstilhaus, welches meinem Vater gehörte. Dort wohnten wir zwölf Jahre zusammen. Wir hatten die Parterre-Wohnung und einen Teil der ersten Etage vor dem Einzug gemeinsam renoviert. Wir haben Kacheln gelegt, Rigips-Wände vorgesetzt, weil die alten Mauern teilweise krumm waren. Sogar Schrankeinbauten haben wir ganz alleine fachgerecht hinbekommen. Das heißt, Julia hat alles toll hinbekommen, ich war bei solchen Arbeiten die Handlangerin. Der Garten, der völlig verwüstet gewesen war, erstrahlte später in bunten Farben. Das war mein Part. Es hatte uns sehr viel Freude gemacht, alles so toll herzurichten. Nichts war uns zu viel. Wir fuhren von Baumarkt zu Baumarkt – immer auf der Suche nach Sonderangeboten.

Mein Vater hatte uns die Wohnung vermietet. Vor uns hatte meine Halbschwester Gertrud dort gewohnt. Für sie hatte mein Vater alles neu herrichten lassen. Alle Rahmen und Türen waren braun gestrichen, weil Gertrud gern eine 'Höhle´ hatte haben wollen. Julia und ich liebten helle Farben. So gab es einiges zu tun, diese Wohnung nach unserem Geschmack zu gestalten.

Ich hatte zu dem Haus eine besondere Beziehung. Parterre wohnten früher meine Tante und mein Onkel, denen zu dieser Zeit das Haus noch gehörte. Später, als ich bereits berufstätig war, hatte ich eine Zeit lang dort allein gelebt, als der Onkel verstorben und die Tante alt und hilfsbedürftig geworden war. Ich kümmerte mich etwas um sie.

Julia und ich verlebten in diesem Haus wunderschöne Jahre. Wir feierten im Sommer mit Familie und Freunden Feste in unserem Garten, machten herrliche Ferien mit unserem Camping-Mobil.

Als mein Vater 1990 im Alter von 66 Jahren verstorben war, fuhren Julia und ich weiterhin zu meiner Familie und verbrachten jede Woche einen Nachmittag mit Mechthild. Ich hatte Mechthilds Mutter versprochen, dass ich mich um sie kümmern würde, wenn sie, die Mutter, nicht mehr leben würde. Eine Zeit lang ging es auch gut. Es hatte den Anschein, dass Mechthild sich auf die Besuche freute, zumal ihre eigenen Kinder sich kaum um sie kümmerten und nur mit großen Geschenken und finanziellen Zuwendungen angelockt werden konnten. Ein weiteres Lockmittel für meine Halbschwestern war seit je her ich selbst. Mechthild rief sofort nach unserem Eintreffen ihre beiden Töchter an und verkündete: 'Anna ist da'. Meist kamen die beiden dann und blieben den ganzen Nachmittag. Ich hatte immer einen guten Draht zu den beiden Mädchen gehabt. Wir mochten uns sehr. Später erfuhr ich von einer meiner Halbschwestern, dass Mechthild nur so nett zu mir gewesen sei, damit ich nach dem Ableben meines Vaters nicht meinen Pflichtanteil einfordern würde. Ich distanzierte mich von der ganzen Familie und erhielt eine Abfindung. Ich unterschrieb einen Erbverzicht. Es handelte sich um das kleinste und marodeste Haus von insgesamt sieben Häusern aus der Erbmasse. Es war das Haus, in dem ich mit Julia gelebt hatte.

Das Haus habe ich verkauft. Ich hätte es von meinem Einkommen nicht instandhalten können. Dieses schöne, alte Jugendstilhaus, in dem wir Jahre lang glücklich waren und in dem ich weitere zwei Jahre allein gelebt hatte, war mir sehr ans Herz gewachsen. Es barg viele schöne Erinnerungen. Aber die konnte ich auch im Herzen mitnehmen. Ich entschloss mich, in der Gegenwart zu leben. Dabei habe ich gelernt, dass man loszulassen muss, wenn man sich befreien will. Julia und ich haben uns viele Jahre wirklich geliebt. Aus Schmetterlingen im Bauch wurde tiefe Freundschaft und Nähe. Wir meisterten Krisen, genossen unsere Vertrautheit und Verlässlichkeit. Jetzt finde ich in Julias Spiegel mein Licht."

Anna verlässt Frau Siegel am Ende der Stunde mit einem festen Händedruck und einem freundlichen Lächeln.

In der folgenden Nacht hat Anna wieder einen Traum:
Dienstag, 5. Juli 2005
„Mitten auf der Landstraße platzt ein Reifen an meinem Auto. Hilflos stehe ich neben dem Wagen, denn ich hatte bis dahin noch nie einen Reifen gewechselt. Ein Cabrio hält und eine Frau steigt aus. Sie lächelt und fragt: 'Wo brennt's?' Ich zeige auf den Reifen. Ich kann nichts sagen, weil ich die Frau fasziniert anschaue. Sie ist sehr schön. Sie sagt: 'Na, dann wollen wir mal.' Wir wechseln gemeinsam den Reifen. Die Frau wird mir immer sympathischer. Nicht, weil sie mir hilft. Irgendwie erinnert sie mich an jemanden, was ein gutes, warmes Gefühl in mir erzeugt. Die Frau schaut mich richtig lieb an und fragt: 'Und nun?'" Das Klingeln des Weckers beendete diesen schönen Traum.

Tod des Vaters. Annas Halbgeschwister

Der Tod ist groß
Wir sind die Seinen – lachenden Mundes
Wenn wir uns mitten im Leben meinen
wagt er zu weinen – mitten in uns.

Rainer Maria Rilke

Über den Tod ihres Vaters hat Anna bisher nicht gesprochen. Frau Siegel fragt sie eines Tages: „Haben Sie den Tod Ihres Vaters als großen Verlust empfunden?“ „Ich trauerte, als mein Vater gestorben war. So plötzlich mit 66 Jahren. Ein Herzinfarkt überraschte ihn während der Mittagsruhe. Ich hätte noch so viele Fragen gehabt. Wir hatten gerade angefangen, uns besser kennen zu lernen. Ich war 46 Jahre alt und lebte noch mit Julia zusammen. In mir stieg zeitweise das Bild meines Papas auf von früher, zum Beispiel als er als Soldat auf Urlaub kam. Die Antworten auf meine Fragen musste ich mir nun selber geben; sie schwebten zwischen Euphorie und Trostlosigkeit. Ich konnte sie gar nicht selbst beantworten; ich musste sie begraben. Verletzte Fragen zu einer entfernten Nähe. So gern hätte ich noch mit ihm gemeinsam meinen Rucksack voller überholter Glaubenssätze entsorgt, ihm gesagt, wie schwer es mir fiel, mein Bewusstsein aus all den Zwängen und Verstrickungen zu lösen und zu befreien, auch wenn ich jetzt so lebte, wie ich es gern wollte und er es stillschweigend akzeptierte.

Wir hatten ein ähnliches Schicksal gehabt. Auch er hatte sich als Kind ungeliebt gefühlt, immer hinten angestanden. Sein älterer Bruder wurde ihm vorgezogen. Er hätte wissen müssen, wie weh das tut. Als er betrunken war, sagte er mir einmal, dass er mich immer bewundert habe, wie stolz ich sei. Ich wäre immer unbestechlich gewesen und hätte fest zu meiner Mutter und deren Familie gestanden. Zu ihm hätte ich kein Vertrauen gehabt, und das wiederum habe ihn so wütend gemacht. Ich fragte ihn: 'So wütend, dass du mich fast krankenhausreif schlagen musstest?' Er schwieg. Leider wusste er nichts mehr von dem Gespräch, als er nüchtern war.

Wie hätte ich ihm vertrauen können? Er schaltete seine Liebe ein und aus und strapazierte meine damit ständig. Seine Liebe gab es nicht zum Nulltarif; sie war ein Lohn für besondere Leistungen. Deshalb wohl hatte ich auch immer super Zeugnisnoten. Ich weiß, dass ich ihm immer imponieren wollte. Und ich weiß auch, dass ich Mechthild mit meiner Intelligenz Unbehagen bereiten konnte. Meine Halbgeschwister hatten später niemals so gute Noten wie ich, und ich gebe zu, dass ich schadenfroh war, dass ich Genugtuung empfand. Besonders wenn mein Bruder schlecht in der Schule war, gab mir das Mechthild gegenüber ein Gefühl der Überlegenheit. Mein Bruder tratschte alles seiner Mutter, war ein ängstliches, unsportliches Kind und sehr auf seine Mutter bezogen.

Meine beiden Schwestern standen mir sehr nahe, sie liebten mich und ich sie. Meine Schadenfreude war nicht gegen die Kinder gerichtet, sondern gegen Mechthild, die mich, als ich noch ein Kind war, immer als geistig retardiert hinstellen wollte und sich ärgerte, wenn ich ein gutes Zeugnis mit nach Hause brachte. Ich weiß, dass solche Gefühle nicht gut sind, aber ich fühlte mich erwachsen und wusste, dass die Frau meines Vaters mir nichts mehr anhaben konnte. Die Mädchen hatten zu mir viel mehr Vertrauen als zu ihrer eigenen Mutter. Mechthild war so verklemmt, dass sie mir sogar die Aufklärung ihrer Töchter überließ. Aber das wissen Sie ja alles schon aus meinem Brief an Mechthild. Es tut mir trotzdem gut, mit Ihnen darüber zu sprechen, denn ich habe es noch nicht richtig verarbeitet."

Anna fühlt sich auf dem Weg zu ihrer Wohnung wieder leicht. Sie hat das Gefühl, immer leichter zu werden.

Aus Annas Traumbuch:
Donnerstag, 10. August 2005
„Ich liege im Krankenhaus auf der Intensivstation, nachdem ich Vorhofflimmern hatte, was mich ab und zu auch in der Realität überrascht. Es fällt mir schwer, so ruhig im Bett zu liegen. Ich habe eine Sauerstoffzufuhr und eine Infusion, die mir die Bewegung erschweren. Plötzlich steht Mechthild an meinem Bett; mein Vater hält sich im Hintergrund. Mechthild redet auf mich ein, ich solle mich nicht so anstellen. Ich weiß gar nicht, was sie überhaupt will. Mein Vater schaut besorgt auf die Geräte hinter mir. Ich reiße alle Zuleitungen ab und will Mechthild aus dem Zimmer treiben. Ich schreie sie an, bezeichne sie als alte Hexe, wünsche ihr den Tod. Sie bleibt stehen und ich gehe auf sie los und dränge sie aus der Tür. Ich sehe, dass sie Angst vor mir hat.

Auf einmal sind wir nicht mehr in der Klinik, sondern in dem Haus, wo mein Vater mit seiner Familie früher wohnte, in dem auch die Konditorei war. Ich sperre Mechthild in den Raum, in dem ich früher immer schlafen musste. Sie schreit. Ich habe kein bisschen Mitleid mit ihr. Mein Vater greift nicht ein. Ich wundere mich darüber. Dann versucht er, sich aus dem Staub zu machen, obwohl seine Frau in dem Zimmer eingesperrt ist. Er grinst mich an. Da werde ich fuchsteufelswild und werfe meinem Vater vor, dass er ein Sadist ist und schon immer einer war. Ich nenne ihn Feigling. Er zuckt die Schultern und fragt, was er denn hätte tun sollen. Ich schreie: 'Das fragst du mich, du versoffenes, feiges Arschloch?'"

Ich erwache stinkwütend. Aber komischerweise geht es mir richtig gut, so als ob ich mir in Wirklichkeit Gehör verschafft hätte.

Erfüllung und Zufriedenheit im Beruf

Schenke jedem Tag ein Lächeln
Und er lächelt zurück.

Sprichwort

Endlich, morgen beginnt Elke ihren Dienst in der Einrichtung. Es hatte sich sehr verzögert, da Elke ihre Wohnung noch renovieren lassen musste. Die Pause, die sie nach dem Verlassen der alten Dienststelle bis zum Beginn ihrer neuen Tätigkeit in unserer Einrichtung hatte, hatte sie dringend benötigt. Die Wohnung hat sie vor einer Woche bezogen. Anna hat ihr geholfen, alle Kartons auszupacken und den Inhalt in die Schränke zu räumen. Elke packte auch einige Fotoalben aus, unter anderem befanden sich darin auch Fotos aus der Zeit, in der sie gemeinsam in der gleichen Klinik gearbeitet hatten. „Mensch, sahen wir bescheuert aus mit den steifen Häubchen. So was gibt es ja jetzt gar nicht mehr", lacht Anna und schwenkt ein großes Foto, auf dem sie zusammen abgelichtet sind, durch die Luft. „Und sonntags hatten wir da auch noch schwarze Tracht an und Hauben mit schwarzem Schleier. Davon habe ich kein Foto", kichert Elke. „Aber ich", grinst Anna. „Das müssten wir mal den heutigen Schwesternschülerinnen zeigen. Die biegen sich vor Lachen."

Morgens fahren Elke und Anna zusammen zum Dienst. Anna macht Elke mit den Bewohnerinnen und Bewohnern der Station 2 und mit den Kolleginnen und Kollegen von der Frühschicht bekannt. Dann führt sie Elke durch die gesamte Einrichtung. Der Heimleiter, Herr Heinen, kommt erst um neun Uhr. Sie frühstücken mit ihm. Herr Heinen ist aufgekratzt und charmant. „Hoffentlich hält das eine Weile an", schickt Anna ein stilles, inbrünstiges Gebet zum Himmel.

Im Laufe des Tages taucht Barbara auf. Die Neugier steht ihr ins Gesicht geschrieben. Barbara und Elke scheinen sich sympathisch zu sein. Als Anna auf eine Station abberufen wird, weil die Tochter einer Bewohnerin mit ihr sprechen möchte, lässt sie die beiden in ihrem Büro. Nach ihrer Rückkehr findet sie Elke und Barbara in einem angeregten Gespräch über

Dokumentationssysteme vor. „Das ist Klasse“, ruft Anna freudig aus. „Die nächste interne Fortbildung wird sich um die Pflegedokumentation drehen. Wäre toll, wenn wir vorher ein Brainstorming machen und Ideen sammeln. Mit der Pflegedokumentation hapert es auf allen Stationen. Wir trauen uns noch gar nicht, Computer anzuschaffen. Die Pflegekräfte haben einen Horror davor. Wir müssen ihnen erst die Scheu nehmen. Im Endeffekt wäre es eine Erleichterung. Schwierig ist es mit den Hilfskräften, denen die medizinische Nomenklatur nicht geläufig ist, und mit ausländischen Mitarbeitern, die die deutsche Sprache noch nicht einigermaßen beherrschen.“ „Wir müssen es langsam angehen lassen“, wirft Barbara ein. Wer absolut nicht selbst Daten eingeben möchte, sollte seine Beobachtungen auf jeden Fall zu Papier bringen, damit sie bei der Eingabe verwertet werden können. Die Beobachtungen der Pflegehilfskräfte sind sehr wichtig. Sie geben den Bewohnern viele Hilfeleistungen und kommen mit ihnen ins Gespräch.“ „Ja, das kann ich nur bestätigen“, versichert Elke. Die Fachkräfte werden oft mit so viel Fachkram zugeschüttet, dass sie kaum Zeit haben, sich für längere Gespräche bei den einzelnen Bewohnern aufzuhalten. Leider. Die Dokumentation und Pflegeplanung muss sich auf die Aussagen des Pflegepersonals während der Übergaben zwischen Früh- und Spätschicht, Spät- und Nachtschicht so wie Nacht- und Frühschicht stützen können und genau dokumentiert werden. Jeder Vorschlag, jede Beobachtung einer Veränderung ist wichtig, ganz gleich, von wem sie wahrgenommen wird.“

Anna strahlt. „Schön, dass ihr das auch so seht. Wir werden Anfang nächster Woche eine Stationsleiter-Versammlung einberufen. Einen Qualitätszirkel werden wir auch bilden müssen. Ich freue mich unbändig, dass ich so motivierte Mitarbeiterinnen und Mitarbeiter habe. Und vor allem jetzt auch auf jeder Station. Endlich habe ich auch eine Vertretung“, bemerkt Anna glücklich und nimmt Barbara in den Arm. Nachmittags lernt Elke dann die Kolleginnen und Kollegen vom Spätdienst kennen.

Anna und Elke bleiben den ganzen Tag in der Einrichtung und nehmen gemeinsam an der Übergabe zwischen Spät- und Nachtdienst auf der Station 2 teil. So lernt Elke auch diese Kollegin kennen. In Zukunft werden Elke und Anna keine gemeinsamen Dienstzeiten haben, da Elke im Schichtdienst arbeiten wird. Vorläufig jedenfalls. Anna strebt seit langem an, dass die Stationsleitungen übergreifend arbeiten können. Die Fünf-Tage-Woche hat sie bereits eingeführt nach langem Ringen mit der Heimleitung und Einsatz ihres höchsten Charmes beim Vorstand, der nur aus älteren Männern besteht.

Das Glück ist eine Seifenblase: Gesine

Der Verstand kann uns sagen, was wir unterlassen sollen.
Aber das Herz kann uns sagen, was wir tun müssen.

Joseph Joubert

Am nächsten Tag ist Therapie. Frau Siegel schaut Anna erfreut an, weil diese so schwungvoll „Guten Tag, Frau Siegel!" sagt. Anna legt gleich los und erzählt von den Neuerungen an ihrem Arbeitsplatz. Frau Siegel freut sich mit Anna. Anna kuschelt sich gemütlich in ihren Sessel. Frau Siegel fragt Anna, was es denn sonst noch für Frauen gab, die Anna etwas bedeutet hatten. Anna kann es sich nicht verkneifen, die Augen zu verdrehen. „Frauen. Ja, es gab noch Frauen. Nach Julia lernte ich Lena kennen. Es war auf einem Frauen-Seminar für Lesben. Lena war Lehrerin und total chaotisch. Nichts passte bei uns, vor allem nicht die Denkweise. Ich glaubte daran, dass die Kraft der Liebe Berge versetzen kann und mutierte während dieser kurzen Beziehung zum Kleinkind, ließ mich beschimpfen, erniedrigen. Lena demütigte mich mit Liebesentzug, verfolgte mich mit ihrer unbegründeten Eifersucht wegen meiner Freundschaft mit Julia und stempelte mich oft, wenn ihr etwas missfiel, als unpersönlichen Vertreter einer Kategorie ab. 'Miststück' und 'blöde Kuh' waren noch eine der harmlosesten Bezeichnungen.

Für ihre eigenen Defizite trug Lena Scheuklappen. Ihre urplötzlichen Stimmungsschwankungen, eben noch heiter, fröhlich; dann ein Wort, das ihr nicht passte oder ein Thema, das sie nicht angesprochen haben wollte, schon gab es düstere Verstimmung. Ich fiel dann oft in schützende Gleichgültigkeit.

Mit Hilfe von Julia und meinen Freundinnen konnte ich aus dieser Beziehung in relativ kurzer Zeit aussteigen. Im Nachhinein wusste ich, dass es keine Liebe gewesen war; es war vielmehr etwas Vertrautes, viele Situationen, die mir aus der Kindheit geläufig gewesen waren, mit denen ich umgehen konnte. Um Liebe betteln. Das Loslassen war von Erleichterung und Trauer begleitet. Ich sah jedoch schnell ein, dass ich dieses Chaos entwirren musste, bevor ich es als Nähe empfunden hätte. Ich musste die Wiederholung der Kindheit nicht mehr suchen. Früher wäre ich von meinen Eltern lieber schlecht behandelt worden, als gar keine Beachtung zu finden.

Ich blieb zunächst allein. Hoffnung auf Zuwendung wechselte sich ab mit der Angst verlassen werden zu können, wenn mir diese Zuwendung zuteilwerden würde. Ich stellte mein Selbstwertgefühl in Frage, und das erzeugte Angst in mir. Ich bekam zum ersten Mal richtige ausgeprägte Panikattacken. Aber ich wollte nicht wahrhaben, dass ich Hilfe brauchte."

Anna fühlt sich gut, nachdem sie Frau Siegel diese Episode erzählt hat. Es war für sie keine Beziehung.

„Kurz danach lernte ich Gesine kennen und es folgten einige Jahre mit Lachen und Blicken in dieselbe Richtung. Ich fühlte, wie mein Herz sich wieder öffnete, wieder füllte und warm wurde. Wir reisten viel, machten Camping per Wohnmobil mit Freundinnen, sehr oft mit Julia und deren Partnerin, gaben Gartenfeste und waren glücklich. Gesine hatte eine Tochter und einen Sohn. Ich mochte die Familie, auch den Schwiegersohn.

Nach zwei Jahren musste ich erfahren, dass Gesine noch von ihrer Vergangenheit verfolgt wurde. Wir standen gerade – wie ich glaubte – auf dem Hochplateau unserer Liebe. Es riefen Männer an, die behaupteten, mit Gesine noch sexuellen Kontakt zu haben. Einer erklärte sogar, dass sie es mit ihm und seiner Frau gleichzeitig treiben würde, und ich solle doch ruhig mitkommen. Gesine bestritt alles. Es ging noch ein ganzes Jahr so weiter. Die Anrufe häuften sich, doch ich wollte zu meiner Freundin halten und ihr vertrauen. Gesine fuhr oft allein in die Sauna und kam spät zurück. Sie teilte sich auch nicht gern mit, war oft schweigsam, und dieses Gefühl des Ausgeschlossen-Seins setzte meine Fantasie in Gang. Durch den Strom der Grübel-Zwänge wurde ich dann doch von meiner Insel der Geborgenheit und des Vertrauens weggespült. Ich fühlte mich mal wieder wie eine ausgerissene Pflanze. Die bunten Seifenblasen, nach denen ich mal wieder gegriffen hatte, waren zerplatzt, bevor ich sie fangen konnte.

Ich war auf Gesines Wunsch hin zu ihr gezogen, hatte mein Mobiliar zum größten Teil verschenkt, weil ich in Gesines Haus nicht viel mitbringen konnte, da es ja von ihr möbliert war. Ich war so sicher gewesen, dass es die richtige Verbindung sein würde.

Geschehnisse treffen manchmal auf eine seltsame Art zusammen. Bei einem Tanzfest lernte Julia Gesines ehemalige Freundin kennen. Ida war fünf Jahre lang mit Gesine liiert gewesen. Gesine hatte zu dieser Zeit noch einen Freund und verlangte von Ida, dass sie diesen akzeptieren müsse neben ihrer Beziehung. Wenn die beiden sich liebten, schaute er zu und holte sich einen runter. Bei gemeinsamen Urlauben schlief Gesine bei ihrem Freund und Ida in einem anderen Hotel. Ida hatte dem Wunsch nachgegeben, weil sie Gesine liebte.

Für mich gab es nun keine Zweifel mehr. Ich sah der Wirklichkeit ins Auge und distanzierte mich innerlich von Gesine. Wenn sie sich von ihrem Haus, in dem wir zusammen wohnten, entfernte, erhielt ich weiterhin diese obszönen Anrufe. Es musste sich um jemanden handeln, der nicht arbeiten musste, in unmittelbarer Nähe wohnte und sehen konnte, wann unser PKW nicht vor der Tür stand.

Es war zermürbend. Zunächst bat ich Gesine, dass wir in verschiedenen Räumen schlafen sollten. Ich war zu der Zeit sehr depressiv und konnte nachts kaum schlafen. Oft habe ich Stunden lang gelesen oder am Computer gesessen. Da reichlich Platz vorhanden war, konnte die räumliche Trennung gut vollzogen werden. Gesine sagte, dass der Rückzug in getrennte Schlafräume meist der Anfang vom Ende sei.

Wir zogen nach einem Jahr in ein Miethaus. Gesine drängte darauf, weil sie ihr Haus verkaufen wollte. Ursprünglich wollten wir ein Haus suchen, in welchem wir zu vier Frauen hätten wohnen können. So eine Art WG und zukünftiger Altersruhesitz, obwohl wir noch alle eine Zeit lang im Berufsleben sein würden. Der Gedanke hatte etwas Zuversichtliches. Julia und Ida sollten mit uns wohnen. Ida sprang ab, so dass wir ein kleineres Haus mieteten und mit Julia dort einzogen. Das Zusammenleben ließ sich zunächst gut an. Jutta kam uns oft besuchen und half mir sehr viel bei der Gestaltung des Gartens. Der Vorgarten erblühte in Rosa, Lila und Blau. Die Nachbarn nahmen regen Anteil an der Verwandlung, denn vorher war dort nur Wiese. Ich kaufte für meine Räume schöne helle Möbel und bestückte die beiden Terrassen mit Tischen, Sesseln und Liegen. Endlich konnte ich alles so gestalten, wie es mir gefiel.

Zeit meines Lebens habe ich Angst, ganz allein in einem Haus oder einer großen Wohnung zu sein, auch tagsüber. Es ist immer noch die alte Angst. Ich höre zwar kein Atmen oder Keuchen mehr, aber ich habe oft das Gefühl, nicht allein zu sein, ein Gefühl der Bedrohung. Ich würde auch für alles in der Welt nie allein in den Keller gehen. Wir wohnten in einem geräumigen Doppelhaus. Die zweite Hälfte gehörte einer pensionierten Lehrerin, die sehr freundlich und sympathisch war. Sie war fast immer zu Hause, was mir ein behagliches Gefühl gab, wenn ich allein im Haus war.

Es war sehr angenehm für mich, dass Julia auch in diesem Haus wohnte. Am Wochenende kam meist ihre damalige Freundin Ulrike. Wir unternahmen viel gemeinsam. Ich versprach mir von dem Umzug, dass die Anrufe des Fremden unterbleiben würden. Eine Zeit lang war das auch so. Doch dann begann es wieder. Anscheinend konnte der Mann nicht mehr sehen, ob wir zu Hause waren und rief deshalb auf Gut-Glück an. Wir hatten alle drei eine eigene Rufnummer. Er hätte jetzt mit Gesine ohne weiteres telefonieren können, ohne dass ich es gemerkt hätte. Mich rief er jedenfalls wieder an und machte mir das Angebot 'mitzumachen'. Es zermürbte mich.

Ich hatte den Wunsch und die Hoffnung gehabt, dass Gesine und ich wieder zueinander finden würden, aber mit jedem Anruf wurde die Kluft größer. Gesine monierte, dass ich nicht mit ihr schlief. Ich wollte und konnte mich nicht verstellen und so tun, als sei alles in Ordnung. Ich war unsicher, ob sie nicht doch noch Kontakt zu dem Ehepaar hatte. Sie hatte früher solche Freundschaften, wo auch Partnertausch vollzogen wurde, gemeinsam mit ihrem Freund gepflegt. Das hatte sie mir selbst erzählt.

Gesine sah sich nach einer neuen Partnerin um, gab sogar ein Inserat auf, weil sie glaubte, ich sei in ihre nicht lesbische Freundin Inga verliebt. Ich spürte, dass es mir nichts ausmachte. Mein Gefühl für Gesine hatte ich verloren. Ich war sogar froh, dass es vorbei war. Es machte mir auch nichts aus, wenn die neue Partnerin ins Haus kam, als wir noch zusammen dort wohnten. Gesine wollte möglichst bald ausziehen. Das war auch in meinem Sinne.

Das Haus war für Julia und mich allein zu kostspielig und wir trauten uns nicht, wieder eine neue Frau bei uns aufzunehmen. Julia und ich suchten uns zwei Wohnungen im gleichen Haus. Wieder musste ich einen Teil meines Mobiliars veräußern. Diesmal hatten wir jede einen Balkon. Am schwersten fiel es mir, von meinem Garten Abschied zu nehmen. Eine Weile blieb ich allein. Ich wurde sehr krank. Herzrhythmusstörungen und Asthma. Mehrmals wurde ich auf die Intensivstation eingewiesen. Ich stellte wieder mein Selbstwertgefühl in Frage, und das erzeugte Angst in mir. Ich bekam richtige ausgeprägte Panikattacken."

Frau Siegel fragt nur: „Wundert Sie das?" „Nein", antwortet Anna…

An der Nordsee

Gestern strich die Zeit über mein Haar
Die Wunder eines Augenblickes fingen mich ein.

Peter Langen

Die nächsten Wochen sind sehr arbeitsreich. Seit Mitte August wird in der Einrichtung renoviert. Dafür müssen Bewohner zum Teil vorübergehend verlegt werden. Das Ganze ist mit Schmutz und Lärm verbunden. Einige Bewohner nehmen an einer Erholungsmaßnahme teil. Erschöpft lässt Anna sich in den Sessel sinken. „War das ein Tag heute“, seufzt sie. „Hektisch und laut; und trotzdem raste die Zeit zu schnell für das, was noch alles erledigt werden musste. Ich bin urlaubsreif“, gesteht Anna sich ein. In ihr regt sich ein Schrei nach Stille, ein Verlangen, im Meer gewiegt zu werden, mit Pinsel und Farbe die Bilder einzufangen, die ihre Augen und ihr Herz nun wieder – ganz leise tastend – im Stande sind wahrzunehmen. „Die Quellen meiner Kreativität sind also noch nicht verschüttet“, denkt sie voller Freude. „Und ich werde wieder schreiben und lesen und - überhaupt alles tun, was mir Freude macht“ redet sie sich zu. Noch zwei Wochen bis zum Urlaub, und dann geht es an die Nordsee. Vergessen sind die Strapazen des Tages. In Anna tobt plötzlich eine Gier nach kreativer Aktivität. Am nächsten Tag auf dem Heimweg kauft Anna Aquarellfarben, neue, richtig teure Profi-Pinsel, Malblöcke in verschiedenen Größen und jede Menge handliche Schreibhefte. Zu Hause inspiziert sie ihren Kleiderschrank. „Ein paar neue Sommersachen gönne ich mir auch“, murmelt sie.

Die Zeit will nicht vergehen, doch dann ist endlich der letzte Arbeitstag für Anna gekommen. In der Nacht vor der Abreise kann Anna nicht einschlafen. Die Nacht gleitet fast geräuschlos an ihr vorüber. Von ihrem Bett aus kann sie zum Himmel sehen. Die Wolken rücken beiseite und erlauben dem Mond einen Blick auf die Erde. In Annas Herz kriecht Stückchen weise die Freude und gibt ihr eine wohlige innere Wärme.

Der Abreisetag ist sonnig und warm. Anna schnuppert: sie hat das Gefühl, die Luft riecht nach Aufbruch. Beladen mit ihren Hoffnungen und Sehnsüchten macht sich Anna auf den Weg. Jegliche dumpfen Gedanken, die sie ab und zu begleitet haben, lässt sie zurück und öffnet ihr Herz und ihre Hände dem Kommenden.

Die Fahrt vergeht wie im Flug. Das kleine Hotel - gebettet in eine gepflegte, parkähnliche Anlage - liegt im hellen Mittagslicht und schaut einladend aus. Buschrosen säumen den Weg zum Eingang. Sie erinnern Anna an ihre Kindheit. Rechts am Ende der Auffahrt steht eine riesige Trauerweide, die ebenfalls Kindheitserinnerungen in Anna weckt. Anna bezieht ein schönes Zimmer, welches freundlich und geschmackvoll eingerichtet ist. Das wird nun zwei Wochen lang ihr Zuhause sein. Am nächsten Tag wird sie sich gleich nach einem kleinen Segelboot mit Skipperin umsehen. Zum Abendessen genießt sie die leckeren Matjes, die es nirgendwo so frisch und wohlschmeckend gibt wie hier am Meer. Anna fühlt sich gut und genießt die Ruhe, doch ganz unterschwellig schleicht sich eine leise Wehmut in ihr Herz. Ihr inneres Kino lässt Bilder von gemeinsamen Strandwanderungen und lustigen Urlaubserlebnissen vor ihr ablaufen. Mit Julia. Bis zum Einschlafen versucht Anna das Geflecht ihrer Empfindungen zu entwirren; doch bald senkt sich die Müdigkeit wie eine Zentnerlast auf ihre Lider und ihr Schlafdefizit macht sich bemerkbar. Die Welt verschwimmt, ihre Gedanken fallen in Nichts. Und sie hat einen Traum:

Dienstag, 9. August 2005
„Ich treffe meinen Opa und fahre mit ihm zu einer Bundesgartenschau. Opa hält mich an der Hand. Ich bin wieder ein Kind. Wir halten uns sehr lange in den wunderschönen Anlagen auf. Ich bin sehr glücklich. Dann setzen wir uns auf einer Bank in die Sonne. Opa packt Butterbrote aus und ich frage: 'Die hast du doch wohl nicht wieder einem Häschen abgenommen?' Opa lacht und wischt sich mit einem karierten Taschentuch über die Glatze. 'Nein, das tue ich nicht mehr,' versichert er mir.
Ein Schmetterling landet auf Opas Glatze, ein wunderschöner, bunter. Ich schaue meinen Opa, der mit keiner Wimper zuckte, als das Tier landete, fasziniert an. Da sagt mein Opa: 'Der nimmt mich gleich wieder mit in den Himmel. Aber ich werde immer bei dir sein.'“

Zwei Tage später sitzt Anna in einem kleinen, gemieteten Segelboot. Ein frischer Wind treibt das Boot übers Wasser; das Boot gleitet spielerisch durch die Wellen. Die Sonne zaubert Reflexe auf das Wasser. Annas Blick schweift über das Wasser, sie spürt seine Transparenz, bewundert das Spektrum der Farben. Am liebsten würde sie dieses schöne dunkle Blau, welches an den tiefsten Stellen sichtbar wird, malen. Das Meer - eine Riesenfläche, frei für Projektionen und ungefilterte Gedanken. Es ist ein schöner Nachmittag, der den Himmel in dem milden Licht unendlich erscheinen lässt. Ein schmeichelndes Blau, welches kaum mit dem Farbpinsel darzustellen wäre. Am Horizont tanzen kleine Wolkenflöckchen, so dass sie stellenweise die Wasseroberfläche berühren. Schönwetter-Wölkchen. Der Wind bläst Anna ins Gesicht. Sie fühlt, dass sie lebt und ist dankbar für dieses Leben. Nach zirka drei Stunden nähert sich das Boot wieder der Küste. Aus dieser Entfernung wirkt sie noch still und unberührt. Noch ziemlich weit entfernt vor dem Anlegeplatz springt Anna ins Wasser. Winnie, die schweigsame Skipperin, behält Anna im Auge, um ihr notfalls zu helfen, wenn sie wieder aufs Boot möchte. Das Meer empfängt Anna mit einer kühlen. aber auch gleichzeitig zärtlichen Umarmung, wild wird sie von den Wellen gerüttelt, empfindet diese Berührung aber auch als Zärtlichkeit. Wie der gierige Griff einer leidenschaftlichen Liebhaberin. Ganz tief gräbt Anna sich in die Umarmung des Wassers ein, fühlt sich schwerelos. Bilder tauchen vor ihr auf. Bilder der Ruhe, Harmonie. Träume von faszinierender Wirklichkeit.

Hier vorn an der Küste wirkt die See bewegter; ihre Farbe spielt ins Grünliche, kleine Wellenberge künden den Wechsel der Gezeiten an.

Mit kräftigen Zügen schwimmt Anna dem Strand entgegen. Im Stehen schaut sie zurück mit einem gefühlsmäßigen Gemisch von Winzigkeit, Kraft und Verbundenheit, mit der Vorfreude und Neugier eines Kindes, für das es noch viel zu entdecken gibt zum Beginn der Ferien. Kleine Wellen spielen sanft um ihre nackten Füße. In ihr taucht die Frage auf: Was ist das Meer? Sie sieht das Glitzern, die Spiegelungen, seine Tiefe, seine Farben und sie durfte seine Kraft und seine Unberechenbarkeit spüren. Fordernd, dann wieder nachgiebig und weich, zum Träumen einladend. Nur Wasser? Nein, auch Wiege und Heimat für vielerlei Lebewesen, Herkunftsort der vom Wasser rund geschliffenen Gesteinstrümmer, die als Kieselstrand allerorts viele Kilometer ein helles, funkelndes Band entlang der Küsten bilden. Salz, Sand, leuchtendes Grau, Blau und Grün in vielen Schattierungen, das alles ist das Meer. Es ist mutig. Oft rückt es so erschreckend nahe, dass man glaubt, sich in Sicherheit bringen zu müssen. Es hat so viele Geheimnisse, hinterlässt Zeichen, löscht Spuren. Seine Sprache ist Flüstern, Brüllen, Rauschen, Gesang. Und das Meer kann schweigen und seine Geheimnisse für sich behalten.

Anna streckt sich im warmen Sand aus. Leicht streicht der Wind über sie hinweg. Ein wohliges Gefühl macht sich in Anna breit. Auf einem kleinen Sandhügel neben Anna lässt sich eine Möwe nieder. Am liebsten würde Anna sie streicheln. Sie beobachtet sie, und im Gegenzug beobachtet die Möwe Anna. Als Anna die Hand ausstreckt, fliegt sie davon und dreht noch eine Ehrenrunde über Annas Kopf.

Am Ortsrand gibt es ein hübsches Lokal, welches von zwei Homosexuellen unterhalten wird. Etwas kitschig mit viel Plüsch, aber unheimlich kuschelig. Anna hatte sich bereits vor ihrer Abreise erkundigt, ob es in der Nähe ihres Urlaubsortes eine solche Lokalität geben würde. Sie nimmt dort eine leichte Abendmahlzeit ein. Das Lokal füllt sich nach und ist bald gut besucht. Anna sitzt bei einem Espresso und einem kleinen Bessen-Genever zufrieden an ihrem Tisch und beobachtet das Treiben. Nach einer halben Stunde treten drei Frauen ein und schauen sich suchend um. Jeder Tisch ist besetzt. Eine der Frauen fragt Anna, ob an ihrem Tisch noch Platz sei, was Anna bejaht. Die Drei unterhalten sich sehr angeregt und beziehen Anna mit in die Gespräche ein. Linda und Maren sind ein Paar. Anke ist solo. Auf einer kleinen Tanzfläche geben sich einige Frauen- und Männerpaare den Rhythmen der Musik hin. Anke fordert Anna auf, mit ihr zu tanzen. Während des Tanzens flirtet sie mit Anna. Im Laufe des Abends wird der Flirt der beiden heftiger. Alle haben schon reichlich dem Genever zugesprochen und befinden sich in lockerer Stimmung. Es wird ein schöner Abend, eher schon eine Nacht mit guter Unterhaltung und viel Spaß. Anke besteht später darauf, Anna zu ihrem Hotel zu bringen. Vor dem Eingang verabschieden sie sich mit dem beiderseitigen Versprechen, sich nicht aus den Augen zu verlieren. Sie treffen sich während des Urlaubs oft, sind ein bisschen verliebt ineinander und geben auch ihrem sexuellen Verlangen nach. Es ist unverbindlich, aber schön, sehr schön.

In der Vergangenheit fuhr Anna nie gern allein in Urlaub. Doch diesmal genießt sie das Alleinsein. Die Tage vergehen wie im Flug. Gut erholt freut Anna sich auf ihr Zuhause und ihre Arbeit und nicht zuletzt auf ihre Freundinnen und Kolleginnen.

Teamwork und viele Pläne

Es dauert oft lange, bis man mit dem Verstand begreift,
was man mit dem Herz schon längst weiß.

Eve Herzogenrath

Sie sehen aber prächtig aus, Frau Scholl", wird Anna von Herrn Lemke, der gerade an der Rezeption Dienst hat, am ersten Arbeitstag nach ihrem Urlaub empfangen. „Ja", antwortet Anna fröhlich, „ich habe mich auch gut erholt. Hoffentlich hält das Resultat lange an. Alles okay?" „Ja, Frau Scholl, keine besonderen Ereignisse während Ihrer Abwesenheit." Anna freut sich, legt in ihrem Büro ihre Tasche ab und beginnt gleich mit dem Rundgang durchs Haus. Überall wird ihr Kaffee angeboten. Auf der dritten Station muss Anna passen, denn ihr Herz klopft schon aufmüpfig. Die Arbeit auf den Stationen läuft auf Hochtouren. Zurzeit sind einige Studierende als Pflegehilfskräfte tätig, darunter auch Alex, die in Annas Haus wohnt. Alex ist eine von Annas besten Kräften; auf sie ist immer Verlass. Es ist Urlaubszeit, so dass ein Teil der fest angestellten Pflegekräfte abwesend ist. Mit dem Einsatz von Studentinnen und Studenten aus dem medizinischen und sozialpädagogischen Bereich hat Anna bisher gute Erfahrungen gemacht. Auch auf die Zivis möchte Anna nicht verzichten. Sie nehmen den Pflegekräften sehr viel Arbeit ab.

Auf Station 3 trifft Anna auf Barbara, die sich ebenfalls auf einem Inspektionsgang befindet. Barbara freut sich, dass Anna wieder da ist. Gemeinsam besuchen sie die anderen beiden Stationen. Wieder im Büro angekommen, legt Barbara Anna die Protokolle der letzten Stationsbesprechungen vor sowie die Ergebnisse der Pflegevisiten. Anna vertieft sich in die Aufzeichnungen, nickt oft zustimmend und muss manchmal lächeln über die Formulierungen der ausländischen Mitarbeiterinnen. Sie freut sich darüber, dass diese sich mittlerweile trauen, selbst ihre Beobachtungen einzutragen. Der Tag vergeht wie im Flug. Herr Heinen, der in zwei Tagen seinen Urlaub antreten wird, hat Superlaune. Er lädt Anna und Barbara zu einem Nachmittagskaffee mit Kuchen ein.

Die nächsten Therapiestunden fallen aus. Frau Siegel ist erkrankt. Manchmal denkt Anna daran, dass ihre Therapie bald beendet sein wird. Es geht ihr immer besser. Sie kann mit ihren Erinnerungen umgehen, nachdem sie sie noch einmal durchlebt hat. Sie konnte so vieles aufarbeiten mit der Hilfe von Frau Siegel. „Aber so ganz über den Berg bin ich noch nicht“, lenkt Anna schnell von ihren Abschiedsgedanken ab. „Noch brauche ich die Therapie.“

Anna stürzt sich genüsslich auf die Vorbereitungen für eine Fortbildung, die sie nach der Urlaubssaison ihren Pflegekräften anbieten möchte. Ein Seminar mit dem Thema Pflegeplanung. Bei dieser Schulung wird zunächst von den Teilnehmerinnen ein Fragebogen ausgefüllt und anschließend besprochen. Das dient dem Zweck, den Wissensstand der Pflegenden bezüglich dem Pflegeprozess festzustellen, um eine gezielte Schulung durchführen zu können. Ein solcher Lehrgang mit der Vermittlung theoretischen Wissens und praktischen Übungen endet mit der schriftlichen Beantwortung gezielter Fragen zu den einzelnen Themen. Zum Ende des Jahres ist ein zweites Seminar vorgesehen mit dem Thema „Sterbebegleitung“, welches das Ziel hat, Verständnis für den Prozess des Sterbens zu wecken, die Bedürfnisse sterbender Menschen in den Mittelpunkt zu rücken, den Prozess des Sterbens als eine intensive Phase des Lebens zu verstehen und typische Merkmale zu kennen. Die Teilnehmenden werden angehalten, über die persönlichen Voraussetzungen im Sinne von „Gebote für Helfende“ nachzudenken und damit einer Überforderung vorzubeugen. Wichtig ist es, sich mit konkreten Impulsen der Sterbebegleitung auseinander zu setzen, über das Sterben zu reden oder zu schweigen, die Bedürfnisse sterbender Menschen ernst zu nehmen, um ein erfülltes Leben bis in den Tod zu ermöglichen, Bedingungen für ein menschenwürdiges Sterben zu schaffen. Dazu gehört auch, den Angehörigen Hilfestellungen für die Begleitung sterbender Familienmitglieder zu geben. Bei diesem Lehrgang lässt Anna immer vor Beginn von den Teilnehmenden einen „Belastungsbogen“ ausfüllen. Es hat sich herausgestellt, dass manche Personen, die erst kürzlich den Sterbeprozess von nahe stehenden Menschen miterlebt haben, noch Abstand benötigen. Anna widmet sich mit Hingabe solchen Vorbereitungen und freut sich, weil sie schon immer gut Wissen vermitteln konnte, auf die Durchführung.

Alina. Raubüberfall in Nizza

Der Liebe Wunden
Kann nur heilen, der sie schlug.

Sprichwort

Als Anna von der Arbeit nach Hause kommt, findet sie auf ihrem Anrufbeantworter einen Terminvorschlag von Frau Siegel vor. Annas Herz hüpft vor Freude. „Ich glaube, ich muss allmählich damit beginnen, meine Gefühle für Frau Siegel abzubauen." Liebevoll packt sie das kleine Geschenk ein, das sie für ihre Therapeutin aus dem Urlaub mitgebracht hat: Eine kleine Kristallkugel. Anna hat sie gekauft, weil sie so schön die Strahlen der Sonne widerspiegelt und auf ihre Weise verändert, so dass es scheint, sie drücke Gefühle aus. Farbig, vielfältig, intensiv, so wie die Gefühle, die Anna für ihre Therapeutin hat.

Frau Siegel freut sich sehr über dieses Geschenk in der nächsten Therapiestunde und sie vermittelt Anna den Eindruck, dass sie sich ebenso freut, Anna wiederzusehen.

Anna erzählt von ihrem Urlaub, aber nach einer Viertelstunde holt Frau Siegel Anna auf die Therapieebene zurück: „Wir sprachen vor Ihrem Urlaub von Ihren Beziehungen. Wie ging es denn weiter nach Ihrem Umzug? Blieben Sie noch lange allein?" „Nein, lange nicht. Im Spätsommer stieß ich eine neue Tür auf. Die Dunkelheit, in die ich trat, sah ich in meiner Anfangsfreude nicht. Diese Liebe war so unvorhersehbar wie ein Erdbeben, und ich befand mich gerade mal wieder im Katastrophengebiet. Ich lernte Alina kennen und verliebte mich zum ersten Mal nach der Trennung von Julia wieder richtig heftig. Alina lebte in Frankreich, fuhr jedoch oft zu ihrer Mutter nach Deutschland. Sie hatte viele Bekannte und Freunde, und doch kam sie mir immer etwas einsam vor. Mit ihren Freunden ging sie hauptsächlich essen oder sie waren Gäste in Alinas Haus an der Cot'e Azur in Nizza. Gewohnt hat Alina in Paris. Ich fühlte, dass Alina in ihrem Inneren oft das unstillbare Bedürfnis nach Nähe, nach Anerkennung und Geborgenheit hatte, auch wenn sie nach außen Desinteresse zeigte. Alina war in ihrem Leben oft verletzt worden und schützte sich durch ihr Verhalten vor neuer Enttäuschung. Ich konnte das nachvollziehen. Alina rührte mich oder etwas in mir an, oft glaubte ich, in einen Spiegel zu schauen, wenn ich Alina tröstete. Diese weinte manchmal ohne ersichtlichen Grund, hatte Angst, ich würde sie verlassen. Wir sahen uns nicht regelmäßig, weil wir eine räumliche Distanz von über fünfhundert Kilometern zu überwinden hatten.

Alina litt unter ausgeprägten Eifersuchtsgefühlen, lehnte aus diesem Grund auch meine Freundinnen ab, ganz besonders Julia. Gerade Julia hatte sich so für mich gefreut, als ich Alina kennen lernte, weil sie spürte, dass ich richtig verliebt war und meine Gefühle immer intensiver wurden. Alina ertränkte ihren Kummer zeitweise in Alkohol. Wenn sie trank, schob sie mir die Verantwortung dafür zu. Es gab für sie immer einen Grund zum Trinken: Freude, Kummer, Wut. Es gab auch Zeiten, da trank sie keinen Tropfen Alkohol. Sie versuchte immer wieder, davon los zu kommen. Nach den Erfahrungen mit Jutta wollte ich nie mehr eine Partnerin haben, die dem Alkohol zusprach. Aber da Alina ja guten Willens war, ging ich auf sie ein. Ich bildete mir damals ein, ihr helfen zu können. Heute weiß ich, dass man das nicht kann. Ich wurde co-abhängig. Damit tat ich ihr keinen Gefallen.

Ich bewunderte Alina, dass sie so großartig ihre Arbeit bewältigte, so taff war, wenn es um Organisation gleich welcher Art, um gepflegte Gastlichkeit ging. Sie hatte alles im Griff. Nichts war ihr zu viel. Und sie kannte genau meinen Geschmack, wenn sie ein Geschenk für mich kaufte. Ich vergesse niemals ihr Strahlen, wenn Sie mir eine Überraschung mitbrachte.

Alina konnte liebevoll und zärtlich sein, doch von einem Augenblick auf den anderen zu einem Eiskeller werden. Ich konnte sie aus dieser Kälte nicht weglieben. Ich schnappte mir die schönen Augenblicke, das liebe Lächeln, die zärtlichen Worte von Alina wie Sternschnuppen, die vom Himmel fielen. Meine Gefühle der Zärtlichkeit verwandelten sich oft in scheue Vögel, die davonflogen, wenn ihre Geringschätzigkeit mich auf Distanz hielt. Oft ersetzten Kränkungen und bewusste Nichtachtung die Nähe.

Vier Jahre waren Alina und ich ein Paar. Vier Jahre Höhen und Tiefen, immer wieder neue Hoffnung. Am Anfang betrachteten wir unsere Gegenwart als Stufe der Zukunft und lebten in beschützender Zärtlichkeit. Dann war nichts anderes nötig, als die Arme umeinander zu legen und zu schweigen. Alina war zunächst froh, dass ich nur wenig und selten Alkohol trank. Sie gestand mir, dass sie Probleme mit ihrem Alkoholkonsum habe. Ich traute mir zu, für Alina da zu sein, so dass sie den Alkohol nicht brauchen würde. Ich liebte Alina und wäre zu jedem Opfer bereit gewesen. In manchen Dingen waren wir uns zu ähnlich. Allerdings habe ich nie Alkoholprobleme gehabt.

Beide hatten wir nicht gelernt, dass ein Mensch für den anderen alles sein kann, dass die Liebe Flügel wachsen lassen kann, die nichts mit Fluchtvorbereitungen zu tun haben. Beide hatten wir noch nicht begriffen, dass Freiheit schenken Liebe ist und Angstfreiheit voraussetzt. Wir litten gleichermaßen unter unseren Verlustängsten, wollten es nicht eingestehen und schwiegen oft das gleiche dichte Schweigen. Wir führten Kriege gegen die eigene Sehnsucht nach Zärtlichkeit und Vertrauen. Wir stritten um Banalitäten und meinten eigentlich etwas ganz anderes. Ich fiel in alte Verhaltensweisen, packte meinen Koffer und wollte fliehen. Spätestens am Bahnhof weinten wir beide, und ich fuhr wieder mit zurück. Dann spürten wir, wie unsere Herzen sich wieder öffneten und warm wurden, die Liebe und die Zärtlichkeit einließen. Alina schrieb mir in einem Brief: 'Ich habe so viel Zärtlichkeit für dich in mir.' Ich konnte mich nach der Trennung von diesem Brief und auch von einigen anderen Briefen und den schönen Karten, die Alina mir im Laufe der Jahre schickte, nicht trennen. Wir schrieben uns viele Liebesbriefe. Ich schrieb für Alina Gedichte. Wir machten uns wunderschöne Geschenke, waren aufmerksam und wussten immer, womit wir der anderen eine Freude machen konnten.

Ich vergesse nie den Tag, als Alina mich besuchte und eine selbst gebastelte große blaue Blume mitbrachte. Ich habe sie immer noch in meinem Regal und werde mich wohl nie von ihr trennen können. Oft konnten wir uns Wochen lang nicht sehen. Alina stand voll im Berufsleben. Sie war selbständig. Mindestens zweimal am Tag telefonierten wir miteinander, schickten außerdem noch Mails oder Faxe. Es waren die schönsten Liebesbriefe, die ich je in meinem Leben bekommen hatte. Ich habe immer noch Zeiten, in denen mich große Traurigkeit erfasst. Ich habe mich von Alina getrennt, obwohl ich sie noch liebte. Unter anderen Voraussetzungen hätte es wirklich eine Liebe fürs Leben werden können. Ich denke liebevoll an Alina und wünsche ihr viele schöne Augenblicke, in denen sie sich nicht ungläubig verschließt. Alina hatte immer einen etwas traurigen Gesichtsausdruck. Das machten ihre Augen. Eine senkrechte Stirnfalte verstärkte den Ausdruck der Melancholie noch. Mir wurde immer ganz warm ums Herz, wenn Alina mich ansah, ihre Lippen zu einem Lächeln kräuselte, das sich dann über das ganze Gesicht ausbreitete. In diesen Momenten spürte ich, ich durfte da sein. Ich liebte alles an Alina. Doch ich fürchtete mich vor ihr, wenn sie getrunken hatte. Dann nahm die Eifersucht in Alina wieder überhand. Sie schimpfte auf Julia und meine Freundinnen, nannte sie ‚geile

Weiber`. Alina war in ihrer letzten neunjährigen Frauenbeziehung betrogen worden und rechnete immer damit, auch von mir betrogen zu werden, weil ich viele Freundinnen hatte, mit denen ich gern etwas unternahm.

Eines Tages bei einem Besuch in ihrem Ferienhaus in Nizza kam ich gegen Mitternacht auf dem Flughafen an und wurde von Alina abgeholt. Freudig umarmten wir uns, stiegen ins Auto und fuhren los. Wahrscheinlich wurden wir von zwei Männern beobachtet und verfolgt. Jedenfalls stellte es sich im Rückblick so dar. Ich vergaß meine Tür an der Beifahrerseite zu verriegeln. Auf dem unbelebten Weg in das fünf Kilometer entfernte Haus nahmen wir zwar wahr, dass ein Auto hinter uns her fuhr und keine Anstalten machte, uns zu überholen. Aber das war eigentlich nichts Ungewöhnliches. Der Wagen fuhr erst an uns vorbei, als wir vor der Wohnanlage, die durch eine hohe Mauer mit einem automatisch zu öffnenden Eisentor gesichert war, hielten. Alina öffnete das Tor mit einer Fernbedienung und es schwang langsam auf. Als wir wieder anfuhren, wurde die Tür an meiner Seite aufgerissen und ein junger Mann stürzte sich auf mich mit der Absicht, mir die Handtasche zu entreißen. Ich hatte jedoch die Tasche mit dem Riemen quer über meine Schulter gehängt, sodass sie nicht so einfach zu entwenden war. Und ich kämpfte. Ich kämpfte zum ersten Mal in meinem Leben gegen einen Mann. Der Mann schlug nach mir, kniff mich, griff mir zwischen die Beine, boxte mich in den Magen. Ich stieg wieder wie früher, wenn ich geschlagen wurde, aus mir aus und empfand keinen physischen Schmerz. Die Tasche hielt ich fest. In der Tasche waren mein Handy, eine größere Geldsumme, alle Scheckkarten und Ausweise sowie mein Rückflugticket. Ich hatte nicht die Absicht, das alles kampflos aufzugeben.

Alina fuhr weiter in die Anlage hinein; beide schrien wir aus Leibeskräften 'Hilfe' und 'Secure'. Der Mann verlagerte sein ganzes Gewicht auf mich. Ich bekam kaum noch Luft und war fast bereit aufzugeben. Da trat ein Nachbar aus dem Haus, leuchtete mit einer Stablampe zur Einfahrt hin und kam schnellen Schrittes auf unser Auto zu. Der Dieb flüchtete und schaffte es, im letzten Moment auf die Straße zu gelangen, bevor sich das Tor automatisch schließen konnte. Das Ganze war in Sekundenschnelle abgelaufen. Weitere Nachbarn erschienen. Keine Spur von dem Dieb. Wir hörten ein Auto geräuschvoll starten und wegfahren. Alle folgerten daraus, dass es das Auto war, das vorher hinter Alina und mir hergefahren war. Für einen zufällig Vorbeigehenden hätte es keine Fluchtmöglichkeit gegeben, da die Häuser auf beiden Seiten der Straße von hohen Mauern umgeben waren und keine Zuflucht boten.

Am nächsten Tag sah man die Spuren von meinem Kampf mit dem Dieb. Ich trug meine Schmerzen mit Fassung. Ein Arzt meinte, ich habe einen Schock. Ich empfand das gar nicht so und nahm das Geschehene ziemlich gleichmütig. Den Vorfall meldeten wir bei der Polizei. Nachmittags kamen weitere Freunde von Alina, mit denen wir gemeinsam Urlaub machen wollten. Bernard mit seiner Frau Irene und deren Freundin Bertha. Bernard war Franzose. Alle drei lebten in Hamburg. Bernard meinte, ich gefalle ihm nicht, ich sei so unnatürlich ruhig und gelassen. Aber ich lachte nur. Wir machten gemeinsame Ausflüge, gingen in Museen und verlebten schöne Tage miteinander.

Einmal, als wir von einem Museumsbesuch mit anschließendem Abendessen nach Hause kamen, sahen wir, dass im Haus Licht brannte. 'Einbrecher!' riefen wir zur gleichen Zeit. Alina und Bernard gingen voraus ins Haus. Es gab zwei Zugänge. Von oben gleich ins Erdgeschoss oder von einer tieferen Ebene durch die Garage. Ich hatte Angst, dass den beiden etwas hätte zustoßen können und ermunterte die beiden Frauen, mir zu folgen. Wir gingen ins Wohnzimmer. Dort standen einige Terrakotta-Töpfe. Bertha und ich bewaffneten uns mit je einer großen Vase, Irene nahm einen Kaminhaken. So schlichen wir durch das Haus. Ich spürte einen Kampfesgeist in mir wie nie. Ich glaube, ich wünschte mir regelrecht auf den oder die Einbrecher zu treffen und sie zu verprügeln. Niemand war im Haus. Von unten kamen Alina und Bernard und lachten sich halbtot über den Anblick, der sich ihnen bot. Drei nicht mehr junge Frauen, die wild entschlossen waren, Haus und Hof zu verteidigen.

Alina brachte mich nach den Urlaubstagen wieder zum Flughafen, verabschiedete sich zärtlich von mir. Ich flog nach Hause und gab zwei Tage später eine Fortbildung für eine Pflegegruppe. Auch das schaffte ich ohne Probleme…

Reaktive Depression. Trennung von Alina

Was bleibt?
Darf ich die Träume, die ich auffing, leben?
Nimm das Traurige aus mir,
bring meiner Seele die Flügel zurück.
Räum' die Scherben in mir auf!

Eve Herzogenrath

August 2002, ein etwas kühler Sommerabend. Nach einem arbeitsreichen Tag gönnte ich mir ein Ölbad. Wohlig ließ ich mich von dem warmen Wasser umspülen, atmete ruhig, trank zwischendurch genüsslich von dem Saft, den ich mir neben die Wanne auf einen Hocker gestellt hatte. Dabei fiel mein Blick auf meine Oberschenkel. Die blauen Flecken hatten sich in eine zartgelbe mit schwachem Violett durchzogene Landschaft verwandelt. In mir stieg eine verschwommene Erinnerung auf. Nur eine Sekunde lang. Doch das Gefühl, das mit dieser Erinnerung verbunden war, blieb. Dieses Bild kannte ich. Meine Beine hatten schon einmal so ausgesehen, damals. Die Beine einer ganz jungen Frau. Jetzt waren das die Beine einer Dreiundsechzigjährigen. Aber auch meine Beine. Ich fühlte mich fremd, nicht vorhanden, eher träumend. Hastig stieg ich aus der Wanne. Meine Lunge wurde eng, ich fühlte nach langer Zeit einen Asthmaanfall nahen, den ich mit Spray zu mildern versuchte. Ohne mich abzutrocknen, legte ich mich ins Bett und starrte zur Zimmerdecke.

Am nächsten Tag hatte ich frei und war in der Stadt mit meiner Freundin Inga in einem Café verabredet. Inga wunderte sich darüber, dass ich kaum ein Wort sprach und sehr abwesend schien. Nach dem Cafébesuch fuhr Inga nach Hause. Ich schlenderte durch einige Läden, ohne etwas wahrzunehmen oder zu kaufen. In einem Kaufhaus brachte ein laut schreiendes Kind mich total aus der Fassung. Der Vater zerrte das Kind, ein etwa vierjähriges Mädchen, hinter sich her, verlor die Geduld und gab ihm eine Ohrfeige. Ich erstarrte zunächst. Dann hob der Mann das kleine Mädchen hoch und gab ihm einen Kuss. Das Kind wollte das nicht. 'Laufen', schrie es in mir. Das vertraute Gefühl, das ich von früher her kannte, wenn ich sonntags meinen Vater besuchen musste, überkam mich. Kurz bevor ich bei meinen Besuchen die Wohnung meines Vater erreichte, überkam mich ein Gefühl von Fremdheit, Unwirklichkeit, Angst, Depersonalisation. Dann lief ich wie um mein Leben. Ich spürte mich nicht, wenn ich normal ging, ich verlor das Gleichgewicht. Es war wie Radfahren. Wenn man zu langsam fuhr, verlor man die Balance. Und genau so erging es mir in dem Moment, als der Vater das kleine Mädchen schlug. Ich rannte los, quer über die Straße. Die Autos hupten, eine Straßenbahnbremse kreischte. Schimpfende Autofahrer, Kopf schüttelnde Leute. Ich sah das zwar, aber ich fühlte mich nicht angesprochen. Ich fühlte mich wie ein verfolgtes Kind, rannte in den Bahnhof, zum Bahnsteig, war völlig außer Atem. 'Ich will nicht mehr', rauschte es in meinen Ohren. 'Ich will nicht mehr und ich kann nicht mehr.' Von weitem war der einfahrende Zug zu sehen.

Mein Handy klingelte. Es war Julia. 'Ich bin unterwegs', sagte sie. 'Waggon 32, steigst du zu?' Ich war irritiert. Zusteigen? Ich blieb auf dem Bahnsteig stehen. Der Zug hielt und Julia winkte aus einer Tür nicht weit von meinem Standort entfernt. Ich ging hin und stieg ein. Julia schaute mich prüfend an. 'Was ist los?' fragte sie. Ich schüttelte den Kopf: 'Nichts.' Julia erzählte von ihrem Arbeitstag und dass sie sich gefreut habe, dass ich mich im Zug mit ihr treffen wollte. Die Idee, sich im Zug zu treffen, sei gut gewesen und es habe ja auch geklappt. Daran hatte ich gar nicht mehr gedacht. Ich sagte aber nichts. Vielleicht war ich intuitiv zum Bahnhof geflüchtet, vielleicht sogar in Julias Schutz. Ich weiß es nicht.

Im Laufe des Abends überkamen mich Wellen von Panik und das Gefühl, nicht ich selbst zu sein. Ich ging ins Schlafzimmer, um einen Augenblick allein zu sein. Als ich nach geraumer Zeit nicht zurückkam, rief Julia nach mir. Ich glaube, ich habe das nicht gehört. Als ich nicht antwortete, ging Julia in mein Schlafzimmer und fand mich in einem äußerst bedenklichen Zustand vor: Ich saß auf dem Teppich vor meinem Bett und weinte verzweifelt. Immer wieder soll ich die Sätze hervorgestoßen haben: 'Ich kann nicht mehr. Ich will nicht mehr da sein. Wäre ich doch tot.' Ich sei nicht zu beruhigen gewesen, erzählte Julia später, so dass sie meine Ärztin anrief.

Ich wurde in eine Klinik eingewiesen. Die Stationsärztin nahm mir das Versprechen ab, die Station vorläufig nicht ohne Begleitung zu verlassen. Meine Freundinnen kamen regelmäßig und begleiteten mich ins Freie. Alina rief mich täglich mehrmals an und sprach mir liebevoll Mut zu. Nach zwei Wochen durfte ich schon wieder die Klinik allein verlassen und bekam über die Wochenenden 'Heimaturlaub'. Alina kam, so oft sie konnte und nahm in Kauf, die weite Strecke innerhalb eines Wochenendes zurücklegen zu müssen. Ich liebte sie umso mehr, konnte es oft gar nicht ausdrücken.

Fast drei Monate blieb ich in der Klinik. Die ersten Wochen zog ich mich sehr zurück. Ich hatte als Privatpatientin ein schönes Einzelzimmer und wurde von den Ärzten und Pflegekräften freundlich betreut. Letztere betrachteten mich als Kollegin und waren mir sehr zugewandt. Es dauerte, bis ich mich immer etwas mehr einlassen konnte auf den Tagesablauf der Station. Oft weigerte ich mich, an den Mittagsrunden und den gemeinsamen Mahlzeiten teilzunehmen, aß überhaupt kaum etwas und war am liebsten allein in meinem Zimmer. Dort starrte ich auf die vergitterten Fenster und fühlte mich wie ein gefangenes Tier, völlig ausgeliefert. Meine Einzelsitzungen beim Chefarzt verliefen lange nach dem gleichen Schema: Ich schwieg oder weinte. Er war ein netter, etwas älterer Herr. Bei ihm konnte ich weinen.

Julia brachte mir einen kleinen Fernseher und mein Notebook mit. Nächtelang machte ich kein Auge zu. Wenn ich dann doch mal vor Erschöpfung eingeschlafen war, schreckte ich aus schlimmsten Albträumen auf und schrie. Ich hatte Angst im dunklen Zimmer, so wie ich als Kind Angst hatte, im Dunkeln oder allein zu sein. Die Nachtschwester ließ meine Tür offen und eine kleine Lampe brennen. Um das Rauschen im Kopf nicht zu hören, stülpte ich mir Kopfhörer über und ließ den Fernseher laufen, war jedoch lange nicht in der Lage, die Handlung zu verfolgen. Ich hatte immer viel und gern gelesen. Nun schaffte ich es nicht, mich auf einen Text zu konzentrieren. Nicht mal eine Tageszeitung konnte ich lesen. Fünf Wochen lang besserte sich mein Zustand in Bezug auf Kommunikation und Entspannung nicht. Die Diagnose lautete 'Reaktive Depression und Panikstörung'.

Julia kam fast jeden Tag zu mir und war einfach nur da. Sie bedrängte mich nicht, zu erzählen oder zu essen. Sie fragte auch nichts und das war gut so. Ich wusste ja selber nicht, warum ich mich so verändert hatte. Ich traute mich nicht, Alina zu erzählen, wie sehr Julia mir mit ihrer Freundschaft half. Eigentlich half sie damit doch uns beiden.

Nach mehreren Wochen trat in meinem Befinden eine Wende ein. Ich öffnete mich etwas der Stationsärztin, Frau Dr. Brem, und meldete mich bei ihr, wenn es mir besonders schlecht ging. Auch zwei der Krankenschwestern und ein junger Pfleger fanden Zugang zu mir. Sie motivierten mich, an den therapeutischen Werkstunden teilzunehmen. Das war das Beste, was mir passieren konnte. Die Klinik verfügte über einen großen Werkraum, der in verschiedene Abteilungen aufgeteilt war. Dort wurde getöpfert, geschreinert, gebastelt, gemalt und mit Alabaster und Speckstein gearbeitet.

Die Mal- und Zeichentherapeutin war eine richtige Künstlerin, die selbst ausstellte. Und außerdem war sie eine wunderbare Pädagogin. Ich entschied mich zunächst für Aquarellmalerei. Frau Brand erkannte mein Talent und feuerte mich an. Nun ging ich täglich zum Malen. Wenn es mir nicht gut ging, saß ich nur dort auf meinem Platz. Manchmal weinte ich still vor mich hin. Frau Brand drängte mich nicht. Obwohl relativ viele Menschen in dem Raum waren, fühlte ich mich dort geschützt. Mit Frau Brand konnte man jederzeit reden. Ich wurde gegenüber den Mitpatientinnen und Mitpatienten zugänglicher. Mit einem Patienten, der auf der gleichen Station war wie ich und der auch gern malte, freundete ich mich sogar etwas an.

Nach zwei Monaten konnte meine medikamentöse Behandlung reduziert werden, ohne dass es mir schlechter ging. Nachdem ich eine stattliche Anzahl von Aquarellen gefertigt hatte, wandte ich mich der Bildhauerei zu. Mein erstes 'Werk' war ein Herz für Alina. Dem folgte ein Fantasiegebilde in Weiß mit einem herzförmigen Durchgang. Natürlich auch für Alina. Ich brachte noch weitere schöne Skulpturen zustande, so dass Frau Brand für mich und eine weitere Patientin eine Ausstellung für unsere Bilder und Skulpturen organisierte. Ich war richtig stolz auf mich.

Ich bekam physiotherapeutische Anwendungen. Darauf freute ich mich immer sehr. Die Therapeutinnen waren alle sehr nett und unterhielten sich gern mit mir. Was mir immer noch schwer fiel, war, mit den anderen gemeinsam an den Mahlzeiten teilzunehmen. Manche Mitpatientinnen und Mitpatienten machten mir Angst. Manche waren sehr schlicht und kannten die einfachsten Tischsitten nicht. Ich ekelte mich dann fürchterlich. Wir hatten einige Patientinnen mit Borderline und Tourette-Syndrom. Andere hörten Stimmen oder waren psychotisch. Es war nicht einfach, sich auf die Vielzahl der Krankheitsbilder einzustellen. Dass ich Krankenschwester bin, nützte mir da gar nichts. Mir fehlte einfach der Nerv, mich auf die anderen einzustellen. Ich dachte zu Anfang, dass man das von mir erwarten würde.

Bei einer Besprechung mit meiner Stationsärztin sagte diese zu mir, ich sei sehr diszipliniert. Ja, das war ich wohl. Ich nahm meinen Küchendienst ernst, stand früh auf, um den Tisch zu decken und Kaffee zu kochen. Dann schnappte ich mir etwas Obst und verschwand wieder in meinem Zimmer. Ich goss auch regelmäßig die Blumen auf den Fensterbänken, schrieb jede Woche eine neue Telefonliste, räumte mein Zimmer ordentlich auf. Eigentlich wurde für diese Dienste jede Woche eine andere Patientin oder Patient eingeteilt. Aber meist funktionierte das nicht, weil viele verschliefen oder durch ihre Medikation so träge waren, dass sie keinen Fuß vor den anderen setzen konnten. Ich konnte gar nicht anders, als dann einzuspringen und die Aufgaben zu übernehmen. Eigentlich hatte ich gar keine Lust dazu und war oft sogar ärgerlich.

Eines Tages war ich es leid und ich blieb einfach im Bett liegen. Ich holte mir im Tagesraum Obst und verschwand wieder. 'Mit Ihnen geht es wohl bergauf', sagte eine der Schwestern zu mir. Ich begann ganz zaghaft, für mich selbst zu entscheiden. Wenn ich etwas nicht wollte, tat ich es nicht. Damals wusste ich aber noch nicht, dass das ein gutes Zeichen war. Nun besserte sich mein Befinden von Tag zu Tag mehr. Ich schrieb wieder Gedichte und Kurzgeschichten und schuf mir meinen eigenen Kosmos aus Kunst und Poesie, in dem ich leben und atmen konnte. In einem Winkel meiner Seele lauerte manchmal auch wieder kindlicher Übermut. Viele meiner Gedichte und Kurzgeschichten - in Moll und in Dur - wurden später in Büchern veröffentlicht.

Alina war mir während des langen Klinikaufenthaltes immer zur Seite gewesen, in Form von Besuchen, Briefen, Unterhaltungen, Telefonaten. Ich liebte sie leidenschaftlich und glaubte, es sei eine Liebe für immer und ewig und nichts könne sie ernsthaft gefährden. Niemals verwandte Alina die Tatsache, dass ich psychische Probleme gehabt hatte, gegen mich. Sie konnte die bösesten Worte sagen, aber nie erfolgte eine Anspielung auf meine damalige Befindlichkeit. Aber sie war auch zu klug und intelligent, um nicht zu wissen, dass es keine endogene Sache bei mir war, sondern dass all das Unverarbeitete in mir durch den Überfall eskalierte.

Als ich entlassen wurde, flog ich sofort zu Alina, die sich zu der Zeit wieder in Nizza aufhielt. Alinas Bruder war ebenfalls dort. Es war bei ihr zunächst schön. Wir spielten abends oft zusammen Karten oder unterhielten uns nett oder gingen essen. 'Er bemüht sich um dich', sagte Alina plötzlich. Ich hatte das gar nicht wahrgenommen, denn ich war einfach nur glücklich, mit Alina wieder zusammen sein zu können. Alina achtete streng darauf, dass ich nicht zu knapp bekleidet im Garten in der Sonne lag oder zu freundlich zu ihrem Bruder war. Es war anstrengend für mich, mich so zu verhalten, um mir nicht Alinas Unmut zuzuziehen. Mir tat Alinas Misstrauen weh. Ich hatte überhaupt kein Interesse an dem Mann. Aber dann bekam ich Zorn, weil die Sticheleien von Alina nicht aufhörten. Ich wich dem Bruder nicht mehr aus und behandelte ihn wie jeden anderen Freund des Hauses. Alina nannte mich eine 'Nutte' und trank Mengen von Alkohol. Es türmten sich von Tag zu Tag Schwierigkeiten auf wie unüberwindliche Gebirgszüge. Alina hortete seit jeher alles. Ich hatte sie oft deswegen gefoppt. Nun hortete sie sogar ihre Gefühle. Ich wollte etwas von ihrer Freude, ihrer Traurigkeit, von allem in ihr Lebendigem. Irgendwann konnte ich mich bei Alina nicht mehr fallen lassen. Nicht mehr, wenn auch nur für kurze Zeit, ich selbst sein. Wo war meine geliebte Freundin Alina geblieben, die sich in all den Monaten so liebevoll um mich gekümmert hatte? Warum diese Eifersucht? Ich tat doch nichts, was das begründet hätte. Es war doch ganz normal, dass ich höflich zu ihren Familienangehörigen war, andere Menschen kannte, Freundinnen hatte. Alina traf sich während meiner Abwesenheit doch auch mit Freundinnen und Freunden. Ich war zum ersten Mal froh, als ich nach Hause fliegen konnte.

Zu Hause weinte ich um unsere große Liebe, denn ich liebte Alina trotz allem immer noch sehr. Ich wünschte mir so sehr, dass ich dieses Gefühl einfach hätte abstellen können. Aber dann telefonierten wir wieder miteinander, weinten beide herzzerreißend, versicherten uns unsere Liebe, hatten fürchterliche Sehnsucht. Und alles war wieder beim Alten.

Als ich Alina zum ersten Mal verließ, war das während eines gemeinsamen Urlaubs an der Coté Azur, zu dem Alina auch Julia eingeladen hatte. Ich hatte mich so sehr gefreut. Ich war richtig glücklich und zuversichtlich, weil ich hoffte, dass sich die Spannungen zwischen Alina und Julia legen würden, da die beiden nun die Möglichkeit hatten, sich besser kennen zu lernen. Julia fuhr freudig mit und ich glaubte schon daran, Julia und Alina könnten Freundinnen werden. Gleich am ersten Abend gab es Streit. Wir waren bereits im Bett. Als ich mich bei Alina einkuschelte, sage sie: 'Du hättest jetzt sicher lieber Julia bei dir, gib es doch zu.' Ich glaubte nicht richtig gehört zu haben. Alina wiederholte die Behauptung. Julia schlief allein im Gästezimmer. Es gab einen Riesenstreit zwischen Alina und mir. Ich ging zu Julia und bat sie, mit mir weg zu fahren. Wir waren mit meinem Wohnmobil gekommen und wollten nach dem Urlaub bei Alina mit einer Freundin, die nach Nizza geflogen kam, noch eine Zeit lang durch die Provence fahren. Wir packten. Alina wurde laut und schrie: 'Raus mit euch!' Sie ging mit uns zum Autoplatz, weil sie das Tor öffnen musste. Als Julia starten wollte, kam Alina zu mir, umarmte mich und weinte bitterlich. Ich weinte mit. Im Nachhinein muss ich Julia bewundern, dass sie auf Alinas Wunsch wieder mit ins Haus kam. Wir blieben einige Tage. Alina zeigte uns schöne Plätze im Hinterland von Nizza, ging mit uns aus, wir grillten im Garten. Ich habe aber ein Gespür für falschen Frieden. Unterschwellig schwelte Alinas Hass auf Julia weiter. Ich sah es an ihren Blicken. Julia beschäftigte sich im Garten. Auch sie merkte Alinas Abwehr, wollte aber mir zuliebe noch bleiben. Doch lange konnte das nicht gut gehen, das spürte ich. Die Angriffe waren nicht mehr offensichtlich, alles geschah subtiler. Alina begann wieder, viel zu trinken, und wenn sie betrunken war, griff sie mich auch verbal an. Die Fronten verhärteten sich immer mehr und ich war kreuzunglücklich. Alina misstraute mir grundlos. Immer und immer wieder unterstellte Alina mir, dass ich etwas mit Julia hätte. Das war so absurd und zudem erniedrigend und nervig, dass ich vorschlug, früher abzureisen. Julia wollte sogar durchhalten, weil sie wusste, wie sehr ich Alina liebte.

Ich sagte Alina, dass die Beziehung beendet sei. Beide heulten wir Rotz und Wasser. Im Anschluss telefonierten wir täglich miteinander. Alina weinte immer, so dass ich am liebsten gleich zu ihr zurückgekehrt wäre. Ich vermisste Alina so sehr. Doch meine Vernunft siegte zunächst. Es ist so, dass der Verstand immer eine Begründung findet für das, was das Herz will. Das habe ich mal sinngemäß irgendwo gelesen. Und es stimmt immer wieder!

Ich hatte Alina zum Geburtstag, der schon einige Monate zurück lag, einen Segeltörn geschenkt. Bei einem Telefonat – ich war längst wieder zu Hause – weinte Alina zum Steine erweichen. Ich fragte Alina, ob sie trotz der Trennung mitsegeln wolle. Sie schrie 'Ja!' in den Hörer. Sie freute sich. Und ich konnte es nicht lassen, mich auch zu freuen, obwohl ich wild entschlossen war, die Beziehung nicht wieder aufzunehmen.

Es wurde ein schöner Segeltörn, bei dem Alina nun auch einen Teil meiner Freundinnen kennenlernen und sich vergewissern konnte, dass es keine 'geilen Weiber' waren. Wir schliefen in einer Doppelbettkabine. Gleich am ersten Abend stürzten wir uns wieder in die Arme und liebten uns, kamen uns auch innerlich wieder nahe und fassten den Entschluss, uns nie mehr zu trennen. 'Es sollte fürs Leben sein', wie Alina immer sagte. Die Segelwoche war traumhaft. Nur am ersten Tag gab es noch Probleme. Eine Freundin, die ich schon lange kenne, erregte wieder Alinas Eifersucht, nur weil sie nett zu mir war. Alex und Jo klärten das für mich und hatten mit Alina ein langes Gespräch. Danach verlief alles friedlich und harmonisch, sodass ich wieder an eine gemeinsame Zukunft glauben wollte. Ich wollte mit jeder Faser daran glauben, aber unterschwellig hatte ich Bedenken. Aber ich liebte sie doch. Eine Weile ging es gut. Als ich einige Zeit nach dem Segeltörn bei Alina in Paris war, bekam ich einen Anruf auf mein Handy von einer Freundin in Köln. Diese war erstaunt, als sie hörte, dass ich in Paris sei. 'Wieso nicht?' fragte ich. 'Ja, das ist so', berichtete Edith, 'Ich habe eine Kontakt-Anzeige aufgegeben, und Alina hat mir geschrieben.' Mir fiel fast das Handy aus der Hand. 'Nichts wie weg', war mein erster Gedanke. 'Und zwar sofort. Noch bevor Alina vom Einkaufen zurück sein wird.' Aber da hörte ich auch schon, wie die Wohnungstür aufgeschlossen wurde. Ich weinte. Alina war bestürzt. Ich sagte ihr den Grund. Da reagierte sie wieder auf ihre typische Art: 'Ich fahr' dich nach Hause. Mache ich gern.' Ich war verzweifelt und bat Alina, mich nur bis zum Bahnhof zu fahren und nachzusehen, wann der nächste Zug fahren würde. Alina sah zu, wie ich mal wieder meine Sachen packte. Als ich mich zur Tür wandte, stoppte sie mich. Sie weinte ebenfalls und gestand mir, dass sie auf drei Inserate geschrieben habe aus Trotz, weil ich mich von ihr getrennt hätte. Sie habe sich mit keiner Frau getroffen. Sie konnte es sich aber nicht verkneifen, darauf hinzuweisen, dass eine am Telefon sehr sympathisch gewirkt habe. Mein Herz kräuselte sich mal wieder. Ich fuhr nicht nach Hause. Schließlich hatte ich mich von ihr getrennt, und es war ihr gutes Recht, auf ein Inserat zu schreiben. Es gab nur zu bedenken, dass es so schnell geschehen war und zu der Zeit, als sie am Telefon immer weinte.

Weil der Segeltörn so schön gewesen war, planten meine Freundinnen und ich eine Hausbootfahrt in Südfrankreich. Auch Alina kam mit. Es war das reinste 'Narrenschiff'. Ab dieser Reise veränderte sich unsere Beziehung wieder. Kälte schlich sich in unsere Berührungen. Viele Gedanken steuerten meine Gefühle, Trauer und Enttäuschung. Versuchte ich diese auszuschalten, kamen andere umso heftiger hervor. Vor allem Angst und Verzweiflung. Alina trank Unmengen Wein und war abends meist betrunken. Einmal fiel sie in die Kabine, weil sie nicht mehr stehen konnte. Ich ließ sie liegen, zum ersten Mal kümmerte ich mich nicht. Ich sehnte nur noch das Ende des Urlaubs herbei und spürte eine Öde, die ich nicht mehr verscheuchen konnte. Wir versöhnten uns wieder. Eine Versöhnung, die nichts geheilt und nichts gelöst hatte. Heute frage ich mich, ob DAS wirklich Liebe war. Es folgten noch weitere Urlaube im Ferienhaus in Nizza, einmal gemeinsam mit Alinas Mutter, ihrem Bruder und dessen Tochter und Freunden von Alina. Immer gab es Probleme. Immer ging es um ihre Eifersucht.

Da ich wegen meiner damaligen Herzrhythmusstörungen einen Herzschrittmacher erhielt, konnte ich im letzten Jahr unserer Beziehung über die Weihnachtsfeiertage nicht in Paris bei Alina sein. Freunde luden mich ein, damit ich nicht allein sein musste. Alina misstraute mir wieder und unterstellte mir, dass ich in Köln eine andere Frau habe. Auch zu Alinas 60. Geburtstag fuhr ich nicht nach Paris. Alina gab ein großes Fest. Ich hatte Angst davor, dass sie im betrunkenen Zustand wieder eine Eifersuchtsszene machen könnte, und blieb deshalb lieber zu Hause. Ich fiel wieder in depressive Phasen, weinte viel und trauerte um verlorene Gefühle. Meine Freundinnen sprachen mir Mut zu, empfahlen mir, mich abzulenken. Ich wollte nicht aufgeben, obwohl ich schon lange wusste, dass ich hätte gehen müssen.

Ein letztes Mal flog ich im Januar 2004 nach Nizza. Alina empfing mich freundlich, aber mit spürbarer Distanziertheit. Beide brachten wir nicht mehr den Mut auf, aufeinander zuzugehen. Etwas schleichend Fremdes war zwischen uns getreten. Zwischen uns und der Gegenwart tat sich ein Riss auf. Wir schliefen wie eh und je im gleichen Zimmer nebeneinander. Wir berührten uns kaum, tauschten keine Zärtlichkeiten aus. Doch wir stritten auch nicht. Einmal, als wir morgens aufwachten, fragte sie mich: 'Warum kommst du eigentlich nicht mehr in meinen Arm?' Ich konnte ihr nicht darauf antworten. Konnte ihr auch nicht in die Augen schauen.

Eine Woche vor meinem geplanten Heimflug hatte ich das Gefühl, es bei ihr nicht mehr aushalten zu können. Ich buchte einen Flug nach Hause. Dieses Mal wusste ich, dass ich niemals zurückkommen würde. Ich schrieb Alina einen langen Brief. Alinas Antwort war: 'Mach's gut.' Da wusste ich, wie verletzt sie war, dass ich sie verlassen hatte und wie froh ich sein konnte, dass ich noch rechtzeitig den Kurs gewechselt hatte. Ich hatte meine Entscheidung getroffen und mich von Alina getrennt. Trotzdem litt ich sehr unter dieser Trennung. Ich wollte mir den Verlust nicht eingestehen. Ich wollte weiterleben, so als hätte ich nichts verloren und verlor nach und nach den Sinn für das Bestehende. Nichts mehr war mir bedeutsam genug, um etwas zu bedeuten. Ich hatte resigniert. Als mir bewusst wurde, dass ich die Vergangenheit loslassen musste, konfrontierte ich mich mit den heftigsten Gefühlen, Angst, Trauer, Wut, Sehnsucht, das Rad der Zeit zurückdrehen zu können. Ich hatte schon so viele Sonnen untergehen sehen; aber es war niemals eine komplette Sonnenfinsternis gewesen. Ich hatte nach Julia nie mehr eine Frau so geliebt wie Alina. Sie wird immer in mir verwahrt bleiben, und ich hätte gern wenigstens weiterhin eine liebevolle Ahnung von ihrem Leben gehabt. Alina lehnte jeglichen freundschaftlichen Kontakt zu mir ab.

Nach der Trennung von Alina begegnete Anna noch einigen Frauen. Was sie zusammen hatten, waren oft nur Worte. Mehr war es nicht. Anna konnte weder an die Worte noch an die Pläne glauben. Sie empfand oft nach kurzer Zeit nichts anderes als Kälte und Leere und sie wusste nicht, ob sie von ihr oder der anderen kam. Zeit und Kraft glitten ihr durch die Finger. Anna konnte Abende mit einer Frau verbringen, ohne sich hinterher an das zu erinnern, worüber sie gesprochen hatten. Sie fühlte sich oft wohl mit ihnen, sie brachten sie zum Lachen. Doch hinterher konnte Anna es nicht mehr spüren. Sie empfand Schuld, wenn sie eine Frau verließ, doch stärker war das Gefühl, dass sie überleben musste. Sie trauerte auch nicht wie früher um einen Verlust. Sie nahm es hin wie eine Unpässlichkeit. Anna war nicht leidenschaftlich verliebt; sie hatte ein sanftes, zärtliches Gefühl für diese Frauen. Sie inspirierten sie nicht, aber sie störten sie auch nicht. Sie boten Anna einen Platz in ihrem Leben, und wenn sie sich liebten, taten sie es ruhig und vorsichtig. Manchmal waren es nur kurze Begegnungen, so kurz, dass keine Zeit blieb, die Saat aufgehen zu sehn. Oft fehlte die Gabe der Neugier am Wesen der Anderen. Anna suchte eine Verbindung, bei der die alltägliche Begegnung nicht alltäglich hätte werden sollen. Sie wollte eine vertraute Gewöhnung, die nicht zur Gewohnheit abstumpfen sollte. Sie wollte wahrnehmen und wahrgenommen werden mit dem warmen Gefühl der Sehnsucht und Liebe, sehnte sich nach Gleichklang, bebende Wellen der Zärtlichkeit, so wie damals mit Alina und Julia. Doch niemals mehr wollte sie der Beziehung zu Liebe auf alles verzichten, was sie dann später der Partnerschaft hätte übel nehmen müssen.

Für eine Frau hätte Anna tiefe Gefühle entwickeln können. Aber beide waren zu verschieden. Anna stand noch zu sehr unter dem Bann der Beziehung mit Alina. Sie brauchte Zeit. Sie brauchte ganz viel Zeit zum Heilen.

Manchmal noch tauten in Anna Gefühle auf und sie hoffte auf Zuversicht und Bestand. Ein andermal war Anna fest davon überzeugt, dass sie niemals mehr richtig wird lieben können. Panik und Angst ergriffen sie wieder, bescherten ihr Albträume. So kam Anna zu Frau Siegel, und es sollte zwei Jahre dauern, bis Anna wieder in Kontakt mit sich und mit ihren Gefühlen sein sollte. Anna benötigte eine Menge Therapiestunden, um ihre ehemalige Beziehung mit Alina endlich zu verarbeiten. Noch einmal erlebt sie die Gefühle der Erwartung, Verzweiflung, Demütigung, Trauer. Auch die schönen Momente werden wieder belebt. Und Anna freut sich, dass es auch so viele schöne Ereignisse gab, so viele Gemeinsamkeiten, so viel Liebe. Und Frau Siegel bestärkt Anna in ihrem Verlangen, ihre positiven und liebevollen Gefühle für Alina zu behalten, auch wenn Alina nicht das gleiche Bedürfnis hat.

Anna`s Abschied vom Arbeitsleben

Gehe nicht, wohin der Weg führen mag,
sondern dorthin, wo kein Weg ist
und hinterlasse eine Spur.

Unbekannt

Juli 2006. In letzter Zeit spürt Anna oft ihre kaputte Wirbelsäule und muss Medikamente nehmen, um die Schmerzen zu lindern. Sie hat sich entschlossen, ihr Berufsleben früher zu beenden als geplant. Auf Grund ihrer gesundheitlichen Einschränkungen wird ihr die Berentung vorzeitig zugestanden. Sie hat ein gutes Angebot von der Stadt, neben ihrer Rente als minimal Beschäftigte zu arbeiten als Fachberaterin. Dort wird stundenweise eine Pflegefachkraft für die Begehungen der Alteneinrichtungen benötigt. Es handelt sich um eine Gutachter- und Beratertätigkeit. Es fällt Anna nicht schwer, Abschied zu nehmen. In der Einrichtung, in der sie noch arbeitet, läuft alles wunderbar. Anna beschließt, zuerst mit ihrem Chef und dem Vorstand über ihr Ausscheiden aus der Alteneinrichtung zu sprechen und dann mit Barbara, die Annas Aufgabe übernehmen wird. Mit Bedauern sehen ihre Mitarbeiterinnen Annas Abschied entgegen. Es war ein gutes Miteinander in den Jahren der Zusammenarbeit. Anna durfte klar sagen, was sie dachte, und ihre Mitarbeiterinnen und Mitarbeiter hatten das gleiche Recht. Beruflich hatte Anna ihre Erfüllung gefunden. Anna hatte viel gesehen. Viele Leiden. Sie hatte oft über längere Zeiten unter Hoffnungslosen gelebt, die ihre Hoffnung in ihre Hände legten. Sie musste sie bestärken. Sie kennt den Wettlauf um das Leben, ist mitgelaufen. Sie hatte Zyklen des Schaffens und Faulenzens, des Laufens und Stillstehens, des Anteil-Nehmens und des Sich-zurück-Ziehens erlebt. Nicht nur äußerliche, auch seelische mit all ihren Nuancierungen, mal energiegeladen, dynamisch: mal ruhig, bedächtig.

Der Frosch auf der Butter

Das höchste Glück des Menschen ist
die Befreiung von der Furcht.

Walter Rathenau

Für Anna ist ebenso die Zeit gekommen, sich von ihrer Therapeutin zu trennen. Irgendwann muss man Teile des Weges allein gehen ohne Begleitung, bevor der Schutz zur lähmenden Gewöhnung wird und das Wachsen und Weiterentwickeln behindert. Sie hat von Frau Siegel so viel Gutes erfahren. Anna, die keinerlei Urvertrauen mit ins Leben brachte, hat gelernt zu vertrauen. Frau Siegel hat mit Anna deren Ziele und Schicksale gedeutet, sodass sich Annas Blick für eine mögliche Zukunft geöffnet hat und sie die Gegenwart als eine Stufe für ihre Zukunft betrachten kann, die für sie nun keine Luftspiegelung mehr ist. Anna hat sich vorgenommen, nie mehr gegen ihre Natur zu kämpfen, die das Ausatmen genau so braucht wie das Einatmen.

Annas letzter Traum vor dem Ende der Therapie:
Montag, 7. August 2006
„Fast Mitternacht. Ich suche im Radio nach Musik, die geeignet ist, mich munter zu halten, und singe lauthals mit, obwohl ich völlig unmusikalisch bin. Die Landstraße ist wenig befahren. Hin und wieder werde ich von anderen nächtlichen Verkehrsteilnehmern überholt, obwohl ich selbst nicht gerade langsam fahre. Nach längerer Pause sehe ich im Rückspiegel das Herannahen eines größeren PKWs mit aufgeblendeten Scheinwerfern. Der Fahrer denkt gar nicht daran, das Licht abzublenden; er rast hupend an mir vorbei. 'Pistenschwein' schimpfe ich, als ich von dem Wagen überholt werde. Es beginnt zu nieseln. 'Das auch noch', ärgere ich mich und stelle den Scheibenwischer an. Angestrengt schaue ich in die Dunkelheit und orientiere mich an dem schwach sichtbaren Mittelstreifen, der die Landstraße für beide Richtungen unterteilt. Der Regen wird stärker und malt dicke Streifen auf

die Windschutzscheibe. Die Straße ist leergefegt. Ich habe den Eindruck, in dieser Nacht als Einzige noch mit dem Auto unterwegs zu sein. Ein beklemmendes Gefühl beschleicht mich. 'Noch fast zehn Kilometer', murmele ich und denke sehnsüchtig an mein schönes, warmes Bett zu Hause. Obwohl die Heizung auf vollen Touren läuft, fröstele ich leicht. Ich greife zum Rücksitz nach meiner Jacke, kann diese aber nicht erwischen, weil sie genau hinter meinem Sitz nahe am Seitenfenster liegt. 'Dann eben nicht', motze ich vor mich hin, halte aber trotzdem nach einer Parkmöglichkeit Ausschau. Eigentlich hasse ich es, bei Dunkelheit – und dazu noch bei Regen – auf einsamen Straßen anzuhalten. Ich bin von Natur aus im Dunkeln ängstlich, doch heute, in dieser Situation leitet mich mein gesunder Verstand. Nach ein paar Minuten bietet sich ein kleiner Feldweg zum Halten an. Ich fahre langsam in die Ausbuchtung am Anfang des Feldweges und lasse den Motor im Leerlauf weiterlaufen. Nachdem ich meine Jacke übergezogen habe, lege ich den Rückwärtsgang ein und - der Wagen rührt sich nicht von der Stelle. Die Reifen haben sich in die Erde, die nach den Regengüssen weich und schlammig geworden ist, eingegraben. Ich spüre, wie Angst in mir aufsteigt, die sich zur Panik steigert und gebe in wilder Verzweiflung Gas. Nichts. Im Gegenteil, je mehr Gas ich gebe, desto tiefer fressen sich die Reifen in den Boden. Entmutigt stelle ich den Motor ab. 'Hier bekomme ich heute Nacht keine Hilfe', denke ich und lehne mich resigniert in meinem Sitz zurück. 'Hätte ich doch bloß mein Handy mitgenommen', schimpfe ich mich selber. Ich befinde mich genau zwischen zwei kleineren Orten in einer unbewohnten Gegend. Vor Übermüdung fallen mir fast die Augen zu. Ich lösche alle Lichter und hoffe, dass ich in der Ausbuchtung mit meinem dunklen Wagen kaum wahrgenommen werde. 'Sobald es hell wird und die Straße wieder belebt ist, halte ich jemanden an und bitte um Hilfe,' nehme ich mir vor. Ich döse vor mich hin, doch ein fürchterliches Krachen lässt mich plötzlich aufschrecken. Ich kann vor Schreck erst gar nicht orten, aus welcher Richtung dieser Lärm kommt. Verwirrt schaue ich mich um. Zirka dreißig Meter entfernt hinter mir ist eine wilde Schimpferei im Gange, die etwas später in Handgreiflichkeiten übergeht. Auf der anderen Seite in Gegenrichtung steht ein größerer PKW. Auf der Straßenseite, auf der auch ich meinen Wagen geparkt habe, befindet sich ein größeres Fahrzeug. Es könnte ein Rover sein. Beide stehen etwas schräg zur Fahrbahn. Genaueres kann ich bei der Dunkelheit nicht sehen. 'Es muss wohl einen Unfall gegeben haben', folgere ich, da das linke Vorderlicht des Rovers nicht mehr zu funktionieren scheint. An dem PKW auf der anderen Straßenseite erkenne ich nur ein Standlicht. Stille. Zwei Männer wechseln die Straßenseite. Doch was ist das zwischen ihnen? Offenbar schleppen sie etwas Schweres, Längliches zum Rover, legen es aber vor die Büsche am Straßenrand. Einer der Männer geht zurück zum PKW und beugt sich hinein. Die Beleuchtung wird abgeschaltet. Der Mann läuft zurück zum Rover. Die beiden Gestalten stehen zusammen und scheinen sich zu unterhalten. Dann zeigt einer der Männer in meine Richtung. Ich erstarre. Mein Herz klopft bis in die Haarwurzeln. Erst langsam realisiere ich die Situation: Wahrscheinlich bin ich Zeugin eines Verbrechens geworden und befinde mich in höchster Gefahr. Der Rover hatte die gleiche Zielrichtung wie ich; die Insassen werden meinen PKW nicht übersehen, wenn sie ihre Fahrt fortsetzen. Zusätzlich kämpft in mir meine Berufsethik mit meiner Todesangst. Eigentlich bin ich verpflichtet, bei einem Unfall nach Verletzten zu sehen und zu helfen. Aber ich bin sicher, dass es hier nichts mehr zu helfen gibt. 'Hier bleibe ich nicht!', entscheide ich und öffne fast geräuschlos die Wagentür. Ich schlängele mich ins Freie. Der Regen hat aufgehört, doch der Boden ist matschig und rutschig. Zentimeter für Zentimeter krieche ich in Richtung eines Flusses, und als ich diesen erreicht habe, jage ich ungeachtet des Lärms, den ich dabei mache, blindlings am Ufer entlang. 'Nur weg, weit weg vom Schauplatz des Geschehens', denke ich. Ich laufe, bis die Luft knapp wird und meine Lungen schmerzen, meine Beine kaum noch wollen. Keuchend und erschöpft biege ich vom Uferweg ab in ein kleines Waldstück und lasse mich, als ich glaube, in Sicherheit zu sein, hinter einem Baum zu Boden gleiten. Die vielen losen Äste und Wurzeln im Unterholz haben ihre Spuren hinterlassen. Meine Füße in den dünnen Sandalen sind zerkratzt und blutig. Meine Kleidung klebt mir nass und schwer am Körper. Mein Herz rast. Ein Knacken nahe bei meinem Versteck lässt mich hochschrecken und erneut die Flucht ergreifen. Nach wenigen Minuten – sie erscheinen mir wie die Ewigkeit – öffnet sich der Wald und gibt den Blick auf das Flüsschen wieder frei. 'Lieber ertrinke ich', denke ich in meiner Angst und Verzweiflung, 'als dass ich in die Fänge dieser Verbrecher gerate.' Ich laufe an der niedrigen Böschung entlang. Der nahende Morgen zeigt schon ein zaghaftes Grau. Die Sicht wird besser. Ich schaue zurück, ohne mein Tempo zu verringern, komme dabei ins Rutschen und verliere völlig das Gleichgewicht. Der Fluss kommt auf mich zu, immer näher und näher. Ich rudere und strampele in wilder Panik und merke mit Entsetzen, dass ich mich mit den Beinen in etwas Glitschigem, Lianen Ähnlichem verfange."

Ich wache in meinem Bett auf. Die Sonne blinzelt durch die Fensterscheiben. Ich werde nun vollends wach. Mir ist kalt. 'Die Nächte sind wohl doch noch etwas zu kühl, um das Fenster so weit offen zu lassen', denke ich erleichtert. Auf der Fensterbank sitzt eine Taube und gurrt mir freundlich zu. Ich würde sie am liebsten umarmen.

Anna erzählt diesen Traum in ihrer letzten Therapiestunde Ende August 2006. Frau Siegel lacht und verabschiedet sich herzlich von Anna.

Anna fühlt sich wie in der Geschichte „Der Frosch auf der Butter": Sie hat in dem Sahnetopf, in dem sie zu ertrinken drohte, so lange gestrampelt, bis die Sahne zu Butter wurde und ihr das Aussteigen ermöglichte.

Epilog

Fast zehn Jahre sind vergangen seit dem Ende der Therapie.

Ein Sommermorgen. Anna hat gut und lange geschlafen und wacht freudig auf. In der Tür steht Julia und lächelt sie an. In diesem Lächeln liegt so viel Zärtlichkeit, so viel Licht. Anna würde am liebsten die Hand ausstrecken und dieses Lächeln mit den Fingerspitzen nachzeichnen. Ein Riesenstück Sonne kriecht in ihr Herz. Das ist keine Illusion, das ist wahre Perspektive. Anna will sich immer daran erinnern, dass es ein Glück ist, den Menschen wiedergefunden zu haben, zu dem sie sagen kann „Ich liebe dich“ und dass es kein Echo ist, was ihr antwortet.

Julia und Anna haben sich getroffen, um gemeinsam den Schnee von gestern wegzufegen. Alles ist im Fluss. Was früher wichtig war, ist heute entbehrlich. Etwas Neues ist in das Zentrum ihres Lebens gerückt. Das Leben hat für Anna neue Dimensionen angenommen. Glück und Freude haben sich näher geschoben. Nie war Anna in einer solchen Übereinstimmung mit sich und ihrer Umgebung. Julias und Annas Energien trafen und verdoppelten sich. Sie müssen sich keine Energie vorspielen. Glückliches Sich-fallen-Lassen genügt. Sie dürfen die Gelassenheit haben, ihren Gedanken nachzugehen, ohne Angst haben zu müssen, dass die andere nicht mehr da ist, wenn sie aus ihren Gedanken auftauchen. In ihrer Gelassenheit drückt sich eine wohltuende Selbstverständlichkeit aus. Sie leben in einer beschützenden Vertrautheit. Die Zeit hat sie gelehrt, worauf es ankommt und was ihnen gefehlt hat.

Im gleichen Verlag erschienen:

"Die industrialisierte Vagina.
Die politische Ökonomie des globalen Sexhandels"
von Sheila Jeffreys

Jeffreys thematisiert die Industrialisierung der Prostitution und des Sexhandels, die einen viele Milliarden Dollar schweren globalen Markt geschaffen hat, der Millionen von Frauen betrifft und wesentlich zur Wirtschaft einzelner Länder als auch zur Weltwirtschaft beiträgt. **„Die industrialisierte Vagina"** untersucht, wie sich Prostitution und andere Bereiche der Sexindustrie – einst sich im Verborgenen abspielende und gesellschaftlich verachtete Praktiken in kleinem Maßstab – zu sehr profitablen, seriösen Marktsektoren entwickelt haben, die von Regierungen legalisiert und entkriminalisiert wurden. Sheila Jeffreys demonstriert die Globalisierung der Prostitution, in dem sie nicht nur auf das Wachstum und die globale Ausbreitung der Pornografie und den Boom von Sexshops, Stripclubs und Begleitagenturen hinweist. Sie bezieht auch die Katalogbrautindustrie und die Zunahme von Sextourismus und Frauenhandel sowie Militärprostitution und sexuelle Gewalt im Krieg mit ein.

Sheila Jeffreys *ist Professorin für Sozial- und Politikwissenschaften im australischen Melbourne und arbeitet zu den Themen Sexindustrie, Frauenhandel, Schönheitspraktiken, Pornografie, feministische und lesbische Politiken, sexuelle Gewalt in Kriegen, HIV, AIDs u. a.*

ISBN 978-3-944442-09-9, ca. 284 S., ca. 29,90 € (D)